DEL
MIEDO
A LA
LIBERTAD

Fernando González-Ganoza

DEL
MIEDO
A LA
LIBERTAD

DE 9:00 A 5:00 PAGAS TUS GASTOS
DE 6:00 A 10:00 CONSTRUYES TU IMPERIO

Prólogo de ROBERT T. KIYOSAKI

AGUILAR

Del miedo a la libertad
De 9:00 a 5:00 pagas tus gastos y de 6:00 a 10:00 construyes tu imperio

Primera edición: mayo, 2023

D. R. © 2023, Fernando González-Ganoza

D. R. © 2023, derechos de edición mundiales en lengua castellana:
Penguin Random House Grupo Editorial, S. A. de C. V.
Blvd. Miguel de Cervantes Saavedra núm. 301, 1er piso,
colonia Granada, alcaldía Miguel Hidalgo, C. P. 11520,
Ciudad de México

penguinlibros.com

ISBN: 978-607-382-024-0

Impreso en México – *Printed in Mexico*

Este libro está dedicado a mi familia, por su apoyo incondicional en el camino a alcanzar mi objetivo de vida, especialmente cuando pasamos por periodos de sacrificio en búsqueda de nuestra libertad financiera.

Índice

Prólogo

Más importante que el dinero
ROBERT T. KIYOSAKI

Fernando González ha sido un querido amigo durante más de 20 años. Juntos hemos viajado por diferentes países de habla hispana, enseñando a personas de todas las edades y ganando dinero en nuestra labor como verdaderos maestros. ¿Por qué lo hacemos? ¿Por qué enseñamos? ¿Es solo por dinero? ¿Qué es lo que nos mantiene trabajando juntos año tras año si los dos ya podríamos habernos retirado?

Fernando y yo venimos de antecedentes educativos similares. Ambos somos graduados de academias militares. Fernando se graduó de la Academia Naval Peruana y yo me gradué de la Academia de la Marina Mercante de los Estados Unidos, ubicada en Kings Point, Nueva York. ¿Por qué este es un detalle importante? ¿Por qué resulta importante mencionar de qué escuelas nos graduamos? La razón se reduce a la diferencia tan marcada que existe entre las escuelas de negocios tradicionales y las escuelas militares. La clave se encuentra en la palabra *misión*, que es el concepto más importante sobre el cual enseñan en las academias militares desde el primer día de formación. La misión de la academia se nos inculcaba todos los días de orientación y adoctrinamiento.

Después de graduarme de Kings Point y de unirme al Cuerpo de Marines de los Estados Unidos, una vez más el concepto de *misión* fue el punto específico de unión entre los oficiales y los marines. Fue durante mi primera misión de combate cuando pude comprender realmente el significado de esa palabra, pues hablar de ella implica mucho más que referirse a un término. La misión es un espíritu.

Y ese espíritu unió a mi tripulación mientras volábamos hacia la batalla, haciendo de nosotros cinco un equipo de uno y no de cinco integrantes.

Un sentido de misión, un propósito espiritual más importante que la vida, ese es el vínculo tan especial que Fernando y yo hemos compartido durante dos décadas como maestros, empresarios y también como hermanos.

Es un gran honor que mi buen amigo me haya pedido que escriba este prólogo para su libro. Sin lugar a dudas, se trata de una gran obra, de una extensión de nuestra misión compartida: llevar la iluminación financiera al mundo.

Esta lectura trata sobre el dinero, pero, como todos sabemos, hay aspectos espirituales que son mucho más importantes que el dinero.

Año 2009, en preparación para un evento en Lima, Perú.

Introducción

¿Estás estancado en tus negocios? ¿Sientes que tu emprendimiento no prospera y que algo en tu interior te dice: "¡Esto solo me ocurre a mí!"? Como promotor de eventos internacionales de emprendimiento en Latinoamérica he tenido la oportunidad de ver a muchos emprendedores en esta situación. De hecho, era así como yo me sentía a mis 37 años. Era dueño de un pequeño negocio —una empresa de logística— y trabajaba duro por largas horas, pero no lograba avanzar, me movía en círculos. Tenía cuentas por pagar y mis ingresos apenas eran suficientes para llegar a fin de mes.

Imagina lo siguiente y piensa si tú has vivido algo similar: clientes y colaboradores que no pagan sus deudas; levantarte cansado en las mañanas para seguir manejando un negocio que está en "modo supervivencia"; esperar el momento milagroso en el que llegue ese cliente ideal que haga subir tus ganancias; tener la expectativa de que aparezca el inversionista que te ofrezca comprar todo tu negocio por una alta suma. ¿Te suena familiar este conjunto de situaciones? ¿Tú también estás o te has sentido atrapado en ese círculo vicioso en el que solo trabajas y ganas los ingresos necesarios para pagar tus gastos? Yo viví lo mismo.

Además, yo, al igual que tú, fui moldeado por ese sistema educativo que no tiene en cuenta que las personas tenemos diferentes tipos de inteligencias. Un método formativo en el que todos los estudiantes cursamos las mismas materias y las evaluaciones son iguales para todos, sin tomar en cuenta que cada ser humano aprende de forma distinta. Yo mismo experimenté esa sensación que te hace pensar: "No soy lo suficientemente inteligente para tener éxito en la vida". Con el tiempo he aprendido que esa sensación es falsa.

Me encantaría mostrarte cómo sobresalir en un mundo que no nos enseña nada con respecto a la manera en que funciona el dinero, en el que las escuelas apenas nos entrenan para ser empleados, miembros de un engranaje muy bien engrasado dentro de una cadena de montaje. He comprobado que incluso los alumnos promedio tenemos la capacidad de llegar a ser increíblemente exitosos y puedo enseñarte cómo conseguirlo. Permíteme ayudarte.

Mi anhelo es compartir contigo todas esas grandes experiencias que me llevaron a ser libre desde el punto de vista financiero, y que te ayudarán para que tú también lo seas.

¿Estás listo para cambiar tu vida?

1
El nacimiento de un emprendedor: la certeza que diluye la incertidumbre

Tienes una vida. Vívela de tal manera que inspires a alguien más.
ROBERT T. KIYOSAKI

Nací y crecí en Perú, al calor de una familia de clase media. Todos en casa trabajábamos en puestos relacionados con el gobierno. Mi padre y mi hermano mayor eran empleados en un banco de propiedad del Estado. Mis otros dos hermanos y yo pertenecíamos a la Marina de Guerra. Eran empleos estables, como tal vez lo sea el tuyo. Este hecho

De izquierda a derecha: mi hermano Alfredo, mi cuñada Mota, mi hermano Manolo, mi mamá, mi hermano Hernán y yo.

nos daba un cierto grado de seguridad con respecto al futuro, a pesar de ello, era inevitable que nos preocupáramos por el dinero, ya que nuestros ingresos mensuales eran bajos. Cuando cenábamos juntos, por lo general conversábamos acerca del alto costo de la vida y de qué hacer para incrementar nuestros ingresos, pero no contábamos con las habilidades necesarias para emprender ningún negocio por nuestra cuenta.

Desde que somos niños nos enseñan a trabajar por dinero. No nos forman para ser empresarios, emprendedores, ni para que el dinero trabaje para nosotros. Es indudable que la educación que todos recibimos está enfocada en promover la resistencia al cambio y no en estimular la creatividad. Más bien, nos predispone a aceptar que la vida "siempre ha funcionado así" y que, por lo tanto, no debe cambiar.

Durante mi formación académica odiaba muchas materias como Física y Trigonometría. Me decían que estas expandirían mi mente, pero en mi caso la contraían. Por esa razón, nunca pasé de ser un estudiante promedio, tipo C.

Aún recuerdo un evento cuando estábamos por terminar la secundaria. Todos tuvimos que presentar un examen para identificar qué profesión se adaptaba mejor a nuestras habilidades. Se trataba de un examen de orientación vocacional. El hecho fue que llegó el día en que el maestro nos dio los resultados a mis compañeros y a mí: "Mario: ingeniero; Raúl: dentista; Ariel: abogado", y así prosiguió con la lista de estudiantes hasta que llegó mi turno. Lo que viví entonces fue aterrador. El resultado estaba en blanco. El profesor no supo darme una respuesta coherente y yo me sentí perdido, un perdedor, literalmente, un "bueno para nada".

Lo cierto es que el resultado de la evaluación fue acertado. Ninguna profesión captaba mi atención, ni revelaba mi verdadero potencial. En ese momento palabras como *emprendedor*, *innovador*, o la expresión *dueño de negocio* no formaban parte de los resultados que arrojaba aquel estilo de examen. Dicho de otro modo, el sistema educativo tradicional está diseñado para implantar en los alumnos la mentalidad de empleados en búsqueda de un trabajo seguro, no para emprender; es así de simple. El camino a seguir en la vida era: trabaja duro por dinero, cóbralo, gástalo y sigue así mes tras mes.

Durante mi etapa de estudiante nunca aprendí nada sobre finanzas personales. Lo que sí aprendí —desde niño hasta convertirme en profesional— fue a trabajar duro por un salario, pero nunca escuché a nadie explicarme cómo el dinero podría trabajar para mí, ni cómo multiplicarlo para lograr alcanzar un buen estilo de vida. Así fue hasta que, varios años después, descubrí la educación financiera gracias a Robert T. Kiyosaki y sus libros.

Dicho de otra forma, la educación que la escuela había instalado en mi mente tenía como objetivo prepararme para ser empleado toda mi vida, hecho que generaba en mí un gran miedo a quedar atrapado, como le había pasado a mi padre. Cuando él se retiró en 1970 su salario era equivalente a 2 000 dólares, pero su poder adquisitivo empezó a caer porque su pensión era en soles peruanos, los cuales iban perdiendo valor cada año a causa de la constante inflación y la devaluación de la moneda. El periodo que va de 1980 a 1990 se conoce en Perú como la Década Perdida, fueron años de una hiperinflación disparada. En 1988 los precios al consumidor se incrementaron 144% cada mes y 1 722% anual, llegando a un increíble 7 649% en 1990 y manteniéndose por encima del 10% hasta 1996.

Inflación, precios del consumidor (porcentaje anual) - **Perú**

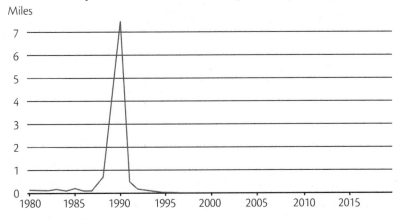

Fuente: Fondo Monetario Internacional.

Recuerdo que en los últimos años de su vida los ingresos de mi padre eran equivalentes a 150 dólares mensuales. Cuando él falleció, mi madre, que tenía 88 años, empezó a recibir 50% de la pensión de mi padre, es decir, 75 dólares mensuales —una cantidad que ni siquiera le alcanzaba para pagar la factura de la luz cada mes—. Eso ocurrió en 2014, después de toda una larga vida de trabajo y pago de impuestos.

Nelly Torres de González-Ganoza, mi madre.

Gracias a Dios, mis hermanos y yo tuvimos el honor de apoyar a nuestros padres para que tuvieran un final de vida digno, pero es evidente que ese no es el punto. ¿Cómo es posible que dediquemos nuestros mejores años a trabajar tan duro para que al final de nuestros días seamos humillados con unos ingresos que son un insulto para quien ha laborado toda su vida? La realidad es que a cualquiera de nosotros nos puede suceder lo mismo. Si no tenemos diversas fuentes de ingresos terminaremos, lo queramos o no, por depender de una pensión de retiro —y ese sí que no es un buen plan—. Yo lo he vivido en carne propia y aprendí mucho de esa dura lección que recibí de mi padre. Hoy en día la mayor parte de las pensiones está sujeta a la Bolsa de Valores que, como sabemos, es demasiado volátil como para depender de ella cuando nos retiremos.

En aquel entonces yo no tenía ni idea de mis carencias. Más bien pensaba que la intensidad con la que trabajaba para el Estado me serviría para darle vida al emprendedor que llevaba en mi interior. Creía que todas las dificultades que afrontaba en el día a día eran lecciones por medio de las cuales aprendería a solucionar problemas. Todo este tipo de limitaciones fue el combustible que me dio la fuerza necesaria para encontrar mi camino y luchar. Tenía el anhelo de cambiar por completo mi entorno, sin saber toda la cadena de aventuras que ello conllevaría.

Lo único cierto cuando se deja un trabajo seguro y se salta al vacío del emprendimiento es la incertidumbre que existe al iniciar un proceso de cambio. La mayoría de las personas te dice que estás cometiendo una locura, cuando en realidad ellas están viviendo precisamente esa vida que tú quieres dejar atrás. En esos casos te recomiendo leer *¿Quién se ha llevado mi queso?*, de Spencer Johnson. Te garantizo que esa lectura te ayudará a saber cómo lidiar con el rechazo de la sociedad, de tus padres y de tus amigos cuando empieces a emprender nuevos planes y otros estilos de vida distintos al acostumbrado.

No fue fácil romper el esquema de la familia en la que crecí —con mentalidad tradicional, en búsqueda de un trabajo seguro en un entorno estatal— y pasar a ser un emprendedor con el enorme deseo de cambiar mi vida y también con la capacidad de solucionar los problemas de otras personas para que se conviertan en mis clientes. Por suerte, este cambio de mentalidad que he logrado se ha convertido en un hábito transgeneracional, puesto que mis hijas han aprendido lo que para mí fue totalmente desconocido a su edad: *el lenguaje del dinero.*

> *La clave está en educarte para construir, lo antes posible, activos que pongan dinero en tu bolsillo.*

MI PRIMER EMPRENDIMIENTO

Un plan es un puente hacia tus sueños. Tu trabajo es hacer que, tanto el plan como el puente, sean reales, de tal forma que tus sueños se conviertan en realidad. Si todo lo que haces es quedarte quieto en el banco, tus sueños serán solo sueños para siempre.

ROBERT T. KIYOSAKI

En cierta ocasión leí que llegar a la cima del Everest toma 80 000 pasos y que todo empieza dando el primero. Recuerdo que mis mejores momentos en la Marina eran cuando navegábamos por aguas extranjeras.

Me encantaba cuando llegábamos a puerto y podíamos desembarcar para ir a visitar tiendas, pues en ellas percibía un modelo de organización diferente al que yo conocía. Ahí exploraba la calidad de sus productos y, sobre todo, tenía la oportunidad de vivir mi propia experiencia como consumidor en un mercado libre, que obedecía a las fuerzas invisibles de la oferta y la demanda, muy distinto a mi realidad en aquel momento.

Es innegable que durante esos viajes aprendí mucho. Gracias a ellos tuve acceso por primera vez a varios libros de autoayuda que pusieron a mi alcance la clase de educación que yo andaba buscando —muy distinta a la que me habían impuesto en el sistema educativo, del cual yo ya estaba desconectado—. Así que en 1994, en una de nuestras visitas a otros puertos, decidí comenzar mi primer emprendimiento junto con un compañero oficial de la Marina. Tras analizar los números, tomamos la decisión de comprar un restaurante de comida rápida. Nos animó el hecho de que el negocio estaba muy bien ubicado, solo que el anterior propietario no lo manejaba bien, de modo que, gracias a eso, obtuvimos un buen precio. Es decir: escuchamos la oportunidad tocar a nuestra puerta. Este fue el primer riesgo que tomé en mi decidido camino hacia la libertad.

En el restaurante, como en todo negocio, había que "hacer números" al final del mes. Estaba muy emocionado al ver que mi socio y yo ganábamos, ¡10 veces más de lo que recibíamos en la Marina! Era un hecho que el Estado no pagaba bien —y el ejemplo de mi padre estaba muy presente en mi memoria—. Me encantaba ganar más dinero, pero lo que más me apasionaba era darme cuenta de que ya había iniciado mi camino hacia la libertad financiera.

A pesar de mi entusiasmo y de mis intentos por superarme, lo cierto es que en ese momento solo soñaba con ser mi propio jefe —sin saber en qué me estaba metiendo—. Los primeros años fueron una locura. Como no contaba con la educación financiera necesaria, ni con la experiencia o con las habilidades de un hombre de negocios, mi única herramienta fue la formación práctica que recibí durante mi carrera naval: el orden, la organización, la disciplina, definir bien la misión y armar equipos de trabajo. Esas fueron las virtudes que aprendí en la milicia —junto a ser un líder que siempre da el ejemplo—.

Una de las razones por las cuales llevo más de dos décadas junto a Robert T. Kiyosaki es precisamente porque los dos recibimos ese mismo tipo de formación. No somos frágiles, los dos tenemos un espíritu fuerte y para nosotros un apretón de manos tiene más valor que un contrato firmado. Robert fue piloto de combate de la Infantería de Marina de los Estados Unidos y combatió en la Guerra de Vietnam. Quienes han tenido la oportunidad de participar en alguno de sus entrenamientos pueden dar testimonio de que su personalidad es un reflejo del liderazgo que él aprendió a lo largo de su carrera militar. Ese mismo espíritu es el que nos convirtió en hermanos.

Cuando uno pertenece a una institución militar lo primero que le enseñan es que la misión se defiende hasta con la vida misma. Los militares aprendemos en qué consiste la importancia de la lealtad, cómo construir un equipo y todo lo que se requiere para ser un buen líder. Con el paso de los años entendería el gran valor de estas cualidades que me enseñaron durante mi formación naval —sobre todo cuando se trata de emprender y afrontar la adversidad—.

Estando en la Marina me transfirieron al club de oficiales como gerente general. Ese era el club social donde pasábamos el tiempo libre junto a nuestras familias, en especial los fines de semana. En aquellos tiempos el club era un "elefante blanco", debido a que, aunque algunos de nosotros utilizábamos las instalaciones para hacer ejercicio y practicar algún deporte, los restaurantes, la discoteca y el bar permanecían casi vacíos. En otras palabras, el club no figuraba en el escenario social; así que formé un equipo de asesores voluntarios —personas muy motivadas— que me ayudaron a conseguir que todo funcionara muy bien. Todos estábamos comprometidos con transformar el club en un lugar fabuloso y estimular el consumo, así fue.

Cuando conocí un mundo distinto al de la Marina me encontré con una gran sorpresa: hay muchas personas ahí fuera que simplemente no cuentan con las habilidades necesarias para el trabajo que desempeñan, pero tienen que trabajar para pagar sus cuentas. Tal vez sea por eso que su actitud demuestra que no son felices en su empleo y que solo están ahí por dinero.

En el mundo de los negocios, a diferencia de la vida de un militar, no recibes órdenes, sino que es el mercado el que siempre te envía señales. Pues bien, el mercado y la calle se encargaron de darme las

Cuando era oficial de Marina.

lecciones que necesitaba aprender para comprender que tenía que
aumentar mis competencias en las áreas de marketing, contabilidad
y sistemas. Comprendí que mi entrenamiento militar no me había
instruido para triunfar, sino para protegerme. Ahora debía enfocarme en aprender a enfrentarme a lo desconocido, y a medida que iba
saliendo de mi zona de confort mis miedos se hacían más grandes:
"¿Qué hago si pierdo todo mi capital? ¿Qué estrategia empleo si se
dispara la inflación? ¿Qué pasa si fracaso? ¿Qué pasa si…?". La lista
de mis temores era interminable. Fue así como empecé a comprender
una gran verdad:

Quien se desespera, pierde.

La mayor conquista no consiste en vencer a la competencia, sino
en controlar tus emociones. Sin lugar a dudas, me faltaba mucho por
aprender de los negocios, pero me acompañaba la certeza de que iría
venciendo los retos conforme estos se presentaran, me sentía más
grande que ellos. El emprendedor que llevaba en mi interior había
despertado para siempre.

Sin embargo, era consciente de que tenía que seguir atrayendo
a mi vida nuevas y mejores oportunidades, y para lograrlo debía

adquirir otras habilidades y mejorar mi preparación como emprendedor. Por ello decidí estudiar Contabilidad Gerencial en una de las mejores universidades que hay en mi país e hice también un posgrado en Negocios. Mi desencanto fue enorme al descubrir que mi maestro no tenía ningún negocio propio. Esto significaba que sus conocimientos eran 100% académicos, con lo que no podía aplicar lo aprendido en la vida real. Lo más increíble de todo fue darme cuenta de la ironía de que, si seguía sus consejos, mi negocio se iría a la quiebra. Por ejemplo, nos pedía que valoráramos las empresas según su precio contable en libros, sin tener en cuenta la hiperinflación existente en esa época.

El hecho fue que mientras acudía a las clases de posgrado compré un horno industrial para el restaurante por un monto de 20 000 soles. Solo seis meses después de haberlo comprado su costo de reposición ya era 10 veces superior, es decir, habría necesitado 200 000 soles para comprar un horno similar, todo esto debido a la inflación. Entonces, si hubiera aplicado la teoría de mi profesor, esto habría querido decir que, en el momento en que hubiera vendido mi empresa, habría tenido que valorar el horno en los 20 000 soles iniciales y no en los 200 000 de su valor actualizado. Con una inflación por encima del 1 000% anual, y con una devaluación diaria que hacía que al final del día el dinero valiera 20% menos, simplemente ¡hubiéramos quebrado! ¿Verdad que no tiene sentido tener un coach obeso para bajar de peso? Ese es el tipo de situaciones que suelen ocurrir cuando tenemos maestros que no son un reflejo de aquello que predican.

Yo estaba convencido de que tenía que existir un tipo de educación que de verdad me sirviera para transformarme en una persona más próspera. Pero ¿dónde la encontraría? De una cosa sí estaba seguro, y era de que yo ya no quería recibir más educación académica como en el pasado. Más bien buscaba un conocimiento práctico que me mostrara cómo mejorar mi relación con el dinero y, sobre todo, que me ayudara a dedicarme a lo que en realidad me apasionaba: emprender. Un emprendedor es una persona que identifica la solución a un problema y a partir de ella crea un nuevo negocio —asumiendo los riesgos que eso conlleva— para obtener una recompensa. La clave está en contar con un espíritu innovador y en ser capaz de crear un cambio disruptivo —como lo hicieron Airbnb y Amazon—.

A las pocas semanas de haber iniciado mis clases empecé a encontrar el verdadero valor de asistir a aquella formación. Sin lugar a dudas este procedía de la experiencia que me aportaba el resto de asistentes que se inscribieron en el curso, puesto que en su mayoría mis compañeros pertenecían al mundo de los negocios, es decir, al lugar donde yo quería estar. Lo mejor era que ellos no tenían ningún problema en compartir sus vivencias profesionales con el resto del grupo. Conforme empecé a conocerlos quedé asombrado de los cargos estratégicos que desempeñaban, así como de su experiencia real para resolver problemas, la cual me sirvió no solo para ampliar mi red de contactos, sino también para hacer *networking*.

Hasta ese entonces, cuando afrontaba un reto en mi negocio me quedaba atrapado en la pregunta incorrecta: "¿Cómo resuelvo este problema?", en vez de formularme la pregunta adecuada: "¿Quién ya lo ha resuelto?". En pocas palabras, una vez más me di cuenta de que el conocimiento académico no aportaba soluciones reales a los desafíos constantes de un negocio. En realidad, descubrí las respuestas adecuadas al relacionarme con mis compañeros, cuya experiencia provenía de resolver los problemas en el mundo real.

Por ejemplo, uno de ellos era gerente de una empresa de seguros y me recomendó contratar uno antirrobos; otro era propietario de un gran negocio de abastecimiento de carnes de pavo y ganado porcino y acabó siendo uno de mis proveedores. Y así sucesivamente. También aprendí a mejorar mis habilidades sociales y a ganarme la simpatía de mis compañeros, que eran personas con un elevado nivel de responsabilidad y con escaso tiempo disponible. Ser muy bueno para hacer contactos siempre tiene su recompensa, sobre todo cuando uno genera buena reputación.

La habilidad para hacer contactos y crear una buena reputación es invaluable. En términos simples:

Cultiva la relación, no la transacción.

DE EMPLEADO A EMPRESARIO

> Empezar un negocio es como saltar de un avión sin paracaídas.
> En medio del aire, el emprendedor comienza a fabricar un paracaídas
> y espera que este se abra antes de chocar contra el suelo.
>
> ROBERT T. KIYOSAKII

Como teniente primero que llegué a ser, el aprecio y la gratitud que siento por la Marina siempre vivirán en mí. Sin embargo, yo sabía que ese no era mi camino, pues comprendí que los negocios eran mi pasión, mi verdadero propósito. Así que había llegado el momento de lanzarme a un nuevo mundo y empezar mi aventura.

Fue así como el 1º de enero de 1989 invité a mis padres a cenar y les dije: "Me he retirado de la Marina para comenzar a desarrollarme como empresario". Mi padre siempre me pidió que fuera el número uno en algún campo de acción. Sin embargo, cuando le dije que era el primero de mi promoción en retirarme, no supo qué decir. Hubo un momento de tenso silencio, pero al final supo comprender mi decisión.

Aunque de corazón seré de la Marina para siempre, para mi familia fue un shock, pues este cambio significaba romper con una tradición. Al final, mis padres lo aceptaron y me dijeron: "Ya está hecho. ¡Brindemos por tu futuro, hijo!".

Lo cierto es que yo ya no dependía del Estado. De ahí en adelante todo dependería de mí. A los 31 años empezaba a conseguir todo lo que siempre había querido en mi vida. Lo que antes era imposible y muy lejano ahora comenzaba a transformarse en realidad. Las sorpresas que me aguardaban más adelante se encargarían de poner a prueba mi carácter hasta sobrepasar mis propios límites.

Mi plan aún distaba mucho de ser perfecto, pero yo sabía que tenía que lanzarme con todo a pesar del miedo a lo desconocido, ya que el premio que me esperaba al final del camino era grande: ¡ser libre! Y, así, comencé a escribir el siguiente capítulo de mi vida.

Dos meses después de dejar la Marina ya estaba radicado en Santo Domingo, República Dominicana. Me enamoré de la isla por su música y sus exóticas playas. Aquella fue la mejor elección que pude haber hecho, ahí había muchas oportunidades para quien quisiera

emprender y poner en marcha un negocio. En cuanto logré familiari-
zarme con la "isla del encanto" decidí que mi siguiente movimiento
sería conseguir un trabajo mientras me adaptaba a la vida tropical.

El primer y único empleo que tuve fue el de gerente general de una
compañía especializada en el diseño y la construcción de complejos
turísticos en la isla. Pero ¿quién dijo que iba a ser fácil? Después de
dos semanas en mi nuevo trabajo descubrí que mi jefe, Albert, era
alcohólico. Él tenía muchísima energía y era bastante hábil en el diseño de proyectos, pero también se trataba de alguien tremendamente
indisciplinado. Era un bohemio con un talento único para el diseño
y, para su desgracia, también para gastarse todo su dinero, no solo
el que tenía, sino, lo que es aún peor, también el que no tenía. Todo
se le iba en fiestas, gastos personales o bebiendo durante los fines de
semana. La forma en que Albert manejaba su negocio era un caos.
Para mí, aquello fue un shock, yo provenía de una institución militar —de una organización con una fuerte jerarquía vertical, donde
el orden y la disciplina eran el estándar—. Ahora me tocaba vivir lo
opuesto, ¿qué podía hacer?

Albert no había recibido ningún tipo de educación financiera. Así
que su única forma de trabajar era observando el balance en su cuenta
de cheques, sin pensar por un segundo en las obligaciones de pago
que tenía con sus proveedores, ni con los subcontratistas de su compañía. Así que comprendí que intentar transformar aquella situación
iba a ser una ardua batalla, pero había que afrontar el reto. Albert era
un buen tipo, solo que no tenía sentido de la responsabilidad. Era
como un niño engreído con traje de adulto, no medía las consecuencias de sus acciones. Al final, a regañadientes, aceptó hacer algunos
cambios en el negocio, pero, como era de esperar, los problemas no se
detuvieron ahí.

Además, a nivel personal, en ese momento se desencadenó una
serie de acontecimientos en mi vida que me llevaron a una montaña
rusa de emociones. En 1990, a los 33 años, decidí casarme con mi
novia Ana Cecilia. Ese era el paso más importante de mi vida. Nuestra boda se celebró en Santo Domingo y, tristemente, nuestros padres
no pudieron estar con nosotros. No teníamos suficiente dinero para
pagarles el viaje y, con sus planes de pensión, ellos tampoco pudieron
costearse los boletos de avión. Para mí fue muy frustrante; veía a tipos

como Albert despilfarrar el dinero día tras día en cosas triviales y, en cambio, yo no podía permitirme el enorme gusto de tener a mis padres conmigo en uno de los días más felices de mi vida. Era evidente que la falta de dinero se interponía en mi camino. Años más tarde me di cuenta de que ese mismo dolor fue el combustible que generó mi libertad.

Por si fuera poco, en esa época recibí la llamada del tercero de mis hermanos, Hernán —también oficial de Marina—, que había decidido retirarse, tal como yo lo había hecho dos años atrás. Él me propuso irse a vivir conmigo a la República Dominicana y juntos formar allí una empresa de transporte de carga. Muy dentro de mí sentía que yo no había dejado a mi familia, ni mi carrera naval, ni mi país para quedarme estancado. Por lo tanto, necesitaba seguir luchando y superarme para encontrar mi espacio, un lugar donde pudiera respirar, tener libertad en todos los sentidos. De modo que pensé que quizás esa era la oportunidad que yo había estado esperando.

En octubre de 1989 Hernán pasó a retiro y ambos apostamos por emprender juntos, por ser los arquitectos de nuestro propio destino. En ningún momento nos sentimos víctimas de las circunstancias. Los dos sabíamos que el camino de emprender es muy duro, pero elegimos ser los héroes de nuestra historia. Estaba en nuestras manos evitar que nos sucediera lo que le ocurrió a nuestro padre en sus años de vejez.

Fue así que, finalmente, el 17 de septiembre de 1990 mi hermano Hernán, mi primo Enrique y yo fundamos nuestro propio negocio, P.O. Box Internacional S. A., como un proveedor de correo privado. El servicio postal en República Dominicana era propiedad del gobierno y su servicio era un desastre, así que nos centramos en recibir y repartir cartas y paquetes pequeños. Fuimos pioneros en esta área, era un hecho que no teníamos competencia. El servicio tenía una alta demanda debido a la gran cantidad de dominicanos que residían o tenían familiares en los Estados Unidos, también porque el comercio entre ambos países estaba aumentando.

Mantuve mi trabajo con Albert una temporada, pero pronto decidí dedicarme tiempo completo a nuestra empresa de logística, pues ese era el momento preciso de dar el salto a la independencia. Estaba harto de la conducta de Albert y le dije a mi esposa: "¡Basta, no quiero seguir!". Cada vez que tenía que cobrar mi participación en los negocios

Lanzando mi emprendimiento en Santo Domingo, República Dominicana, 1993.

generados era un tormento. Así que corté por lo sano y le puse punto final a esa relación laboral y a mi vida como empleado.

P.O. Box Internacional estaba siendo un éxito. Trabajábamos muchas horas, pero valía la pena, estábamos construyendo nuestro propio negocio. Casi seis meses después ingresaron al mercado otros emprendedores y nuestras ganancias comenzaron a reducirse. De modo que para lograr vencer a la nueva competencia tuvimos que ampliar el negocio e incluir fletes aéreos y marítimos, así como transporte por tierra y servicios de logística. El problema era que estábamos desbordando la capacidad de nuestro proveedor de servicios en Miami, quien no tenía ni el personal ni las instalaciones para hacerlo posible. Entonces decidí que había llegado el momento de emigrar a los Estados Unidos y construir ahí nuestras propias instalaciones, mientras que Hernán se quedaba en Santo Domingo y seguía operando el negocio.

La razón por la cual comparto todo esto contigo es porque quiero mostrarte que, como emprendedor, siempre tendrás que tomar riesgos de la manera más responsable posible, enfrentar muchos obstáculos, lidiar con los cambios y tener las agallas para tomar las decisiones correctas. Por eso, para alcanzar la libertad y cumplir tus sueños, es necesario que le pierdas el miedo al cambio y salgas de tu zona de confort.

MIS INICIOS COMO EMPRENDEDOR EN LOS ESTADOS UNIDOS

> Todo el mundo puede decirte los riesgos. Un emprendedor
> puede ver la recompensa.
> ROBERT T. KIYOSAKI

En 1993, después de tres años de arduo trabajo para abrir nuestra propia subsidiaria en Miami y que P.O. Box Internacional dejara de depender de un tercero, emigramos a los Estados Unidos y rentamos un almacén de logística para contar con nuestras propias instalaciones e ir preparándonos para recibir mayores volúmenes de carga. Pero una vez más, esta transición vino con una multitud de retos.

Mi esposa Ana Cecilia estaba embarazada y, aun sabiendo que no íbamos a tener cobertura de seguro de salud en los Estados Unidos y que tendría que dejar su trabajo en Santo Domingo, teníamos claro que era el momento perfecto para mudarnos, comenzar una nueva vida en la "tierra de las oportunidades" y continuar expandiendo nuestro negocio. Fue en esos momentos cuando verdaderamente me di cuenta de la importancia de elegir una buena compañera para mi vida, dispuesta a darme su apoyo incondicional —una guerrera con quien forjar nuestro hogar, con mucha fe y entusiasmo—. Debo admitir que mientras viví en mi país yo no valoraba esas cualidades en una mujer, tal vez porque tenía el apoyo de mis padres y estaba más familiarizado con el entorno en el que me movía, pero al emigrar a otro país tuve que cambiar mis paradigmas por completo. Creíamos el uno en el otro y nos asegurábamos de rodearnos de gente con empuje, que nos apoyara con buenos consejos y que quisiera vernos triunfar —gente que celebraba nuestras victorias y nos ayudaba a levantarnos durante las derrotas y que hiciera que cualquier esfuerzo valiera la pena—. Aunque también en más de una oportunidad nos vimos forzados a alejarnos de personas tóxicas, de falsas amistades que sentían envidia o que pensaban que nos encontrábamos en una competencia. Aún ahora, me resulta incómodo escribirlo:

Muchas veces es tu grupo más cercano el que te impide despegar.

Cuatro meses después de emigrar a los Estados Unidos llegó nuestra primera hija. Nació en Atlanta, donde vivía mi cuñada Mary. Tanto ella como su esposo Renzo nos habían dado un gran apoyo, ofreciéndonos el amor y el calor familiar característicos de la cultura latina.

Con un negocio por sacar adelante y una hija recién nacida, creo que no necesito darte detalles para que comprendas que nuestra vida era bastante intensa. Al mismo tiempo, estaba equipando nuestro departamento en Miami, creando un centro de consolidación de carga y obteniendo las licencias para mi empresa de logística, mientras mi esposa y mi niña se encontraban en Atlanta. ¡Aquello era una verdadera locura, pero muy emocionante!

Pronto comenzamos a estabilizar nuestra vida. El negocio empezaba a despegar, aunque yo viajaba mucho. Buscaba construir una red logística y fomentar relaciones estratégicas con clientes que le dieran movimiento a nuestra nueva infraestructura. En ese momento mi cuñada Mary fue un gran apoyo, de modo que invitamos a toda la familia a nuestro departamento para pasar la Navidad y celebrar las bendiciones juntos, sin saber todo lo que nos esperaba en tan solo una semana. Estábamos muy agradecidos por su ayuda y disfrutábamos juntos de unas maravillosas fiestas cuando tres días después de Navidad la tragedia llegó a nuestra vida: Renzo, el esposo de Mary, sufrió un ataque cardiaco y falleció a los 38 años, dejando tras él una esposa y dos hijos de 8 y 10 años. ¿Qué pasaría con ellos? ¿Cómo podíamos ayudar a la familia?

Reflexionamos mucho y, finalmente, Ana Cecilia y yo decidimos que ellos se quedaran con nosotros en Miami, motivo por el cual tuvimos que mudarnos a un departamento más grande. Además, Mary empezaría a trabajar con nosotros en la oficina. De la desgracia nació un nuevo equipo, no había tiempo para estar deprimidos. No queríamos ser víctimas de las circunstancias, sino vivir el sueño americano, así que era crucial para nosotros trabajar a brazo partido y convertirlo en realidad. Sin embargo, por mucho que nos esforzábamos nos habíamos estancado y el estrés comenzó a acumularse.

Mientras cuidaba de nuestra bebé, mi esposa, Ana Cecilia, manejaba un negocio de publicidad desde casa, lo cual permitía que ella siguiera aportando un valioso ingreso a nuestras cuentas cada mes. Pero aun así no estaba resultando fácil catapultar a la familia hacia delante. En ese entonces me habría gustado que los días tuvieran 48 horas. Estaba poseído por el negocio y trabajaba solo por dinero, así que tanto trabajo empezó a dejar de ser divertido.

CÓMO COMENZÓ MI LIBERTAD

> La pasión es el comienzo del éxito.
> ROBERT T. KIYOSAKI

Eran más o menos las 3:00 a. m. y me encontraba sentado en la sala, pensando qué más podía hacer para prosperar, para tomar el rumbo adecuado, pero no encontraba la respuesta. Mi esposa me preguntó: "Fernando, ¿qué te está pasando?". Yo le respondí: "Si sigo haciendo lo mismo, no creo que podamos crecer, únicamente estamos sobreviviendo. Si de verdad queremos lograr avances, necesitamos hacer algo diferente, pero aún no sé qué es ese algo". Ese día, sin saberlo, mi vida cambiaría para siempre.

Mi esposa me regaló el libro *Padre Rico, Padre Pobre*, de Robert T. Kiyosaki. Para ser sincero, yo no era bueno leyendo. Casi siempre dejaba los libros a un lado después de un par de días y me tomaba por lo menos un año finalizar su lectura, pero esta vez lo que comencé a experimentar fue único. La historia descrita en esas páginas me habló de una manera que no imaginé posible. Comencé a conectarme con ella a un nivel tan personal que muchas veces pensaba: "Esto es lo mismo que yo estoy viviendo. Pareciera que me estuviera hablando a mí". Era casi como si ese tipo me estuviera espiando y escribiera un libro acerca de mi vida.

No podía parar de leer. Lo terminé en dos días —y esto era todo un récord para mí—. De inmediato decidí que era imperioso para mí conocer al autor, quedé convencido de que él tenía todo ese conocimiento que me hacía falta. Dicen que las coincidencias no existen —y ese fue mi caso—. Poco tiempo después de haber terminado aquella lectura tan reveladora para mi vida, me llegó por correo un aviso de uno de los primeros eventos que haría Robert T. Kiyosaki en Phoenix, Arizona. Así que, sin dudarlo, compré el boleto para asistir al evento —que duraría tres días—. Desde aquel viaje en 1999 mi vida cambió para siempre.

Me impresionó mucho cuando vi por primera vez a Robert enseñando la filosofía de su libro *Padre Rico, Padre Pobre.* La manera en la que él explicaba era impecable, con los conceptos claros como el agua, apoyados en gráficas. Aquel era un enfoque didáctico, perfecto para mi forma visual de aprender.

En casa de Robert T. Kiyosaki, celebrando su cumpleaños, 2018.

Fue evidente que se trataba de un maestro diferente, de un mentor real que era dueño de negocios reales y que sabía cómo poner a trabajar su dinero. Tenía frente a mí a un genio perteneciente al mundo empresarial, con las capacidades que se requieren para convertirse en millonario, no en un académico que gana dinero enseñando conceptos teóricos no aplicables a la realidad. Esa era la primera vez que yo aprendía de un verdadero maestro, de alguien que contaba con negocios e inversiones reales y que trabajaba en ellos todos los días —nada que ver con los profesores del sistema académico—.

Aquel fue un cambio de la noche al día. Como si, después de 33 años viviendo en un cuarto oscuro, alguien me hubiera encendido la luz del conocimiento práctico. Ahí comprendí que al fin había encontrado la educación que me ayudaría a incrementar mis competencias para saber atraer mejores oportunidades a mi vida. Por fin tendría las herramientas apropiadas para lograr multiplicar mis ingresos. Era capaz de sentir cómo mi cerebro se expandía escuchando al maestro, absorbiendo al máximo lo que él explicaba, mientras intentaba entender cómo aplicar todo ese aprendizaje a mi negocio de logística.

Me sentía realizado con todo el conocimiento que había asimilado en cuestión de horas. Esa primera noche no pude ni dormir, era imposible para mí detener aquel caudal de pensamientos. Estaba elaborando mi plan de acción para transformar mi pequeño negocio en uno grande que me ofreciera una fuente de ingresos estable y consistente.

Los siguientes dos días de formación fueron como ir a un estadio a ver futbol. Me divertí como el niño que va al cine por primera vez y, además, aprendí un sinfín de cosas que me habría tomado años descubrir por mi cuenta o que, tal vez, jamás hubiera aprendido. Participé en debates muy enriquecedores y comencé a ser consciente del poder que conlleva obtener la libertad financiera —un concepto que quedó grabado para siempre tanto en mi mente como en mi corazón—.

Sin embargo, lo más importante fue saber que por fin alcanzaría mis sueños. Era claro que esta educación no tenía precio, que iba más allá del dinero, motivo por el cual conectó con mi espíritu de inmediato —de una manera que no recuerdo haber experimentado antes—. Fue entonces cuando entendí que el estancamiento por el que estaba pasando mi emprendimiento estaba enviándome un mensaje al que no le estaba prestando la suficiente atención. Era un hecho que necesitaba estar mejor preparado, que no tenía un buen modelo de negocio, que no conocía lo suficiente sobre lo que estaba haciendo y que esa carencia era la razón por la cual me pasaba la vida trabajando cada vez más para ganar cada vez menos. Estaba haciendo lo mismo de siempre, esperando un resultado diferente. Debió ser por eso que Einstein solía decir: "Locura es hacer lo mismo una y otra vez esperando obtener resultados diferentes". Hago referencia a esta frase porque explica a la perfección la situación en la que me encontraba en aquel tiempo. Ahora sé que cuando te enfocas en el dinero terminas por espantarlo. Y eso era justo lo que yo había estado haciendo hasta ese momento.

Tras el entrenamiento con Robert T. Kiyosaki mi mentalidad empezó a evolucionar al ir adquiriendo nuevas habilidades. Por ejemplo, comprendí que la clave estaba en generar más valor. Para ello necesitaba definir: qué problema resolvería mi empresa de logística, por qué mi negocio era diferente, quién era mi cliente y cómo comunicar mi mensaje. Hasta entonces, mi trabajo había sido mucho más mecánico, más orientado a "hacer para tener", y como cada día surgían más empresas de carga que competían por el mismo mercado, las ganancias se iban extinguiendo.

En aquel evento Robert me hizo comprender que las dos fuerzas que dominan el mercado son la *oferta* y la *demanda*. Por lo tanto, si yo quería ganar más dinero, necesitaba diferenciarme, bien fuera generando un micronicho sin competencia o haciendo un cambio disruptivo.

Por eso, al terminar el seminario, concluí que el costo que pagué por haber asistido a esa capacitación era el mejor dinero invertido en mi vida hasta ahora, ya que lo que allí aprendí contribuiría sin lugar a dudas a aumentar los ingresos de mi negocio de manera significativa. Fue algo mágico. Se elevó mi autoestima y sentí plena seguridad en lo que estaba haciendo.

A partir de entonces comencé a percibir los negocios desde una posición más sabia. Empecé a ver lo invisible, aquello que los demás no veían por falta de esos conocimientos que yo había adquirido. Antes del seminario, hasta el simple hecho de levantarme día tras día era una odisea para mí, sabía todas las responsabilidades a las que tendría que enfrentarme, contaba con recursos limitados y estaba tan ocupado que no tenía ni siquiera el tiempo necesario para planificar mi día, ni mucho menos para afrontarlo con energía. Me sentía abrumado por la competencia y el gran tamaño de los negocios en el sistema estadounidense. Yo quería ganar, pero me veía diminuto —era una hormiga intentando competir contra gigantes—.

Robert T. Kiyosaki me hizo ver que lo que yo tenía no era simplemente un negocio de carga y que el éxito de mi negocio consistía en saber solucionar problemas, consiguiendo, por ejemplo, que las cosas les llegaran en un tiempo récord a nuestros clientes. Este concepto me llevó a redefinir quién era mi cliente. No era "todo aquel que tuviera carga", como yo solía creer, sino quien valorara el tiempo y necesitara soluciones rápidas, sin burocracia y con una línea de comunicación directa durante 24 horas, los siete días de la semana. Fue así como mi vida cambió, descubrí que necesitaba aprender, innovar y pensar desde una perspectiva que yo no tenía en ese momento. Me sentía energizado. Lo que antes era confusión se había convertido en claridad.

Por otro lado, el estilo de enseñanza de Robert me llevó a descubrir que yo tenía un tipo de aprendizaje distinto a los que conocía, con una inteligencia creativa y analítica superior, capaz de ver oportunidades. Era la inteligencia de un emprendedor nato, no la de un estudiante con orientación académica. Gracias a lo aprendido con Robert entendí la falacia que es todo el sistema educativo. Yo no era mediocre. Más bien era el sistema tradicional el que me había hecho creer que lo era. Así que decidí desaprender las viejas prácticas y cambiar mi mentalidad —proveniente de esa educación que había recibido y que me había hecho creer que yo no tenía talento y que no era todo lo inteligente que se requiere para tener éxito en la vida—.

En otras palabras, durante aquella conferencia de Phoenix me encontré con una forma de aprender de manera práctica. Ahí no recibí un diploma, pero aprendí lo que necesitaba para tener éxito en mi negocio y, lo que es más importante, un conocimiento fácil de poner en práctica de inmediato. Fue evidente que a lo largo de aquella capacitación no hubo información inútil, ni mucho menos relleno, ni nada que sobrara. Por fin estaba ante la verdadera educación financiera que había añorado tener, además explicada por un maestro verdadero, que realizaba la tarea real todos los días y con éxito. ¡Había encontrado el camino hacia la libertad!

Y ese tipo de claridad es la que voy a compartir contigo a lo largo de esta lectura, pues sé que mis experiencias te ayudarán a encontrar tu propio camino en el menor tiempo posible.

Si quieres triunfar en la vida, pon el éxito como tu mayor prioridad. Se requiere perseverancia, tenacidad, paciencia y trabajo duro, pero las recompensas son increíbles.

Entonces ¿eres de los que se atreven a dar el salto? ¿O te quedarás rezagado en el camino?

EDÚCATE JUNTO A EXPERTOS REALES

> Yo recibo consejos de personas que ya están donde yo quiero llegar.
>
> ROBERT T. KIYOSAKI

Como ya te he contado, en mi camino al éxito hubo un momento mágico. Fue cuando mi esposa me regaló el libro *Padre Rico, Padre Pobre*, de Robert T. Kiyosaki. Me fascinó desde que empecé su lectura, buscando mejorar mis habilidades empresariales. Una vez lo terminé, me dije: "Aquí está parte de la solución", y viajé a Phoenix, al Centro de Operaciones de Rich Dad y Robert T. Kiyosaki,, para inscribirme en un curso completo de entrenamiento. Así pude conocerlo y aprender de él, de su concepto de sencillez para hacer negocios y de su enorme habilidad para compartir conocimiento. Además, ahí comenzó una maravillosa relación de más de 20 años entre Robert T. Kiyosaki, y yo, y tras mucha disciplina, esfuerzo y buena actitud, pronto pasé a ser parte de su equipo como su representante para Latinoamérica.

En aquel momento fue un gran reto para mí llevar a Robert, junto con su esposa, Kim Kiyosaki, y sus consejeros, a lo largo de grandes giras por Latinoamérica, empezando por Perú, para difundir de forma sencilla y motivadora la educación financiera que les permitiría a muchas personas alcanzar su propia libertad. Apoyado por un gran equipo humano, del que te hablaré más adelante, y por empresarios de toda Hispanoamérica, asumí la responsabilidad de la organización de esos eventos internacionales con gran esfuerzo por parte de todos y cumplimos nuestra misión: llevarles el conocimiento necesario a miles de emprendedores deseosos de aprender y crecer.

En el prelanzamiento de uno de los libros de Robert T. Kiyosaki, 2019.

Y ahí no quedó todo. Pasé a formar parte de los eventos no solo como organizador, sino compartiendo escenario con Robert T. Kiyosaki.. Tras su explicación, él me pedía que ilustrara su lección y, además, de manera muy generosa, me ponía como ejemplo latino de transformación, tras haber aplicado los principios de *Padre Rico*. Contribuir a la transformación de tanta gente me llenaba de orgullo. Organizar esos eventos en Perú, Chile, Colombia, Argentina, Paraguay, Ecuador, Bolivia, Panamá, Costa Rica, México y España me permitió cumplir mi sueño de compartir con miles de personas la clave de la libertad, la educación financiera, pero también incrementó mi responsabilidad empresarial.

En mis más de 20 años acompañando a Robert y Kim Kiyosaki he vivido muchos momentos mágicos, como visitar dignatarios y líderes mundiales.

Haber organizado los seminarios de educación financiera de Robert T. Kiyosaki en los países de habla hispana es una experiencia invaluable para mí. A lo largo de los años he podido comprobar que en cada país que visito las personas creen que los problemas son locales, que solo se presentan ahí. Sin embargo, la realidad es que los desafíos son bastante parecidos en muchas partes del mundo. Lo bueno es que cuando cuentas con formación financiera es posible convertir esos desafíos en oportunidades para resolver problemas y construir activos que generen un flujo de efectivo creciente.

En estos años al lado de Robert he aprendido muchísimo. Por ejemplo, he comprobado una y otra vez que las palabras están sujetas a interpretación. Así que me he convertido en un experto en el uso de los medios visuales, como las gráficas, para transmitir el conocimiento, ya que descubrí que con estos medios generas una conexión directa con tu aprendiz y es mucho más fácil entenderlo. Cada vez que utilizo gráficas e ilustraciones en una enseñanza los participantes se adentran mucho más en el tema y lo entienden con mayor facilidad. Por eso, cuando veo conferencias en las que los expositores solo hablan, hablan y hablan, sé que sus enseñanzas no van a causar impacto en la audiencia y que sus presentaciones terminarán en el olvido. Pueden ser conferencistas muy inteligentes, pero no son maestros, porque su metodología falla y, al final, lo que intentan enseñar termina no siendo asimilado en la mente de los asistentes. En otras palabras, este tipo de presentaciones no contribuye al aprendizaje de los participantes debido a que no generan la conexión que debe darse entre el maestro y su público.

Después de 21 años al lado de este gran maestro también he asumido la plataforma www.richdadlatino.com, el canal oficial de Robert T. Kiyosaki en español, diseñado para elevar el conocimiento financiero de la humanidad. También tengo a mi cargo la creación de los clubes de CashFlow en América Latina, los cuales ya eran todo un éxito en los Estados Unidos y en otros países de Europa y Asia.

Mi mentor es Robert T. Kiyosaki, pero tú puedes replicar mi ejemplo, busca tu propio maestro —alguien que te ayude en el campo en el cual te desempeñas—. Te aconsejo que busques un maestro real que te guíe en el proceso. Si quieres bajar de peso no mantienes helado en el refrigerador, sino que llenas tu cocina de comida saludable. Lo mismo pasa cuando quieres alcanzar independencia financiera. Necesitas leer libros sobre el tema, seguir a maestros reales que compartan su información en YouTube, acudir a eventos presenciales y online que impartan la formación que desees obtener y rodearte de emprendedores inteligentes que sean magníficos inversionistas o dueños de negocios.

Estar cerca de mentores o maestros reales es fundamental para evitar que el sistema educativo te siga marcando de por vida. De ellos adquirirás conocimientos que te ayuden a reducir tu curva de aprendizaje y a aumentar tu velocidad hacia el éxito, hasta que te conviertas en una persona cada vez mejor preparada, gracias a la experiencia de triunfadores que ya han hecho lo que tú quieres lograr.

Por el contrario, si no estás al lado de maestros reales, no tendrás acceso a información verdadera, valiosa, útil y actualizada. Entonces tendrás que seguir tomando decisiones basándote en información falsa (*fake news*), lo cual podría costarte tu negocio, tus ahorros o, lo que es peor aún, tu jubilación y tu salud.

Te sugiero buscar a un emprendedor o inversionista exitoso en tu localidad y solicitarle que te permita ser parte de su equipo, de tal modo que tengas la oportunidad de desempeñar una tarea en particular a cambio de su asesoría. Si aprendes a modelar sus procesos, te responsabilizas de la tarea que te asignen y te fijas bien en todos los detalles, tu deseo de crecer será evidente para tu mentor. Y como a los maestros reales les gusta compartir —porque saben que la abundancia es infinita, sobre todo para aquellos que ya tenemos una cierta edad y nos dedicamos a devolver—, tu maestro real se convertirá en un multiplicador para tu emprendimiento, sacará el máximo de tu potencial y tú te harás más inteligente.

Ten cuidado de no elegir un depredador que quiera aprovecharse de ti. Busca triunfadores con integridad, con un nivel de éxito comprobado, reúnete con todos los mentores que puedas y selecciona al que te resulte más conveniente en lo concerniente a lograr tus metas y de acuerdo con el lugar donde te encuentres. Busca en las cámaras de comercio locales, en grupos de redes de mercadeo, seminarios, eventos, clubes de inversionistas, busca en varios lados y elige sabiamente. El camino hacia el éxito comienza con un primer paso. ¡Dalo ya y no pierdas el impulso! Mantente siempre en movimiento y llegarás, como yo, a disfrutar de la libertad que tanto añoras.

Y no olvides lo más importante: edúcate. Aunque sea una hora al día, incluso cuando sientas que ya has logrado un nivel de progreso excelente. Crea un espacio aislado del resto del mundo y, en medio de esa soledad, identifica cuáles son tus habilidades y trabaja en ellas. Convierte el aprendizaje en un gran hábito y no aceptes ningún tipo de excusa para no implementarlo a diario. Nunca me cansaré de insistir acerca de la necesidad de tener una buena educación continua, más si tienes en cuenta que los negocios siempre están en constante cambio. Recuerda que el camino del emprendimiento no es recto, sino que tiene sus curvas, desvíos, bifurcaciones y zigzags. Si no estás preparado para lo que tengas que afrontar, terminarás saliéndote del camino y estrellándote contra un árbol. Por consiguiente, si aúnas estos dos aspectos —esmerarte por obtener una educación financiera de alto nivel y contar con un verdadero mentor o maestro real—, sé por experiencia propia que tu realidad cambiará más rápido de lo que crees.

Otro de mis maestros, Tony Robbins, afirma en su regla 80/20: "El 80% del éxito se debe a tu preparación mental (psicología, mentalidad, creencias y emociones) y el 20% proviene de la acción". He asistido a diferentes capacitaciones con Tony y también he participado en su Mastery University, y todas han sido grandes experiencias durante las cuales he aprendido diferentes técnicas útiles para saber cómo danzar con mis miedos. Además, de Tony he obtenido herramientas de autosuperación que después he aplicado a lo largo de mi vida cada vez que he sufrido un revés.

Así como yo he hecho con Robert, con Tony y con otros maestros, es importante que tú también te pongas en contacto con personas más inteligentes y mejor preparadas que tú en el campo financiero, con expertos que te muestren cómo adquirir más fortalezas, implementar las que ya tienes y minimizar tus debilidades. Y luego de eso, ¿sabes qué viene? Practicar, practicar y practicar. Esa es la única forma de internalizar lo que hayas aprendido y de asegurarte de que sabrás cómo capitalizar esos conocimientos, aplicándolos en tu propio emprendimiento. Recuerda, todo el tiempo aparecen oportunidades a la vista, pero solo con la formación adecuada podrás ver lo que otros no ven. ¡Una nueva oportunidad para el éxito podría estar ahora mismo frente a tu nariz sin que te estés dando cuenta! ¡Así que edúcate y entra en acción! Así, aprenderás directamente a través de la experiencia y evitarás caer en la parálisis por análisis.

También asegúrate de alejarte de personas tóxicas que critiquen de manera destructiva lo que vayas a hacer. Ellas solo te darán malas energías y, si se los permites, hasta acabarán con tu motivación. Observa y verás que este tipo de gente está en un momento vital diferente al tuyo. Tú sigue tu camino y únete a maestros reales que estén dispuestos a hacer uso de su generosidad y quieran compartir contigo su conocimiento y experiencia, así como ayudarte a avanzar. Focalízate en tu propósito y no dejes que nada ni nadie te distraiga. Al final, si así lo quieres, podrás compartir tu triunfo con aquellos que te critican, pero comprende que este no es su momento, es el tuyo.

Por lo tanto, céntrate en aprender, en distinguir lo real de lo falso cuestionando la información que te llegue de los medios de comunicación, de tal modo que esta no influya en tus decisiones. Mejor escucha a maestros reales y tómate tiempo para reflexionar. Luego, sé sabio en tus decisiones, en especial cuando se trate de invertir tu dinero. He aquí la importancia de que te eduques, antes que nada, desde el punto de vista financiero.

Cientos de veces me he encontrado con dueños de negocios que, por falta de la formación adecuada en este campo, casi no tienen ingresos. Son emprendedores que afirman que están contentos con lo que tienen, aunque no ganen mucho dinero, porque están enfocados en el valor de sus activos. Y yo me pregunto: ¿por qué comprometerte con un plan destinado al fracaso cuando puedes ser feliz y libre con la educación financiera adecuada? Cuando cuentas con educación financiera es cuando entiendes que estos emprendedores que opinan así no tienen un negocio, sino un pasatiempo que, además de todo, ¡no es sostenible! Tarde o temprano tendrán que cerrarlo y buscarse un trabajo real.

Si no quieres que este sea tu caso, comprométete contigo mismo a cambiar tu destino. Te sugiero buscar a ese consejero que esté haciendo negocios reales y que esté dispuesto a guiarte y a mostrarte cómo hacerlos. Busca un experto con el cual te sientas cómodo, dándote a conocer tal como eres, sin temor, con la seguridad de que no serás juzgado y de que el maestro que elegiste te ayudará a sobreponerte a lo que sea que te esté frenando. Ten la certeza de que si elegiste un buen maestro, este se convertirá en tu GPS personal y te conducirá hasta donde quieras llegar. ¡Claro que por el camino habrá correcciones! Así como sucede cuando estás conduciendo tu auto y tomas una avenida equivocada. Tan pronto te das cuenta de que te metiste por donde no era, recalculas de inmediato y esa buena decisión te permite retomar la ruta indicada y llegar en el menor tiempo posible a tu destino.

Ahora, lo que sí debes tener claro desde el principio es que para triunfar llegará un momento en el que solo tú tendrás que asumir tus propias decisiones de la forma más responsable posible. Y cuando te transformes en un exitoso empresario no importará cuántas horas hayas dedicado a aprender, practicar y trabajar, pues tendrás tanta energía que te sentirás imparable, debido a que sabrás a ciencia cierta cómo incrementar tus ingresos y hacer que el dinero trabaje para ti. Yo mismo he experimentado esta transformación. Por eso quiero contarte en este libro que ¡sí se puede!

Antes de educarme en el campo financiero yo no sabía ni leer siquiera un estado financiero. Pensaba que ese era el trabajo del contador. ¡Qué gran error! Recuerda esto para siempre:

> *Solo los números te dirán lo que ocurre en tu negocio.*

Hoy en día ese reporte es mi mejor aliado, todo tiene sentido para mí y soy libre gracias a que me propuse tener el conocimiento financiero que necesitaba. Ahora soy consciente de que antes de realizar una inversión primero debo asegurarme de que el dinero que planeo invertir trabajará para mí, de que me generará un buen retorno y de que mis fortalezas aumentarán su valor para que, con el tiempo, el rendimiento de mi inversión aumente. En otras palabras, ahora sé que, antes de lanzarme a un nuevo emprendimiento, debo evaluar si este amerita cien por ciento que yo invierta en él tanto mi tiempo como mis recursos.

Espero que toda esta experiencia real que estoy compartiendo contigo a lo largo de esta lectura te esté siendo de ayuda. Metafóricamente hablando, he decidido desnudarme para que mis experiencias, positivas y negativas, te sirvan al máximo. Hasta aquí te he contado cómo, a pesar de todos mis esfuerzos como emprendedor, no alcancé el éxito hasta que aprendí de un verdadero maestro y me permití aplicar sus enseñanzas.

A continuación voy a plantearte algunas preguntas que te harán reflexionar. No las respondas de inmediato, mejor tómate tu tiempo:

- ¿Crees que la educación formal que has recibido te ayuda en tu emprendimiento? ¿Por qué?
- ¿Qué habilidades crees que debes adquirir para atraer mejores oportunidades a tu vida?
- ¿Qué problema vas a solucionar como emprendedor?

Te sugiero que no pases al siguiente capítulo sin antes haber respondido a estas preguntas. La información que encontrarás en los próximos capítulos te será de gran ayuda, pero antes de continuar leyendo, por favor, reflexiona y responde a estas cuestiones con total sinceridad. Incluso te insto a que lo hagas por escrito.

Al final de esta lectura te volveré a formular estas mismas preguntas con el fin de comprobar si después de haber leído el libro entero es un hecho que se ha producido en ti una verdadera transformación. Recuerda: la sinceridad en cada una de tus respuestas será el primer paso hacia tu libertad. Tu franqueza y tu deseo de superación forman parte importante de tu camino de transformación. Ese mismo proceso es el que me llevó a terminar al lado de Robert T. Kiyosaki y, lo que es más importante, a ser financieramente libre, pasando *del miedo a la libertad*.

Así que no lo olvides: de 9:00 a 5:00 trabaja para cubrir tus gastos y de 6:00 a 10:00 construye tu imperio. Todo esfuerzo vale la pena porque te llevará a la cima. ¡Allí nos vemos!

Responde por escrito y con toda sinceridad:

- ¿Crees que la educación formal que has recibido te ayuda en tu emprendimiento?
- ¿Qué habilidades crees que debes adquirir para hacer crecer tu emprendimiento?
- ¿Qué problema vas a solucionar como emprendedor?

Si ya has reflexionado al respecto, te espero en el siguiente capítulo.

2

La base de todo buen emprendedor: la educación financiera

Esta es tu última oportunidad. Después, ya no podrás echarte atrás.
Si tomas la pastilla azul, fin de la historia. Despertarás en tu cama y creerás lo
que quieras creerte. Si tomas la roja, te quedarás en el País de las
Maravillas y yo te enseñaré hasta dónde llega la madriguera del conejo.
Recuerda: lo único que te ofrezco es la verdad. Nada más.

Morfeo en la película *Matrix*

Mucha gente se encuentra atrapada en un círculo vicioso: trabajar, ganar un sueldo y gastarlo todo. Mes tras mes hacen lo mismo. Este estilo de vida es al que Robert T. Kiyosaki llama *la carrera de la rata*. Por experiencia propia, puedo decirte que este modo de vivir no conduce a ninguna parte ni es un buen plan para ser libre desde el punto de vista financiero. Más bien, no es más que una rutina para continuar sobreviviendo con lo mínimo. Déjame que te muestre en los próximos capítulos cómo encontré el camino y pasé *Del miedo a la libertad: De 9:00 a 5:00 pagas tus gastos y de 6:00 a 10:00 construyes tu imperio.*

A lo largo de mi vida nunca tuve la oportunidad de elegir mi camino financiero hasta que conocí la filosofía de Robert T. Kiyosaki. Hasta ese momento, toda la educación que recibí me enseñó a ser un empleado, no un emprendedor, ni un inversionista. De modo que no tenía las herramientas necesarias para sacar adelante ningún negocio. Hoy en día puedo asegurar que, una vez que adquieres la educación financiera necesaria, el proceso para el éxito es muy similar en todos los negocios. Solo necesitas ver con claridad lo que quieres conseguir y saber cómo aplicarlo a tu emprendimiento y a tu vida. Por consiguiente, de ahora en adelante, ten muy presente esta afirmación:

> *La claridad conduce al éxito.*

Cuando me di cuenta de qué era lo realmente importante para lograr las metas financieras, comencé a invertir, a tomar riesgos, a simular situaciones de negocios y a hacer preguntas. Así que, con el paso de los años, he ido aprendiendo que, para obtener las mejores respuestas, has de hacer las preguntas adecuadas. No puedo ser más enfático en este punto:

> *Nunca es malo cuestionarse las cosas.*

Recuerdo una ocasión, durante mi etapa de estudiante, en la que hice una consulta en clase y el profesor me respondió: "Esa es una pregunta muy tonta." A partir de ahí tardé tiempo en recobrar la confianza en mí mismo. Ahora sé que solo se aprende en un ambiente en el que se hacen preguntas, se comparten opiniones y se dan respuestas. La única pregunta tonta es la que no hacemos por temor a no sonar inteligentes. Cuando preguntas tienes la oportunidad de expandir tus conocimientos, a la vez que puedes ayudar a los demás utilizando la *inteligencia colectiva*.

Después de haber asistido al seminario de Robert T. Kiyosaki en Phoenix, ¿recuerdas?, comencé a experimentar un gran cambio interno, aumenté mi vocabulario y, sobre todo, expandí mi mente con nuevos conocimientos sobre educación financiera. Descubrí una manera diferente de hacer crecer mi negocio, identificando *servicios únicos* con altos márgenes de ganancia y estableciendo los *contactos* necesarios para facilitar la expansión. De esta forma, mis negocios comenzaron a generar más ingresos —y a gran velocidad—. Es decir:

> *Al cambiar mis palabras, mis resultados también cambiaron.*

A partir de entonces tenía tanto compromiso con mi crecimiento como emprendedor, que muchas de las conversaciones con mis clientes terminaban siendo más que todo sobre filosofía y estrategia de emprendimiento —y ya no sobre el negocio de logística en el que me encontraba—.

En este capítulo compartiré contigo importantes lecciones sobre educación financiera, así como muchas experiencias que espero que te ayuden a *conseguir tus objetivos*, que te den una visión amplia para apreciar el valor de una buena educación en este campo y, sobre todo, que te ayuden a *evitar que repitas mis errores.*

Si quieres que tu vida mejore, debes aprender que detrás de todo negocio exitoso hay un proceso basado en el conocimiento. ¡Prepárate para ganar!

EL LENGUAJE DEL DINERO

> Volverte rico comienza con adquirir la mentalidad correcta,
> elegir las palabras correctas y poner en marcha el plan correcto.
> ROBERT T. KIYOSAKI

Cuando hables el lenguaje del dinero y lo lleves a la práctica, tus experiencias se interconectarán de inmediato y ese será el momento en que empieces a crecer realmente. Podrás estar en cualquier lugar, evaluando una propuesta de negocios y, de inmediato, sabrás cómo aplicar los principios aprendidos aquí —lo que te ayudará a generar dinero en infinidad de situaciones—.

Para empezar, debe quedarte muy claro que, si quieres seguir mis pasos y triunfar en el mundo del emprendimiento y los negocios, es fundamental que entiendas estos conceptos básicos de la educación financiera: *ingresos, gastos, activos, pasivos* y *flujo de efectivo.* A mí, y supongo que, a nadie, ni en la educación académica ni en la Marina me enseñaron nada de estos temas. ¿Has recibido tú en algún momento de tu vida esta educación financiera tan fundamental para los negocios?

Todos sabemos distinguir entre *ingresos* y *gastos,* pero no tenemos tan claro los otros conceptos. Entonces, veámoslos a continuación para que puedas grabarlos a fuego en tu mente para siempre:

*Un activo es un tipo de actividad que ponga dinero en tu bolsillo
sin necesidad de que le dediques tu tiempo.*

Por ejemplo, este libro es un activo, pues solo tuve que escribirlo una sola vez y por cada venta recibo una regalía. Los cursos en línea que ofrezco también son activos, tengo la opción de estar desarrollando otras actividades y mis ingresos no se detienen. Las propiedades inmobiliarias que me generan ingresos por medio de una renta también son activos, porque estoy recibiendo dinero incluso sin tener que estar presente.

Permíteme ampliar estos ejemplos contándote cómo empecé y adquirí mi primer activo mientras era un empleado. Cuando los buques de guerra en los que viajábamos con la Marina llegaban a puerto, todos queríamos divertirnos, así que nos gastábamos nuestro salario casi de inmediato. Y como yo no tenía una sana relación con el dinero, solía cometer este mismo error una y otra vez. Gastaba todos mis ingresos en vez de usarlos para crear activos, porque no sabía cómo hacerlo, ni tenía a quién pedirle información a este respecto. Es decir que, cuanto más dinero ganaba, más gastaba. Además, dependía por completo del pago que recibía de la Marina, puesto que no tenía otras fuentes de ingresos. Estaba claro que trabajar por dinero no era mi objetivo. No ganaba un gran sueldo, ni podía aspirar a él, dado que en el ejército los sueldos no son muy altos, así que estaba atrapado en un estilo de vida que no deseaba. La única solución que veía era buscar un trabajo adicional a cambio de contar con más ingresos —que también me los gastaba—.

Ni mis compañeros ni yo sabíamos cómo salir de ese círculo vicioso. Todos queríamos vivir mejor, pero, ¿cómo? Ninguno de nosotros teníamos ni la más mínima idea de qué hacer y por dónde empezar a mejorar nuestra situación financiera. Así que, sin saberlo, estábamos atrapados en *la carrera de la rata*. Aun así, como ya te conté, decidí hacer algo al respecto y me dediqué a ahorrar todo lo que pudiera para invertir en un negocio de comida rápida que me generaba un *flujo de efectivo positivo* —era un *activo*, aunque yo todavía no lo supiera— y con ese dinero me compré un auto. ¡El negocio pagaba mi vehículo! Todavía no tenía educación financiera, pero mi espíritu emprendedor y la experiencia que iba adquiriendo me iban ayudando a aprender y a entender que no debía endeudarme sin necesidad. De eso hablaremos más adelante, cuando hagamos la distinción entre deuda *buena* y deuda *mala*.

En este punto, es esencial que te quede claro que si tienes un empleo, tienes *ingresos*, pero no tienes un *activo*, pues el hecho de tener un trabajo requiere que estés presente en él y que cambies tu tiempo por dinero. Por lo tanto, si dejas de trabajar, dejas de recibir ingresos. Solo podrás sobrevivir si tienes ahorros y, a no ser que tengas muy buenos ahorros, no lograrás mantener tu estilo de vida ideal durante mucho tiempo sin tener que volver a trabajar. Creo que estamos de acuerdo en que si no tienes la educación financiera adecuada, no encontrarás la salida, y te aseguro que nadie va a venir a solucionarte la vida. Siempre serás esclavo de tu trabajo y nunca estarás preparado para dejar ese empleo por uno en el que cumplas tus sueños. En cambio, una vez que comiences a adquirir activos que pongan dinero en tu bolsillo sin tener que trabajar, te garantizo que comenzarás a prosperar y a construir el futuro que sueñas.

Ahora, tan importante como tener claro qué es un *activo*, también es conocer lo opuesto y preguntarnos qué es un *pasivo*:

> *Un pasivo es todo aquello que saca dinero de tu bolsillo*

Veamos un esclarecedor ejemplo de qué es un pasivo según la conocida afirmación de Robert T. Kiyosaki: "Tu casa no es un activo, es un pasivo". Es casi seguro que siempre has creído que tu casa es un activo, tu adquisición más valiosa. Yo también pensaba lo mismo. Sin embargo, la casa en la que vives es un *pasivo*, no un *activo* —como nos han inculcado culturalmente—, porque saca dinero de tu bolsillo de manera constante mediante gastos como el mantenimiento, los impuestos, la hipoteca y los servicios (luz, agua, gas, internet, etcétera). Todos necesitamos un lugar en donde vivir, y tener un pasivo no es malo. El problema surge cuando crees que tienes un *activo* en vez de un *pasivo*.

Lo fundamental es que empieces a hablar el lenguaje del dinero, aprendiendo a llamar a las cosas por su nombre y responsabilizándote de tu propia educación en estos temas, ya que el sistema educativo no nos forma para ello. ¿Te vas dando cuenta de que muchas de las enseñanzas recibidas de nuestros mayores o en la escuela no son siempre correctas?

Entonces, ¡felicidades por haber adquirido este libro! Has dado el primer paso hacia tu libertad financiera. Continuemos con otros conceptos básicos:

Ingresos – Gastos = Flujo de efectivo

Si adquieres una vivienda para rentarla y obtienes un *flujo de efectivo* positivo después de restar de los ingresos los gastos correspondientes (cuota de la hipoteca, mantenimiento, impuestos, etc.), esa vivienda es un activo, porque estará poniendo dinero en tu bolsillo. Siempre que tus ingresos sean mayores que tus gastos tendrás un flujo de efectivo positivo. Si, por el contrario, tus gastos son superiores a tus ingresos, entonces, *el flujo de efectivo es negativo.*

Te mostraré a través de un ejemplo cómo saber si estás generando flujo de efectivo positivo o si en realidad tienes más gastos que ingresos. Imaginemos que decides comprar una máquina para tu negocio y que, tras estudiar los números, llegas al siguiente resultado:

INGRESOS	4 500
GASTOS	3 500
FLUJO DE EFECTIVO	1 000

Según esto, es evidente que la máquina te produce más ingresos que gastos, así que está generándole a tu negocio un flujo de efectivo positivo. Entonces, aunque parezca repetitivo, no me cansaré de decirlo:

Ingresos – Gastos = Flujo de efectivo

En otras palabras, no se trata de cuánto ganas, sino de cuánto te queda. Esta sencilla fórmula te aportará la claridad que necesitas para saber cómo decidir bien en tus emprendimientos.

Una vez que tengas claro el flujo de efectivo que genera tu negocio, si quieres aumentarlo o que deje de ser negativo, existen dos alternativas: o incrementas tus ingresos o reduces tus gastos. Las posibilidades varían, dependiendo del emprendimiento, pero siempre existen.

Incrementar los ingresos no siempre es una tarea sencilla. Por lo general, en el mundo de los negocios el esfuerzo se centra en reducir los gastos, mejorando la eficiencia de los procesos, eliminando líneas de productos con bajo margen, automatizando determinados trabajos y mejorando los costos de los suministros o materias primas.

No sé si alguna vez te has fijado, por ejemplo, en las grandes cadenas hoteleras. Estas son conocidas por sus continuos "programas tijera": siempre están intentando disminuir sus costos, reduciendo todo lo superfluo y eliminando aquello que no es imprescindible para prestarle el mejor servicio al cliente. ¿Sabes cuál es el verdadero motivo detrás de las siguientes palabras que estoy seguro que habrás visto en el baño de las habitaciones de casi todo hotel?:

> Nos importa el medio ambiente. Imagine cuántas toneladas de toallas se lavan cada día en los hoteles del mundo y la cantidad de detergentes volcados al medio ambiente. Ayúdenos a hacer la diferencia. Si desea cambio de toallas, por favor, deposítelas dentro de la bañera o la ducha. De lo contrario, interpretaremos que desea reutilizar las que tiene.

Cada toalla lavada tiene un costo que va de 40 a 50 centavos de dólar. Por lo tanto, un hotel de 100 habitaciones se ahorrará 5 000 dólares al año con el simple hecho de conseguir que los clientes que se hospeden más de un día reutilicen, como mínimo, una de las toallas que se encuentran en sus habitaciones. Entonces, de manera automática, ese ahorro se convierte en un incremento del flujo de efectivo. Como afirma Robert T. Kiyosaki:

> *"Los ricos no trabajan por dinero, sino por flujo de efectivo."*

Por desgracia, muchas personas que no han tenido acceso a una buena preparación financiera terminan vendiendo su tiempo por un par de monedas. Por esa razón es válido afirmar que el *flujo de efectivo* es el camino a la *libertad financiera*.

De ahí la enorme importancia de adquirir muy buena destreza en el uso correcto del lenguaje y de la terminología financiera. La mejor forma que conozco para lograr este objetivo —y que te recomiendo— es simulando la experiencia real a través del juego CashFlow, una herramienta práctica y útil para entrenar tu mente, orientándola hacia el mundo de los negocios sin poner en riesgo tu dinero. Más adelante te hablaré acerca de ella con más profundidad, porque lo más importante de practicar con este juego es que te permite adquirir experiencia, abrir tu mente y aprender de tus errores de forma divertida y sin arriesgar dinero real. ¿No te parece fantástico?

Seguro que tienes aún muchas dudas. Es normal, vayamos poco a poco. Solo espero que ahora ya tengas claro el vocabulario financiero adecuado para avanzar en tu educación financiera —*ingresos, gastos, activos, pasivos* y *flujo de efectivo*—. La clave de la educación financiera es que tú tomes las riendas de tu vida según tus propias circunstancias. Por eso, antes de actuar, edúcate. Una pregunta común entre los asistentes a los eventos de Robert T. Kiyosaki: es: "Está bien, ya conozco esos conceptos, pero ¿qué puedo hacer con mi dinero?". La respuesta que Robert siempre da es: "No lo sé". ¡Para eso está la educación financiera! Para que seas tú quien te hagas responsable de tus inversiones según tus circunstancias.

Como dice Gordon Gekko en *Wall Street*, la película de 1987 dirigida por Oliver Stone: "Un tonto y su dinero no están juntos mucho tiempo". No creo que ninguno de los asistentes a los eventos sea tonto. Ellos solo están comenzando a recibir educación financiera. Lo digo porque yo también estuve ahí. Por eso debes tener cuidado con respecto a quién le preguntas sobre inversiones o negocios, pues si le haces este tipo de preguntas a la persona equivocada terminarás siendo presa del típico asesor financiero desalmado que solo está interesado en las comisiones que él recibirá y no en gestionar tu dinero de la manera más acertada posible.

La realidad es que no existe una única respuesta a la pregunta de qué hacer con tu dinero. La solución siempre debe empezar de la misma forma: preparándote en el área financiera, estudiando el mercado, realizando simulacros y analizando las posibilidades que tengas a tu alcance. Entonces, y solo entonces, será apropiado que te preguntes qué hacer con tu dinero, pues ya tendrás el conocimiento necesario, junto con la capacidad de responderte a esa pregunta. Lo más importante para ti en este momento es adquirir una buena educación financiera, que es la que te llevará *del miedo a la libertad: de 9:00 a 5:00 pagas tus gastos y de 6:00 a 10:00 construyes tu imperio.*

Si no tienes claros estos conceptos nunca estarás listo para aprovechar las oportunidades que se te presenten. Recuerda que la finalidad de un negocio es crear activos que te generen el flujo de efectivo positivo que financie tu estilo de vida. Te mostraré la gráfica del estado financiero creado por Robert T. Kiyosaki. ¿Lo conoces? En él se muestra cómo una persona rica crea activos que ponen dinero en su bolsillo, mientras que una persona pobre adquiere pasivos que le generan gastos. Tú eliges. ¿Quieres ser de los que crean activos o de los que compran pasivos?

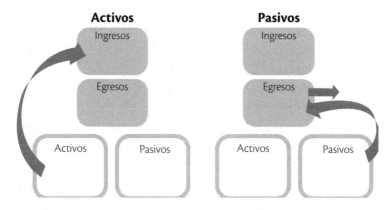

Volvamos a repasar algunos de estos términos aun a costa de que hacerlo te resulte pesado. Si decides, por ejemplo, comprar un auto nuevo a crédito, porque has recibido un incremento en tu sueldo, creyendo que podrás hacerles frente a todas y cada una de las cuotas mensuales que tendrás que pagar, en realidad lo que estás haciendo es adquirir una deuda con el banco hasta que la liquides. Es decir, estás adquiriendo un pasivo. Y si por cualquier motivo te quedas sin ingresos y no puedes afrontar la deuda adquirida al comprar el auto, entonces lo tendrás que rematar por una fracción de lo que te costó, saldrás en busca de otro empleo donde venderás tu tiempo por dinero en vez de intercambiarlo por activos, la deuda se convertirá en insoportable y lo peor de todo es que te conducirá a abandonar tus sueños. ¿Cuánta gente conoces que mantiene su trabajo solo por el miedo a no tener cómo afrontar sus deudas? Cuando le das ese tipo de poder a tu única fuente de ingresos, esta se convierte en tu prisión y tú en un esclavo, puesto que tomarás todas tus decisiones desde el miedo, aterrorizado ante la idea de ser insolvente.

Por el contrario, si decides no gastar todos tus ingresos e invertir el dinero sobrante con inteligencia financiera, estarás dando un primer paso hacia tu libertad, incluso aunque cometas pequeños errores al principio. Así que invierte en *activos* y aléjate de los *pasivos* innecesarios.

LA IMPORTANCIA DE CREAR ACTIVOS

> Si quieres ser realmente rico, adquiere activos.
> ROBERT T. KIYOSAKI

Desde el momento en el que me formé con Robert T. Kiyosaki supe cómo hacer que el dinero trabajara para mí. Una vez que aprendí qué son los *activos* y los *pasivos* ¡solo tuve que poner en práctica esos dos conceptos! El gran valor de un activo es la libertad financiera que este te da. Por eso he hecho que la adquisición de activos sea mi prioridad. Te contaré toda la historia.

Cuando mi negocio de logística comenzó a prosperar, gracias a aplicar mis nuevos conocimientos financieros, en vez de pagarle a un tercero la renta del local donde operábamos, decidí fundar una empresa de bienes raíces que adquirió el local. A partir de ese instante tenía dos empresas. La de logística —que era mi trabajo diario— y la de bienes raíces —que era mi principal activo—. Entendí enseguida que el secreto para el éxito no está en ser dueño de tu trabajo, sino en adquirir activos que multipliquen tus ingresos. Mi empresa de logística le pagaba la renta mensual del local a mi empresa de bienes raíces, así que el pago del préstamo hipotecario de la empresa de bienes raíces estaba cubierto por los ingresos procedentes de la empresa de logística. Es decir, convertí lo que era un gasto ineludible para mi empresa de logística (el pago mensual de la renta) en un ingreso para la de bienes raíces. Este cambio le proporcionó dos beneficios adicionales a mi empresa de bienes raíces: uno, que poseía un activo cuyo valor continuaba creciendo, y dos, que tenía una deuda que cada mes era menor. Y no solo eso, sino que el día que decidiera vender mi empresa de logística mantendría la de bienes raíces, de manera que mis ingresos mensuales no se detendrían.

Como verás, gracias a la educación financiera comprendí rápidamente cómo funciona el dinero. De no haber aprendido esto, lo más probable es que aún seguiría en mi compañía de logística, rentando un almacén y trabajando por dinero.

Te recomiendo ver la película *El fundador*, donde se muestra cómo Ray Kroc, fundador de McDonald's, perfeccionó este sistema. ¿Crees que McDonald's se ha convertido en una empresa multimillonaria vendiendo hamburguesas? Cuando una persona quiere abrir un nuevo restaurante McDonald's en cualquier lugar del mundo es la propia compañía McDonald's la que compra o alquila el local, construye el restaurante y lo decora siguiendo sus propias directrices. Una vez listo se lo alquila al franquiciado bajo un contrato a 20 años y, para poder explotarlo vendiendo hamburguesas, el franquiciado debe hacerle a McDonald's un pago único por derechos de franquicia. Además, debe firmar un contrato de alquiler mensual, el pago de unas regalías del 5% de sus ventas, aceptar un canon de marketing del 4% y otro variable en función de las ventas. Entonces, como es apenas lógico, el total que McDonald's recibe del franquiciado es superior al importe que paga al dueño del terreno. McDonald's gana dinero del alquiler, del canon, de las regalías y, en menor medida, de las hamburguesas. Dicho de otro modo, se trata de un negocio de bienes raíces que utiliza la venta de hamburguesas como un instrumento para crear un imperio inmobiliario.

Recuerda: tus negocios pueden generar flujo de efectivo de muchas maneras.

DEUDA BUENA: CÓMO GENERAR FLUJO DE EFECTIVO

> Para crecer financieramente debes adquirir deuda buena. Es decir, usar el dinero de otras personas para adquirir activos y hacer crecer negocios. Además, debes evitar la deuda mala. O sea, evitar pedir dinero prestado para adquirir pasivos o para gastos personales.
> ROBERT T. KIYOSAKI

Otra razón para formarte y tener educación financiera es que aprenderás a utilizar la deuda buena —la cual sirve para adquirir activos que generan flujo de efectivo—. Los ricos amasan su fortuna de esta manera —utilizando la deuda buena—. Recuerda que la deuda te puede hacer *rico* o *pobre*, solo depende de cómo la utilices. Es como un arma de fuego cargada: te puede matar, pero también puede salvarte la vida. Vayamos al grano: la deuda es esencial para el funcionamiento de la economía.

Existen dos tipos de deuda: la *deuda buena* y la *deuda mala*. Pedir dinero prestado para abrir un negocio en tu barrio es un ejemplo de deuda buena. Utilizar la tarjeta de crédito para financiar las vacaciones con tu pareja en Europa cuando sabes que no las puedes pagar es un claro ejemplo de deuda mala.

La mayoría de las oportunidades de negocios requieren que pidas dinero prestado, no importa si se trata de miles o de millones de dólares. En el ejemplo de mis dos negocios —el de logística y el de bienes raíces— utilicé la deuda buena para hacerme de ese activo. Te detallaré cómo. Mi negocio de logística pagaba 2 800 dólares de renta por el almacén en el cual operábamos. Esto suponía un gasto de 33 600 dólares anuales. El almacén tenía un valor de mercado de 400 000 y ese fue el precio que pagué por él. El banco me concedió un préstamo de 280 000, utilizando como garantía el propio local, así que solo tuve que poner de mi bolsillo 120 000, es decir, ¡30% de su valor! O sea que ya no le pagaba la renta al anterior propietario, sino que tenía una deuda bancaria con una cuota mensual de 2 129 dólares. ¡Casi 700 dólares de ahorro respecto al costo anterior! Pese a que, como dueño de la propiedad inmobiliaria ahora tenía que hacer frente a gastos como el seguro, el mantenimiento y los impuestos, ahorraba, como mínimo, 300 dólares mensuales, dado que mantuve el importe del alquiler en el mismo precio que le estaba pagando al anterior propietario. Estos eran los números del negocio de bienes raíces:

INGRESOS	2 800
HIPOTECA	-2 129
OTROS GASTOS	-371
FLUJO DE EFECTIVO	300

El almacén, que me generaba flujo de efectivo cada mes, fue adquirido con deuda buena. En este caso el beneficio era doble, ya que además del flujo de efectivo que conseguía mi empresa de bienes raíces, el gasto del alquiler de la empresa de logística volvía a mis bolsillos. Cada vez mi deuda era menor, y como el valor del activo se revalorizó año tras año, esto significó que en cuatro años lo vendí por 800 000 dólares. ¡Eso es hacer negocios de una forma inteligente, utilizando deuda buena! Recuerda:

> *Deuda buena es aquella que usas para comprar activos.*

Los ricos y los emprendedores exitosos siempre están utilizando deuda buena.

DEUDA MALA: LOS PELIGROS DE TU TARJETA DE CRÉDITO

Adquirir deuda solo en casos de emergencia es la peor deuda de todas.
ROBERT T. KIYOSAKI

Reflexiona sobre tus hábitos financieros. En la actualidad las personas están acostumbradas a las gratificaciones instantáneas y a comprar cosas que no pueden pagar utilizando sus tarjetas de crédito. No se dan cuenta de que el banco les cobra un *interés compuesto* y que así terminan pagando mucho más que la cantidad inicial. Este es un tipo de esclavitud moderna que abunda por todas partes y busca atrapar a las personas en una vida en la que ellas pierdan el control de sus finanzas.

Lo explicaré con un ejemplo gráfico. Imagínate que tu mejor amigo, al que llamaremos Gastón, desea comprar el último *smartphone* que acaba de salir al mercado, pero no puede adquirirlo porque no tiene los 1 500 dólares que cuesta. Entonces Gastón decide utilizar su tarjeta de crédito para pagarlo en "cómodas" cuotas mensuales de 100 dólares. Lo lógico sería pensar que terminaría de pagarlo en 15 meses, ¿verdad? Pues la realidad es que Gastón va a necesitar 18 meses, porque su tarjeta de crédito le carga un interés de 25% anual sobre la cantidad pendiente de pago cada mes. Así las cosas, al cabo de los 18 meses ¡Gastón habrá pagado 273 dólares adicionales nada más en intereses!

MES	DEUDA	PAGO	DEUDA	INTERÉS 25%	NUEVA DEUDA
1	1500	100	1400	29	1429
2	1429	100	1329	28	1357
3	1357	100	1257	26	1283
4	1283	100	1183	25	1208
5	1208	100	1108	23	1131
6	1131	100	1031	21	1052
7	1052	100	952	20	972
8	972	100	872	18	890
9	890	100	790	16	807
10	807	100	707	15	721
11	721	100	621	13	634
12	634	100	534	11	546
13	546	100	446	9	455
14	455	100	355	7	362
15	362	100	262	5	268
16	268	100	168	3	171
17	171	100	71	1	73
18	73	73	0	0	0
	Total pagado	1773	Total intereses	273	

Esta es la realidad que vive la mayoría de las personas hoy en día. Muchos tienen que pagar los intereses de la tarjeta de crédito, además de sus gastos cotidianos. Incrementan sus gastos, mientras su ingreso mensual sigue siendo el mismo. ¡No tiene ningún sentido hacer esto! Sin embargo, hacerlo se ha vuelto tan normal que todo el mundo cree que es correcto manejar así su dinero. Por lo tanto, mi mejor consejo para ti hoy es:

No compres lo que no puedes afrontar, ni empeñes tu futuro.

Si aprendes a posponer la gratificación instantánea para construir activos estarás invirtiendo en tu libertad financiera.

Trabaja para crear flujo de efectivo, no para pagar intereses.

Recuerdo que una vez sentí que mi compañía ya estaba en auge y me vi tentado de comprar un buen barco para divertirme con mi familia y mis amigos. Fue entonces cuando me invadió un enorme sentimiento de responsabilidad. Sabía que las personas ricas compran sus caprichos con el flujo de efectivo que proviene de sus activos. Además, quienes tienen un barco dicen que hay solo dos momentos de placer: el día que lo compras y el día que lo vendes. Así que controlé mi deseo de gratificación instantánea y utilicé ese dinero para adquirir otro activo en lugar de darme ese lujo.

Elegí fundar otra empresa —la que compró el nuevo almacén— en vez de asumir los gastos constantes del barco. En ese momento pasé a tener dos activos: la empresa de logística y la compañía propietaria del almacén. Eran dos empresas separadas, ambas generaban un flujo de efectivo creciente. Si hubiera comprado el barco, en pocos años su valor se habría reducido 50%, mis gastos se habrían incrementado al tener que pagar por su mantenimiento y mis ingresos no habrían crecido. La consecuencia habría sido que hubiera tenido que trabajar más para ganar menos. No hay nada de malo en darse un buen gusto, pero hay que saber esperar el momento adecuado. Decidí que cuando quisiera salir a navegar, alquilaría un barco. Por otro lado, el almacén que adquirí con ese dinero duplicó su valor en solo siete años y generó flujo de efectivo desde el primer momento.

Este tipo de decisiones es el que separa a los emprendedores atrapados en la carrera de la rata de los dueños de negocio que están en la *vía rápida hacia la libertad financiera.* Una vez que esta mentalidad esté instalada en tu mente, reconocer y controlar la recompensa emocional que supone una gratificación instantánea será una señal indudable de tu inteligencia financiera. ¡Así es como ganan dinero los ricos! Al principio parece difícil, pero si perseveras dominarás las habilidades necesarias para ser libre en el campo de las finanzas. Por ejemplo, vencer la tentación de adquirir un vehículo nuevo y decidir invertir ese dinero en un activo que más tarde te pagará el auto ¡es grandioso! Y un enorme síntoma de progreso que deberás celebrar. Posponer la gratificación instantánea vale la pena, ya que así puedes reducir tus gastos, aumentar tu capacidad de inversión y educarte hasta que tus activos paguen tus caprichos.

Hay una gran diferencia entre pensar como consumidor o como emprendedor. El primero siempre está comprando; el segundo siempre está vendiendo. ¿Entiendes lo que te digo? La mayoría de las personas solo se preocupa por su puntaje crediticio, por cómo comprar una casa más grande, un auto mejor o el último modelo de *smartphone*. Todos esos son pasivos que te mantendrán trabajando por dinero. Cuando financias tus compras con la tarjeta de crédito es como si tuvieras un segundo empleo: trabajas para alimentar a tu familia y también para hacerle frente al cargo de tu tarjeta de crédito, que crece cada vez más. Esa es la esclavitud moderna.

Si tu rutina actual es trabajar, trabajar y trabajar, pagar, pagar y pagar, tu futuro es predecible: sin darte cuenta, te estás convirtiendo en un consumidor cada vez más esclavo del sistema. Cada vez sentirás más presión y menos placer, hasta que vivir se reduzca a pagar los intereses de tus préstamos. Es como tomar medicamentos recetados por tu médico para adelgazar en vez de cambiar tus hábitos alimenticios por otros más saludables y así evitar graves problemas de salud en el futuro. Si eres el tipo de persona que compra las píldoras "milagro" de los comerciales de televisión que aseguran que con ellas podrás comer lo que quieras y bajar de peso, estarás envenenando tu cuerpo con la ilusión de conseguir una figura esbelta. El peor momento será cuando termines frustrado y volviendo a subir de peso. Aplica este ejemplo a tus finanzas.

Solo con educación financiera cambiarás tus malos hábitos financieros.

Si te tomas en serio ser un emprendedor, necesitas convertir tu educación financiera en una prioridad. Programa cuanto antes cuándo te vas a formar para crear hábitos financieros saludables y prepárate desde ya, estableciendo tu propio presupuesto personal. Conoce y controla tus gastos y estudia formas de aumentar tus ingresos. Tener esta actitud te ayudará a crear una mentalidad ganadora.

LA VELOCIDAD DEL DINERO

> Mi padre rico dijo: "Cuanto más rápido se mueva tu dinero, más altas serán tus ganancias y menor el riesgo". Su consejo fue incrementar la velocidad del dinero y no estacionarlo.
>
> ROBERT T. KIYOSAKI

Si no estás aprendiendo constantemente, tu dinero se volverá perezoso y esa actitud pasiva no te ayudará a lograr tu independencia financiera. La formación continua es importante, pero también debes poner en práctica todos estos conocimientos financieros para aprender de la experiencia.

A partir de mi formación con Robert T. Kiyosaki pasaba 90% del tiempo de mis reuniones con los directivos de las empresas clientes de P.O. Box Internacional S. A., compartiendo con ellos los conceptos y aprendizajes que había obtenido durante mi educación financiera y solo dedicaba el otro 10% a resolver temas de logística. Lo más increíble es que esos directivos preferían que fuese así. ¡Y yo disfrutaba dedicando mi tiempo a explicarles estos conceptos!

Como me apasionaba tanto compartir todo lo que estaba aprendiendo, en 2005 decidí llevar por toda Latinoamérica a Robert T. Kiyosaki, acercando la educación financiera a todos los hispanohablantes. Empezamos con los eventos de Perú y Colombia, a los cuales siguieron los eventos de Bolivia, Chile, Argentina, Paraguay, Ecuador, Costa Rica, México, y cruzamos el charco hasta España. En 2009 creé la compañía Rich Dad Latino para poder llevar a cabo mi verdadera misión: elevar el bienestar financiero de los hispanohablantes.

En diciembre de 2010, después de 22 años dedicado a mi negocio de logística, decidí venderlo. Pensé que ese era el momento perfecto para hacerlo, ya que mi interés por la educación financiera había hecho que me alejara emocionalmente de la logística. Tras seis meses de juntas con diferentes empresarios interesados en comprar mi negocio, me decidí por el que más confianza me dio. Le di un porcentaje del valor de la venta de la empresa a una empleada clave muy leal que me había ayudado todo el tiempo; lo hice de ese modo como compensación por su esfuerzo y dedicación. Y le dije adiós a mi emprendimiento. Sabía que este no podría estar en mejores manos que las de su nuevo dueño.

Tras esta operación, decidí reflexionar durante un tiempo sobre mi siguiente movimiento, porque:

> *Los ricos solo venden un activo para comprar otro activo que les dé un mejor retorno de inversión.*

Al final, me desprendí también del almacén y, con el dinero que obtuve de la venta, adquirí otros cuatro en Utah, utilizando también ahí el concepto de deuda buena. A este movimiento también se le conoce como la *velocidad del dinero*. Gracias a mi educación financiera fui construyendo mi libertad en todos los sentidos, no solo a nivel financiero.

Así que, al final, decidí invertir y postergar la gratificación. Es muy probable que de no haberlo hecho así, me hubiera gastado todo el capital que recibí de la venta de P.O. Box Internacional, y ese error me habría mantenido atrapado en la carrera de la rata, trabajando por dinero. Pero decidí invertirlo, multiplicarlo y seguir haciendo lo que me gusta. Actualmente disfruto de un buen estilo de vida, cubierto por el flujo de efectivo que generan mis activos. Además, para cumplir mi propósito de vida he creado una empresa de propiedad intelectual que posee activos y siempre está ofreciendo nuevos contenidos digitales.

Supongo que te estarás preguntando: ¿pero en qué momento disfrutas? ¿Por qué no te compraste una casa más grande o un auto de lujo? Siguiendo el ejemplo de Robert T. Kiyosaki en su libro *Padre Rico, Padre Pobre*, yo adquiero mis caprichos con el dinero que proviene del flujo de efectivo de mis activos, no con el dinero de mi trabajo.

Si colocas lo que ganas en una cuenta de ahorros en el banco, su rendimiento será bajo, es decir, *la velocidad del dinero* será muy lenta y, dado que la inflación por lo general está por encima de la tasa de interés que te paga el banco, estarás perdiendo poder adquisitivo. Si, por el contrario, *pones tu dinero a trabajar para ti* y haces crecer tus activos, la velocidad con la que multipliques tu dinero será imparable.

Deja que te ponga un ejemplo. Amancio Ortega, fundador y propietario de 60% de Inditex, la compañía propietaria de las tiendas de moda Zara, recibe por dividendos cientos de millones de euros cada año. Además, a través de su sociedad de inversión inmobiliaria, Pontegadea, invierte en locales comerciales en las principales calles de Madrid, Barcelona, París, Berlín, Londres, Seattle, Seúl y Nueva York. Su principal inquilino son las propias tiendas del grupo Inditex (Zara, Pull&Bear, Stradivarius, Bershka...) y cuenta entre sus arrendatarios a multinacionales como Amazon o Facebook (sus sedes en Seattle pertenecen a Pontegadea), Primark, o Apple. Amancio Ortega ha conseguido convertirse en uno de los mayores multimillonarios del mundo perfeccionando *la velocidad del dinero*: en vez de gastárselo, él utiliza las ganancias de la venta de ropa para adquirir los locales donde se instalan sus nuevas tiendas.

En síntesis, pulir tus habilidades para incrementar tu inteligencia financiera te dará la habilidad de hacer crecer tu patrimonio. De ese modo sabrás cómo generar más riqueza según te vayas haciendo con más activos, utilizando *la velocidad del dinero* a tu favor. Así amasarás una verdadera fortuna.

EL ESTADO FINANCIERO

> Si quieres ser rico, tienes que entender los números.
> ROBERT T. KIYOSAKI

En este punto ya sabes lo que son *activos* y *pasivos*, *deuda buena* y *deuda mala* y *flujo de efectivo*. Ahora veamos con un ejemplo real cómo todos estos conceptos, aplicados una y otra vez, te darán libertad financiera.

Como te comenté antes, mi negocio de logística ponía dinero en mi bolsillo. Era mi primer activo y contaba con un equipo que trabajaba para hacer que el negocio funcionara. Sin embargo, las cosas se pusieron bastante interesantes cuando creé mi empresa de bienes raíces y adquirí el almacén en el que el negocio de logística desarrollaba su actividad. El dinero empezó a fluir sin que yo tuviera que hacer absolutamente nada. El almacén se convirtió en mi activo. El banco no me solicitó mi boletín de calificaciones académicas para concederme un préstamo de 280 000 dólares, sino que se enfocó en analizar si la operación generaría un flujo de efectivo suficiente que me permitiera devolver el préstamo al 6.75% de interés. La deuda bancaria buena me permitió comprar el activo (el almacén) que, a su vez, generó ingresos que pude destinar a adquirir más activos.

> *Las personas ricas trabajan para crear activos y para ello utilizan deuda buena.*

La gente sin educación financiera o sin espíritu emprendedor no compra activos, solo compra pasivos y caprichos, y lo hace de la manera más normal, utilizando su tarjeta de crédito. Esto las sume en el círculo vicioso de *la carrera de la rata*.

Así luciría el estado financiero de alguien que utiliza sus ingresos para comprar caprichos:

Como verás, la diferencia es clara. Mientras que el empresario exitoso y la persona rica utilizan la deuda para comprar activos que les generan ingresos, la persona pobre y de la clase media trabajadora gasta todo su dinero, comprando pasivos y caprichos, utilizando su tarjeta de crédito. Tener educación financiera supone saber manejar la deuda. Quizá tú no puedas obtener un préstamo para comprar acciones o un fondo mutualista, pero sí uno para comprar viviendas residenciales multifamiliares y ponerlas en alquiler. Así es como los ricos se hacen más ricos: el dinero fluye de aquellos que no tienen una educación financiera sólida hacia aquellos que son financieramente inteligentes.

GLOSARIO DE TÉRMINOS RELACIONADOS CON EL TEMA FINANCIERO

Antes de pasar al siguiente capítulo repasemos algunos de los términos que ya he mencionado y que están relacionados con el tema de la educación financiera:

- **Activo**: toda aquella actividad que ponga dinero en tu bolsillo sin necesidad de que le dediques tu tiempo. Por ejemplo: una aplicación para *smartphones*, un libro, un departamento puesto en alquiler, acciones que te paguen dividendos...
- **Pasivo**: todo aquello que saca dinero de tu bolsillo regularmente: la casa donde vives, el auto que manejas, etcétera.
- **Flujo de efectivo**: el importe que entra o sale de tu bolsillo. La diferencia entre ingresos y gastos. Si es positivo, tienes un activo. Si el flujo de efectivo es negativo, tienes un pasivo.
- **Ingreso activo**: el dinero que generas trabajando, intercambiando tiempo por dinero. Si dejas de trabajar, dejas de recibirlo. Es el ingreso generado por tu trabajo de 9:00 a 5:00 en la oficina o como repartidor.
- **Ingreso pasivo**: el dinero que recibes sin necesidad de trabajar, el dinero que generan tus activos. Lo obtienes sin realizar ningún esfuerzo: los dividendos que pagan las acciones o las regalías por las ventas de tus libros. Aunque mantengas tu empleo, empieza a construir tu imperio de 6:00 a 10:00.

- **Velocidad del dinero**: la cantidad de veces que una misma unidad monetaria cambia de manos durante un año. Las veces que tu dinero pasa de ti al panadero y de este a su proveedor de harina y de este al agricultor y de este al jornalero... o las veces que utilizas el mismo dinero para adquirir nuevos activos. Por ejemplo: con los beneficios que te genera un departamento en alquiler realizas el pago inicial para el siguiente, que a su vez genera beneficios que te permiten dar el pago inicial para un nuevo departamento, y así sucesivamente.
- **Carrera de la rata**: el estilo de vida de las personas sin educación financiera que ingresan, gastan y no adquieren activos generadores de flujo de efectivo. Cualquier incremento en sus ingresos se traduce de inmediato en mayor gasto (más impuestos, un auto nuevo, una casa nueva, etc.), terminando en un círculo vicioso del que les resulta imposible salir.
- **Deuda buena**: la que sirve para adquirir activos (que dejan flujo de efectivo positivo). Por ejemplo, el préstamo para adquirir una vivienda que pones en alquiler.
- **Deuda mala**: la que se utiliza para adquirir pasivos. Por ejemplo, el préstamo para ir de vacaciones o para adquirir la casa donde vives.
- **Interés compuesto**: sistema para el cálculo de intereses utilizado en el sistema financiero según el cual los intereses recibidos se reinvierten de manera automática en el capital inicial (se capitalizan), consiguiendo que el importe recibido se incremente cada mes o año. Por ejemplo, si reinviertes los dividendos que recibes de tus acciones en nuevas acciones de la misma compañía, el año que viene recibirás más dividendos sin tener que invertir capital nuevo. También se aplica en el caso de las deudas, lo que genera una mayor deuda; si los intereses no son abonados en su plazo y son capitalizados como mayor deuda, el nuevo interés se calculará sobre la deuda inicial más los intereses no pagados.

Ahora que ya tienes estos conceptos claros estás listo para responder a las siguientes preguntas:

- La casa donde vives ¿es un activo o un pasivo?
- ¿Qué acciones concretas vas a empezar a implementar para tener tus primeros ingresos pasivos?
- ¿Cuál es tu flujo de efectivo mensual?

En lo que queda de esta lectura te compartiré cómo logré la experiencia necesaria para pasar del miedo a la libertad y cómo puedes aplicar estos aprendizajes a tus emprendimientos.

La transformación que experimenté luego de pasar de ganar 150 dólares al mes a ser financieramente libre se hizo realidad gracias a que seguí el proceso que Robert T. Kiyosaki compartió conmigo. Te comparto ese mismo proceso ahora con el PDF *Cambia tu vida antes del desayuno*. Para transformar tus debilidades en fortalezas puedes descargarlo en www.richdadlatino.com/libertad.

3

Define tu trayectoria: las bases para triunfar en tu emprendimiento

> Mi padre rico me advirtió: la mayoría de los líderes corporativos
> sigue de dientes para fuera la misión del fundador. Sin el
> espíritu de emprendedor, la compañía fallece y se convierte
> en un muerto viviente... en un negocio sin espíritu.
>
> ROBERT T. KIYOSAKI

Aunque el dinero forma parte ineludible de nuestra vida, nadie nos enseña cómo gestionar nuestras finanzas personales ni nada al respecto que sea aplicable al mundo de los negocios. Resuelve lo antes posible cualquier conflicto interno que tengas con el dinero. Por ejemplo, a lo mejor cuando eras niño experimentaste escasez en casa o presenciaste algunas peleas entre tus padres y estas te hicieron odiar el dinero. Sin embargo, el dinero como tal es neutral. Lo que determina si este es bueno o malo es lo que hagas con él. Así que elimina lo antes posible cualquier sentimiento negativo que haya en tu interior, pues solo conseguirás estancarte.

Durante nuestro proceso educativo básico nadie nos habla de este tema en ninguna etapa. Ahora sé que en el colegio simplemente me entrenaban para ganarme mi sustento siendo un empleado; estudiaba desde el punto de vista teórico materias obsoletas que se habían implantado muchos años atrás y que adolecían de sentido práctico. Para mí, esa clase de educación era deprimente. Me exigían tomar clases como Cálculo Integral, Geometría Descriptiva, Termodinámica, Álgebra, etc., pero nada aplicable a la vida real. Nada que tuviera que ver con el manejo exitoso del dinero y mucho menos de los negocios.

Más tarde, como militar, adquirí habilidades valiosas que hoy en día todavía utilizo. La Marina siempre ha estado y estará en mi corazón, pero ahí tampoco aprendí nada sobre el dinero y los negocios, así que no me arrepiento de haberme retirado a tiempo para no renunciar a mi libertad. Después de 14 años de servicio lo que más quería era reencontrarme conmigo, sentirme vivo y libre, de modo que la mejor manera de conseguirlo fue a través del mundo de los negocios —que me permitía mostrarme tal cual yo era, sin que nadie que tuviera que decirme qué hacer—. Aprecio los valores y principios aprendidos en mi carrera naval, los cuales he podido aplicar *a posteriori* a nivel empresarial, directamente en mis negocios, pero es indudable que ha sido mi preparación financiera la que me ha llevado a disfrutar de una gran ventaja como empresario.

Muchos emprendedores se centran única y exclusivamente en el producto o servicio que venden o prestan, y esa es la razón por la cual ellos fracasan. Por eso, si en verdad quieres triunfar, dedica la atención necesaria a estos otros aspectos clave representados en el Triángulo D-I creado por Robert T. Kiyosaki. En las siguientes páginas voy a explicarte la importancia de cada uno de ellos.

DEFINE TU TRAYECTORIA: EL CUADRANTE DEL FLUJO DE EFECTIVO

> A menudo, me preguntan cómo empezar a invertir con poco o ningún
> dinero. Por favor, escucha esto, ya que es lo más difícil de entender
> para la gente: ¡NO inviertes con dinero! ¡Inviertes con tu mente!
> No importa cuál sea tu campo de acción, tu mayor activo es tu mente.
> Una vez que tengas el conocimiento, encuentra ofertas, encuentra
> tu equipo y usa el dinero de otras personas.
> ROBERT T. KIYOSAKI

Tanto si quieres empezar a emprender o a invertir al mismo tiempo que conservas tu trabajo, como si deseas dejar de ser empleado o alcanzar la libertad financiera a través de tus negocios, la clave esencial en lo referente a tu educación financiera es que conozcas el cuadrante del flujo de dinero desarrollado por Robert T. Kiyosaki.

Esquema del cuadrante del flujo del dinero: empleado (E), autoempleado (A), dueño de negocios (D), inversionista (I).

En el lado izquierdo del cuadrante se sitúan los empleados (E) y los autoempleados (A), quienes se enfocan en los ingresos y quieren un trabajo o una carrera segura. Son personas que buscan la seguridad por encima de la libertad y de la riqueza.

En el lado derecho verás al dueño de negocios (D) y al inversionista (I), quienes se enfocan en crear activos que generen *flujo de efectivo*, utilizando el tiempo y el dinero de otras personas. Por encima de todo, ellos valoran su libertad financiera. Se rodean de expertos y buscan construir riqueza, solucionando algún problema de otra persona.

El sistema educativo es el encargado de formar a los jóvenes para que sean empleados (E) y así paguen impuestos muy elevados, asegurando de ese modo el mantenimiento del sistema. En las escuelas públicas se les adiestra como piezas de un engranaje para que ellos no se rebelen ante la falta de libertad. Debido a este tipo de "educación", cuando un empleado desea mejorar su situación económica por lo general busca un ascenso en su empresa o la posibilidad de obtener un segundo empleo, sin darse cuenta de que al hacerlo verá reducida aún más su libertad y que con cada aumento salarial sus impuestos se elevarán.

Por el contrario, la gente con espíritu emprendedor desea trabajar para sí misma, cambiando esa supuesta seguridad por verdadera libertad. Pero el error que cometen muchos con mentalidad de emprendedores es que ellos quieren pasar del cuadrante de empleado (E) al de autoempleado (A) sin darse cuenta de que es justo en ese cuadrante —el de autoempleado o especialista— donde los impuestos son más elevados. Desean ser sus propios jefes, hacer las cosas a su manera y fijar ellos mismos el precio de su tiempo. Su mantra es: "Si quieres que las cosas se hagan bien, hazlas tú mismo". Por lo tanto, no delegan ni buscan la ayuda de otras personas, lo que los obliga a estar siempre trabajando si no quieren que el flujo de dinero que reciben se detenga. Además, no suelen tener muchos días de vacaciones, ni de descanso.

En el lado derecho del cuadrante los dueños de grandes negocios (D) somos lo opuesto a los autoempleados. Nuestro objetivo primordial es rodearnos de personas más inteligentes y preparadas en lo referente a la tarea que desempeñen para así delegar en ellas la gestión de nuestros negocios. Fuera de eso, también nos ocupamos de la creación de sistemas que nos permitan reemplazar a los empleados en cualquier momento, aunque somos muy leales a nuestro equipo de trabajo. Es solo que de ese modo un D puede irse de vacaciones durante un año y al regresar encontrar su negocio funcionando como si él/ella nunca se hubiera ido.

Por su parte, los inversionistas (I) no le dedican su tiempo a un negocio, sino que se tomaron el tiempo y el trabajo de prepararse para aprender a hacer que su dinero trabaje para ellos. Ellos son quienes pagan menos impuestos. Es el lugar en el que se encuentran los multimillonarios que se centran en hacer crecer sus inversiones.

La mentalidad y las habilidades son muy diferentes entre quien logra multiplicar sus ingresos y quien se queda atrapado financieramente. Por esa razón, una persona ubicada en el lado derecho del cuadrante y alguien que se encuentre en el lado izquierdo encontrarán diferentes soluciones para el mismo problema.

Imagina que Cándido, un emprendedor *amateur* que se encuentra en el lado izquierdo del cuadrante, compra un departamento como su primera inversión y le entrega la información financiera a su contador al final del año, antes de pagar los impuestos. Por otro lado, Victoria, una exitosa inversionista (I) que ha alcanzado la libertad financiera, tiene un contador especializado en bienes raíces que conoce los beneficios tributarios, los incentivos fiscales y cómo deducir de manera legal los gastos relacionados con la propiedad. El contador de Victoria lleva a cabo la misma tarea, pero con un nivel más profundo de detalle, y gracias a ello Victoria tendrá un mejor retorno de la inversión. El contador especializado sabe de qué manera aprovechar, desde el punto de vista legal, los beneficios existentes para obtener la mayor rentabilidad posible. Esto no ocurre con Cándido, pues él eligió a un contador *amateur* que no deduce todos los gastos que la ley permite. Por lo tanto, Cándido pagará más impuestos y su rendimiento de la inversión será menor, todo por no verificar por adelantado la experiencia de su contador en ese tipo de inversión.

> *Las personas que logran la libertad financiera están en el lado derecho del cuadrante, pues transformaron su mentalidad (aprendiendo a crear activos), mientras que el resto de la gente se encuentra en el lado izquierdo (trabajando por dinero).*

Se puede ser un empleado o un autoempleado exitoso, desempeñar un trabajo bien remunerado, comprar una casa al contado, disfrutar de un buen auto y tomar vacaciones un par de veces al año, pero ¿cuánto tiempo podrían vivir estas personas con sus ahorros si dejaran de trabajar o perdieran su empleo?

En 2019 el ciudadano promedio en Estados Unidos no podía afrontar un gasto extra de 400 dólares, y con la pandemia en 2020 nos hemos dado cuenta de que no hay trabajo seguro. ¡No es sabio depender solo de un empleo!

En mi época en la Academia Naval Peruana dependía de un pago mensual que recibía como oficial de la Marina y el dinero se me acababa a gran velocidad. Solo contaba con una fuente de ingresos —mi trabajo como empleado (E)—. Estaba ubicado en el lado izquierdo del cuadrante del flujo de efectivo. Cada vez que cobraba mi sueldo el primero que recibía su parte no era yo, sino el gobierno —en forma de los impuestos que me descontaban de mi nómina de manera automática—. Al estar en el cuadrante E la única forma que conocía de incrementar mis ingresos era trabajando más horas —y existe un límite en el número de horas que un ser humano es capaz de trabajar cada día—.

Entonces, dado que todavía no contaba con educación financiera, decidí moverme hacia el cuadrante de autoempleado con la esperanza de prosperar. Como te comenté, junto con un compañero oficial de la Marina, invertí en un pequeño restaurante. Cada día, al salir de mi jornada en la Marina, le dedicaba mi tiempo al negocio de comida rápida: compraba la mercancía, llevaba el control de los stocks, de las ventas, etcétera.

Aunque yo era mi propio jefe, tenía que trabajar y dedicarle tiempo a mi negocio en aras de conseguir más ingresos. Si el restaurante no abría, no recibíamos ingresos. Es más, perdíamos dinero, como les pasó a miles de empresarios en la crisis de 2020.

Ese fue mi primer emprendimiento y con él conseguí grandes aprendizajes que nunca hubiera obtenido trabajando para el gobierno. Sin embargo, debo reconocer que este no me acercó a la libertad financiera. Si en aquel momento hubiera tenido los conocimientos que tú estás adquiriendo gracias a este libro, lo más seguro es que habría hecho las cosas de otra manera. Al día de hoy lo más probable es que consideraría el restaurante como una inversión, o mejor aún, habría comprado el local para rentárselo yo mismo al restaurante.

¿Recuerdas cuando me mudé a República Dominicana y trabajé para Albert? De nuevo, allí también me encontraba en el mismo lado del cuadrante, en el izquierdo, esta vez como empleado (E). Por lo tanto, cuanto más trabajaba y mejores resultados obtenía, era Albert quien se hacía más rico, no yo.

Es común pensar que si pasas de empleado a autoempleado, tu situación financiera mejorará, ya que en el cuadrante A, cuanto más trabajas, más ganas. En cambio, como empleado (E), es el empleador quien recibe las mayores ganancias, fruto de tus mejores esfuerzos. Pero esto no es tan así, debido a los mayores riesgos y la mayor carga impositiva que soportan los autoempleados.

Cuando fundé mi negocio de logística en República Dominicana pasamos enseguida de ser dos trabajadores, mi hermano y yo, a varias decenas de empleados. De nuevo me moví al cuadrante A (autoempleado o dueño de un pequeño negocio), pero este cambio suponía enfrentar multitud de nuevos retos: crear procedimientos, adquirir más equipos, planificar la expansión, entre otros. En aquel momento era dueño de un pequeño negocio que aún no me generaba los resultados que deseaba, ya que seguía intercambiando tiempo por dinero. Eso sí, sin saberlo, me estaba preparando para pasar *del miedo a la libertad*: del lado izquierdo al lado derecho del cuadrante.

Tras formarme con Robert T. Kiyosaki y entender el lenguaje del dinero (*activos, pasivos, gastos, ingresos* y *flujo de efectivo*), tomé la sabia decisión de fundar mi compañía de bienes raíces y comprar el almacén en el que funcionaba mi negocio de logística. De ese modo, el almacén se convirtió en un activo que generaba flujo de efectivo procedente del negocio de logística y yo empecé a avanzar con paso firme hacia a mi libertad financiera, puesto que logré que los ingresos que generaba como A financiaran mi libertad en el cuadrante I.

En 2011, después de vender mi negocio de logística y el almacén, tomé la determinación de volver a aplicar mis conocimientos financieros y reinvertí gran parte de las ganancias en expandir mi compañía encargada de la organización de eventos y de la creación de activos, ambas relacionadas con la educación financiera, Rich Dad Latino. Por fin me encontraba en el cuadrante D, era dueño de un gran negocio.

Hoy cuento no solo con un gran equipo, sino además con magníficos sistemas, y el gobierno me premia con impuestos muy bajos.

Es indudable que los D y los I le ayudamos al gobierno a realizar tareas que este necesita —crear empleos y ofrecer viviendas—. Por eso nos beneficiamos de una estructura impositiva estatal favorable que recompensa con una rebaja de impuestos a quienes colaboramos con él.

En promedio, un empleado de alta remuneración paga 40% de sus ingresos como impuestos. En el caso de un autoempleado o experto, este porcentaje llega a ser hasta de 60%, teniendo en cuenta todos los impuestos y cuotas a la seguridad social o de retiro. El gobierno nos premia a los dueños de grandes negocios (D) y a los inversionistas (I) con tasas más bajas de impuestos, entre 20 y 0%, ya que estamos favoreciendo el crecimiento económico y generando empleo. Los dueños de grandes negocios "fabricamos puestos de trabajo" cubiertos por empleados que pagan 40% de impuestos.

En la actualidad reinvierto el flujo de efectivo que genera mi compañía de educación financiera en la creación de activos en el mercado inmobiliario; aplico el concepto de velocidad del dinero, desarrollando, por ejemplo, promociones de viviendas. Este es el juego que juegan las personas exitosas y los millonarios. Es la manera en la que Robert T. Kiyosaki juega al Monopolio en la vida real: *convirtiendo cuatro casas verdes en un hotel rojo.*

Como has podido comprobar, hay una gran diferencia entre ser dueño de tu trabajo y dueño de tu negocio. Sin embargo, muchos no ven esta diferencia y se quedan atrapados para siempre, inmersos en un emprendimiento pequeño, sin darse cuenta de que el único lugar en el que en realidad son exitosos es dentro de su mente.

Te vuelvo a mostrar el cuadrante del flujo de efectivo. ¿En qué lado quieres estar?

BUSCA PROBLEMAS QUE RESOLVER Y ENCONTRARÁS OPORTUNIDADES

> Las oportunidades se repiten, porque la gente repite los mismos errores.
> ROBERT T. KIYOSAKI

Las personas exitosas, de los cuadrantes D e I, solucionamos problemas. Somos expertos en ver las oportunidades que se esconden tras las dificultades. Para la mayoría de la gente el éxito depende de cuánto dinero tengan ellos en su cuenta bancaria, y esa es mentalidad que los aleja de triunfar. ¿Qué quieres lograr? ¿En qué piensas cuando oyes la palabra *oportunidad*? ¿Qué problema vas a solucionar? Te lo pregunto porque la mayoría de quienes asisten a los eventos de educación financiera dicen que buscan lo mismo: una buena oportunidad de inversión. Pero lo que en realidad buscan es que alguien les haga el trabajo y les diga: "Pon todo tu dinero en esta inversión y con eso tendrás la vida asegurada". Las cosas no funcionan así. Como siempre suelo decir, solo existen dos cosas inevitables en la vida: la muerte y los impuestos. El resto depende de nosotros.

> *Las oportunidades surgen a través de la solución de problemas.*

Lo que necesitas buscar es un problema, algo que moleste o preocupe a la sociedad e incluso a ti mismo. Hay problemas pequeños y problemas grandes que requieren de una pronta y eficaz solución, así que tú eliges.

¿Te acuerdas de Kodak? Esta compañía enfocada en la producción y venta de cámaras y películas fotográficas se declaró en bancarrota en 2012, a causa de la masificación en el uso de las cámaras digitales que la propia Kodak inventó. Pero aprovechando la coyuntura de la pandemia de 2020, la compañía reorientó parte de su estructura para producir ingredientes de medicamentos bajo su nuevo brazo, Kodak Pharmaceuticals. En otras palabras, ¡la pandemia representó una oportunidad para ellos! ¿Te das cuenta?

Peter Lynch, uno de los inversionistas más exitosos de la historia, afirmó: "Observa en la calle compañías que estén teniendo éxito y que consideres que sus productos son una maravilla. Con esta técnica descubrirás excelentes oportunidades de inversión mucho antes que los profesionales".

Dicho de otro modo, lo que necesitas es saber dónde buscar los problemas con el potencial para convertirte en una persona rica. Por ejemplo, si el dueño de un negocio fallece y los herederos no quieren saber nada con respecto a tener que administrarlo —lo cual ocurre con cierta frecuencia—, entonces ese problema podría convertirse en la oportunidad que tú estabas buscando. Lo mismo sucede si, por ejemplo, una persona mayor se cansa de continuar con sus actividades como inversionista y decide liquidar su portafolio de propiedades.

Sin embargo, hay ocasiones en las que lo único que necesitarás será mejorar un producto o servicio que ya existe, en vez de empezar de cero y tener que crear uno nuevo. Convertir pasivos en activos, es decir, convertir un negocio que pierde dinero en uno que genera utilidades es, como siempre digo, un arte que requiere de mucha práctica.

Steve Jobs fundó Apple en 1976, junto a Steve Wozniak, en el garaje de su casa. Y con solo 26 años de edad ya era millonario. Sin embargo, en la década de 1980 la entrada de nuevos competidores en el mercado de los ordenadores personales lo llevó a tener dificultades empresariales. Su reacción fue innovar o, mejor dicho, implementar. Fue entonces cuando, a principios de 1984, lanzó la Macintosh 128K —la primera computadora personal con interfaz gráfica y un ratón que se comercializó con gran éxito—. Después de tener problemas con la cúpula directiva de su empresa, Jobs renunció a la presidencia de la compañía. A finales de la década de 1990, Apple estaba a punto de solicitar el concurso de acreedores. Así las cosas, Jobs regresó en 1997, llegó a un acuerdo con Microsoft e inyectó 150 millones de dólares en la compañía de la manzana. Lo que sucedió después es conocido por todos. Apple dio respuesta a problemas que aún no existían. Con el iPod, el iPhone, la tienda de música iTunes y el iPad revolucionó para siempre la manera en la que las personas se comunican, trabajan, se divierten y se relacionan unas con otras. Esto ha convertido a Apple en una de las mayores empresas por capitalización bursátil del mundo. Según el registro de patentes de los Estados Unidos, 323 patentes de Jobs figuran a nombre de Apple.

> *Para llegar al éxito tienes que agudizar tu ingenio. Solo así verás las oportunidades que te rodean.*

Piensa en la magia que existe en el hecho de contar con un GPS dentro de tu celular. Gracias a ello ahora es posible viajar por el mundo utilizando Google Maps como si estuvieras en tu vecindario. Con solo escribir una dirección te orientas por cualquier ciudad del mundo como si hubieras nacido en ella. Quienes recordamos la época en la que necesitábamos mapas para llegar a un lugar que nunca antes habíamos visitado aún tenemos grabadas en nuestra mente las discusiones con nuestra pareja o nuestros padres por haber seguido el camino equivocado, tras aumentar en una hora o en más el tiempo que se suponía que tardaríamos hasta llegar a nuestro destino. Creo que si el GPS se hubiera inventado antes, ¡la tasa de divorcios sería mucho menor! Esta tecnología llegó para solucionar un gran problema y hoy es posible viajar con nuestro celular a cualquier lugar del planeta y sentirnos como en casa. Y la cosa no queda ahí. Si como parte del viaje queremos saber dónde ir a cenar, solo tenemos que abrir una aplicación en nuestro teléfono y toda la información que necesitemos estará ahí, disponible, como si viviéramos en el área.

Así que si ya tienes claro el problema que vas a solucionar y quieres transformarlo en un negocio de éxito, antes que nada detente a pensar y empieza por cuestionártelo todo. Edúcate continuamente, de este modo tu crecimiento será exponencial y te convertirás en una persona cada vez más capaz de resolver problemas. Entrénate, tener experiencia es fundamental, y no tengas miedo de caerte, cuantas más veces lo hagas más fácil te resultará levantarte. Tú eres el responsable de tu vida y debes elegir, como dice un gran motivador, entre ver el vaso medio lleno, siendo un observador optimista; verlo medio vacío, como un pesimista, o elegir ser el que rellena el vaso de agua, es decir, ser un emprendedor, el creador de tu destino.

Son muchos los que están buscando soluciones a problemas, pero son pocos los que toman acción. Si tú no actúas con decisión tardarás demasiado tiempo, y debido a que el mercado cambia con rapidez, es posible que cuando al fin logres resolver ese problema sea demasiado tarde, porque alguien más ya lo habrá resuelto. Encuentra cómo aprovechar los recursos locales y ofrece una solución capaz de extenderse más allá de tu ciudad. Por supuesto, esta no es una tarea fácil, pero cuanto más lo intentes, más cerca estarás de triunfar y alcanzar tu libertad financiera.

Es indudable que en esta lectura obtendrás excelentes herramientas para triunfar con tu negocio, pero si estás sentado esperando el momento perfecto, lo más probable será que sigas ahí sentado hasta que ya no sientas tus piernas. La vida siempre está en movimiento, ¡por eso tienes que comenzar ya!

ENFÓCATE EN TU MISIÓN, CONTROLA LOS PROCESOS Y TENDRÁS ÉXITO EN LOS NEGOCIOS

> La libertad financiera es un proceso mental, emocional y educativo.
>
> ROBERT T. KIYOSAKI

En el libro de Tony Robbins, *Poder sin límites*, se explica que el éxito es 80% psicológico y 20% mecánico. Según Thomas Alva Edison: "Un genio es 1% de inspiración y 99% de transpiración". Picasso afirmó: "La inspiración existe, pero tiene que encontrarte trabajando". Todos ellos son o fueron exitosos porque entendieron que la clave es el compromiso que tengas con la misión. Para avanzar en el camino hacia tu libertad financiera es necesario que cuentes con una misión clara y te mantengas alerta y centrado en tu propósito. Las distracciones te alejarán de tu objetivo, te harán perder impulso y te desconectarán de tu misión.

Según el Triángulo D-I creado por Robert T. Kiyosaki para definir las integridades de un negocio exitoso, la misión se encuentra en la base del triángulo. Esto significa que para que tu negocio o emprendimiento tenga éxito deberás tener una misión clara. La misión no se trata del producto que estés intentando vender, sino del propósito de tu negocio. Te pondré un ejemplo: en el caso de Rich Dad Latino, mi misión es:

> *Elevar el bienestar financiero de la humanidad.*

Por eso nuestra compañía es exitosa, porque todo lo que hacemos está alineado con nuestra misión.

Una vez que tengas definida y clara tu misión, céntrate en los procesos. Con todo lo que he aprendido durante los últimos 20 años, gracias a mis múltiples negocios, he conseguido perfeccionar un método de acción que me mantiene en el éxito. Cada vez que cometo el error de ignorarlo pierdo dinero. En cambio, al seguirlo multiplico mis ingresos. Esa es la base que me permite seguir aumentando mis activos.

No es nada complicado y a mí me funciona, porque todo lo que hago lo llevo a su versión más simple y así me es fácil aplicarlo. ¿Por qué ponerme en una posición difícil donde no tengo ningún control? No estoy cerrado a nada, pero hoy en día tengo claro que debo centrarme en mi propósito vital y seguir mi método. De modo que compartiré contigo cada paso del proceso que sigo para triunfar en los negocios.

Decidir: mi educación financiera es la que me permite decidir si una inversión es adecuada o no. Además, cuanto más aprendo, más rápido detecto los pros y los contras de una inversión y puedo tomar mejores decisiones para incrementar mis ingresos. ¡Evita postergar la toma de decisiones! La indecisión es sinónimo de desperdicio de tiempo. Como afirma George S. Clason en *El hombre más rico de Babilonia* (1926): "La oportunidad es una diosa arrogante que no pierde el tiempo con los que no están preparados".

Se cuenta que Benjamin Franklin empleaba un método muy sencillo para tomar decisiones difíciles. Dibujaba una línea en el centro de una hoja de papel y escribía en cada lado una lista de pros y contras de la decisión a tomar. Además de simplificar el proceso de toma de decisiones, la lista le servía como ilustración gráfica de las ventajas y desventajas de cualquier decisión que él necesitara tomar, fuera cual fuera su nivel de complejidad. Así, el impacto de dicha decisión era evaluado de manera rápida y fácil.

> *Los grandes empresarios toman decisiones con rapidez y las cambian con lentitud.*

El valor de mis decisiones está en el riesgo que asumo al ejecutarlas. Por eso, cuando tomo decisiones rápidas y definitivas es porque sé bien lo que quiero. Así siempre consigo mis objetivos.

Para tomar una buena decisión parto de mi deseo incontrolable de materializar una idea que esté alineada con la misión. Entonces me apoyo en mis conocimientos, en mis creencias, en la seguridad que tengo en mí mismo y llego a la cima del éxito.

> *El pensamiento respaldado por el deseo se transforma en realidad.*

A diario decido cuáles son las ideas más importantes que debo implementar en mis negocios. Soy muy realista con mis expectativas, así que una vez que lo tengo claro me mantengo centrado en lo que tengo que hacer, y es así como siempre logro mis objetivos. Además, tomar decisiones constantes me ayuda a mantenerme como la mejor versión de mí mismo, al mismo tiempo que disfruto del momento. Esta parte del negocio no tiene nada que ver con el producto en sí, pero para mí es un aspecto muy importante, ¡es como estar en el estadio viendo un gran partido de futbol! La emoción y el entusiasmo me invaden cuando tengo una nueva idea y tomo la decisión de ejecutarla.

Equipo humano: siempre me rodeo de especialistas en todas las áreas de mis distintos negocios —de expertos en los que puedo confiar, que me aportan un gran valor y me ayudan a alcanzar mis objetivos—. Eso sí, para aceptar a alguien como colaborador es indispensable que este posible nuevo miembro de mi equipo cuente en su cartera de clientes con inversionistas exitosos. Así, su experiencia seguro que me ayudará a incrementar mis ingresos o a reducir mis gastos, de manera que su trabajo ¡se pagará solo!, pues me ahorrará miles de dólares.

> *Los buenos resultados son los que acreditan a un experto.*

También estoy rodeado de mi propio equipo e intento aprovechar al máximo las distintas capacidades de cada uno de sus miembros. Así sé que le sacaré el mayor partido posible a mi inversión.

Cuento con un gran equipo que maneja todos los aspectos técnicos y operativos de mi columna de activos (como la depreciación, la amortización, el capital, etc.) y en el que todos y cada uno de mis colaboradores interactúan de una manera casi *mágica*. Muchas veces mi abogado y mi contador están coordinando una estrategia concreta para mi próxima inversión en bienes raíces, mientras el equipo de marketing de mis activos digitales se encuentra inmerso en plena promoción de un nuevo servicio que pronto saldrá al mercado o de nuestro próximo evento online, ¡y todo funciona de maravilla! Las diferentes áreas de mis negocios están integradas, y gracias a eso algunas acciones pueden producirse de manera simultánea, incluso generando sinergias. La experiencia con la que cuenta mi equipo en este aspecto es esencial para mí, sobre todo a la hora de ganar tiempo. De ahí la importancia de seleccionar, mantener y contar con un excelente equipo humano antes de tomar cualquier decisión.

Un buen equipo vale *oro* —siempre tengo eso presente—, pero al mismo tiempo busco colaboraciones puntuales fuera de este, sobre todo cuando surge un problema concreto. Estas colaboraciones me sirven además como método de selección de posibles futuros miembros de mis distintos equipos y para formar una red estable de asesores externos. No hay nadie que sea bueno en todos los campos del saber y el hacer, así que saber juntarse con los mejores es básico para alcanzar grandes triunfos.

A lo largo de los años he visto a miles de emprendedores en diferentes eventos y solo aquellos que han sabido rodearse de las personas adecuadas han logrado encontrar su propia fórmula de éxito. Desconfía de aquel que te dice "yo soy leal", porque quien de verdad lo es no necesita decirlo. Lo mismo ocurre con quien te alaba todo el tiempo y no te hace ver tus errores. Lo más probable es que esté pensando en su conveniencia y te acabe haciendo daño. En casos como este, tu educación financiera te dará la capacidad de abrir los ojos y detectar esta clase de situaciones y de personas a tu alrededor.

Elegir un buen equipo no es fácil, pero date permiso para equivocarte cuanto sea necesario hasta dar con los mejores. Déjame que te cuente algo que me pasó en cierto momento. Decidí que como parte de mi equipo para hacer inversiones en bienes raíces incluiría a un verdadero maestro en este campo. Sería alguien a quien yo estaría "obligado" a reportarle mis avances y cumpliría con sus exigencias para incrementar mis capacidades. Me sentía muy entusiasmado y esperaba con ansias el momento de reunirme con él para que me retroalimentara con base en la información que le había enviado previamente. Para mi infortunio, no elegí al profesional adecuado, y tras las primeras sesiones me di cuenta de que aquel era un falso maestro teórico y que además no hacía seguimiento de mis progresos. Avanzábamos, pero los resultados no eran los que yo esperaba, a pesar de que tenía claridad en cuanto a lo que quería lograr.

Así las cosas, decidí preguntarle si revisaba la información que yo le enviaba. Él desvió la conversación hacia el Forex —un mercado de divisas mundial descentralizado, que no tiene nada que ver con inversiones inmobiliarias—. En ese momento fue cuando me percaté de que me había equivocado en mi selección y comprendí que me encontraba frente a alguien que trabajaba por dinero y que no tenía inversiones en bienes raíces. Gracias a mi experiencia, rectifiqué de inmediato y pronto encontré a un verdadero profesional en la materia que me orientó en cada paso, ya que él sí practicaba lo que decía. Su experiencia me ayudó muchísimo.

Como verás, una mala decisión me llevó a tomar una buena. En aquel momento, aunque yo ya contaba con una sólida educación financiera, sentía que necesitaba un mentor con experiencia para llegar a mi objetivo con mayor velocidad y evitar posibles fallos. Así lo hice y conseguí optimizar mis resultados. La humildad suele ahorrarte mucho dinero. Nunca dudes en buscar la ayuda que necesites para triunfar en tu emprendimiento.

Al principio es normal no contar con los recursos económicos para pagarles a todos estos profesionales, pero no te preocupes, con los conocimientos que estás adquiriendo en este libro obtendrás las claves para pasar a un siguiente nivel en tu emprendimiento, mientras logras rodearte de los mejores. Entonces podrás afrontar el costo de crear un gran equipo humano e incluso podrás practicar cómo *imprimir tu propio dinero*. Pero no nos adelantemos a los acontecimientos, pues les dedicaré un capítulo completo a los equipos de trabajo.

Acción: siempre que decido emprender sigo al pie de la letra mi método de acción: tomo la decisión, selecciono el equipo y, entonces, estoy listo para implementar un *plan de acción masivo imperfecto*, sabiendo que la ejecución imperfecta es lo que me hará mejorar.

Como dice Jeff Walker, creador de PLF (Product Launch Formula): "Scrappy is the new perfect" ("Lo imperfecto es lo nuevo perfecto"). No tengas miedo de lanzarte al mercado, aunque no tengas pulidos todos los detalles, ya que no hay tiempo más perdido que el que usas en crear algo perfecto que nadie quiere comprar.

Reflexionar: una vez que tomo una decisión, tengo el equipo adecuado y mis planes de negocios ya están en marcha, me detengo a pensar. Entonces analizo cómo van las cosas: reviso la calidad del trabajo de mi equipo, identifico lo que funciona y lo que ha podido salir mal, corrijo errores y sigo haciendo planes.

Si detecto un problema lo afronto. Siempre es necesario hacer ajustes, eso es normal. Por esa razón lo analizo todo: ¿qué puedo mejorar?, ¿qué lecciones he aprendido?, ¿cuán cerca estoy de mi objetivo? Sé, por experiencia propia, que si no soluciono a tiempo cualquier problema, puede generarse una crisis que, al igual que la pequeña bola de nieve, se transforme en una avalancha. Además sé que todo problema encierra una lección de la cual siempre habrá algo que aprender. Por eso es que valoro mi capacidad de autocontrol: mantengo la calma, aquieto la mente y reflexiono. Como afirma un dicho de la Marina, 100% aplicable al emprendimiento: "El primer requisito para la supervivencia es mantener la calma".

Reflexionar sobre dónde estás en cada momento te ayudará a ser más sabio, identificando cómo y cuándo rectificar, así como a ver las cosas desde una perspectiva mucho más amplia.

Sistemas: una vez que todas las piezas del rompecabezas de mi proyecto quedan ordenadas, estoy listo para empezar a construir sistemas que incrementen los beneficios de mi emprendimiento. Un sistema es un conjunto ordenado de normas y procedimientos. Siempre utilizo sistemas para realizar las tareas más importantes de mis negocios. Así, a medida que hago ajustes y añado optimizaciones, mis sistemas mejoran y veo cómo todo funciona *como por arte de magia*.

Para mis negocios de bienes raíces tengo varios sistemas que me permiten evaluar la inversión, detectar cualquier problema y estar preparado para afrontarlo de inmediato. Por ejemplo, lo primero que hago siempre que evalúo una propiedad es anotar los ingresos y gastos. Este ejercicio me ayuda a ver qué tanto es el retorno de esa inversión. Si los números no tienen sentido, ni siquiera me molesto en visitarla, salvo que su área de ubicación sea muy buena y el vendedor esté receptivo a aceptar mis ofertas. A partir de ahí, sigo hasta comprobar que esta cumpla con todos los requisitos para ser una buena inversión. Mi esposa Ana Cecilia y yo seguimos el mismo sistema. Así, cuando uno de nosotros se encuentra de viaje y alguien nos ofrece una oportunidad, podemos decidir individualmente, sin que haya necesidad de que el otro esté presente. El sistema que hemos creado juntos nos da la libertad de avanzar sin problemas y es así como nos aseguramos de no perder una buena inversión.

Te daré otro ejemplo. Cuando tenía mi empresa de logística creamos una lista de chequeo manual con respecto a todos los gastos en los que habíamos incurrido durante el manejo de la carga, ya que cualquier detalle que se nos escapara significaba una pérdida directa para la empresa. Así, conseguíamos que todo estuviera bien facturado. Para llegar hasta el más mínimo detalle, cada carpeta era revisada por dos miembros del equipo, de modo que era fácil detectar cualquier error humano o registro deshonesto.

Recuerda: uno de los aspectos más importantes de un negocio son sus sistemas. Estos son uno de los intangibles de mayor valor en las organizaciones. Aplicarlos genera un orden específico, una manera comprobable de hacer las cosas. Los sistemas les dan valor a los negocios y contribuyen a hacer crecer sus activos. Cuando hablo de un sistema me refiero al proceso que se sigue para lograr un resultado.

Cuando no existen sistemas el único que puede tomar las decisiones importantes eres tú mismo. Esto limitará el crecimiento de tu negocio y te hará vulnerable a cometer más errores, ya que cualquier miembro de tu equipo que colabore contigo lo hará de acuerdo con sus propios criterios, y eso es casi igual a estar en un casino apostando tu dinero. De modo que es fundamental contar con sistemas.

Resultados: estoy seguro de que gracias a seguir estos pasos mis negocios generan beneficios, pero aun así siempre busco mejorar. Por eso evalúo los resultados constantemente y busco cómo maximizarlos: reduciendo gastos superfluos para aumentar las ganancias, multiplicando los ingresos, etcétera. Como suelo decir:

> *Construir un activo es un arte, más que una ciencia.*

Siempre le dedico el tiempo que sea necesario a esta tarea, porque sé que me hago más sabio gracias a que compruebo el resultado de poner en práctica mis conocimientos teóricos.

Todo dueño de negocio debe estudiar los resultados de manera mensual, trimestral y anual, puesto que al analizar los números mes a mes, y comparando las estadísticas con los resultados de los periodos anteriores, es como verificamos que las cifras dicen algo: la historia del negocio.

Expansión del ingenio: además de conseguir grandes resultados aplicando este método de acción, me he convertido en mi mejor versión al obtener un crecimiento exponencial. Y lo mejor es que todo lo aprendido, lo experimentado y las habilidades adquiridas en el proceso me habilitan para emprender negocios aún más grandes.

Sé que gracias a mi método cuento con un criterio más que suficiente para saber si quiero lanzarme o no al ruedo de un nuevo emprendimiento, al mismo tiempo que marco la diferencia con respecto a quienes se dedican a trabajar largas horas sin darse cuenta de que no van a ninguna parte. Y gracias a aplicar siempre estos pasos en todos y cada uno de mis emprendimientos —decisión, equipo, acción, reflexión, sistematización, resultados y expansión— he desarrollado una gran habilidad para saber dónde está una buena oportunidad.

¿Crees que podrías implementar este tipo de reglas en tu negocio? Quizá estés pensando: "¡Ridículo! ¡Eso no es posible!". Pero ¡claro que lo es! Solo debes tener un plan.

El mundo del emprendimiento tiende a parecer muy complejo, lo cual le hace creer a la gente que es muy difícil alcanzar el éxito. ¡Nada más lejos de la realidad! Los dueños de grandes negocios no somos extraterrestres. Somos gente común y corriente —como tú—, pero que nos hemos atrevido a dar el primer paso y después hemos desarrollado una disciplina apropiada y constantemente implementamos procesos como el que te he descrito. Con dedicación y práctica, quién sabe, tal vez el día de mañana tú mismo estés compartiendo ideas con inversionistas internacionales.

Cambia tu visión y no te quedes pequeño haciendo lo mismo. Gracias a procesos como estos te sentirás capaz de tomar tus propias decisiones con un criterio mucho más amplio y creativo. Cuestiónate muchas de las cosas que venías pensando de forma condicionada y sé consciente de cada paso que das para no desviarte del objetivo y alcanzar la libertad, más que todo, cuando surjan problemas.

Si quieres pasar de autoempleado o de ser el dueño de un pequeño negocio a ser dueño de un gran negocio no te estanques, crea los procesos que te conecten con la realidad de tu negocio para que puedas crecer. Con cada repetición del proceso graficado irás incrementando tu ingenio, aprenderás de tus errores, le perderás el miedo a tener que tomar decisiones y estarás en mejor posición para tener éxito. Si no le prestas atención a cada paso, por ejemplo, a la información que te brindan los resultados, tu emprendimiento se verá afectado, porque todas las partes móviles están interconectadas y son dependientes las unas de las otras.

No tener un método es como cuando se cae una ficha del dominó, se puede desmoronar todo, y lo peor es que no te darás ni cuenta hasta que el negocio se haya derrumbado por completo. Tú serás el responsable de estar pendiente de cada aspecto y de darle el debido cuidado. Muchos dueños de negocio se enfocan demasiado en su producto o servicio y están inmersos en el hacer, sin tener una visión general que les indique en qué lugar del camino se encuentran y cómo atajar los problemas.

También aprenderás mucho de cada error que cometas en el proceso. Yo llevaba 15 años organizando eventos con Robert T. Kiyosaki cuando uno de esos "millonarios exitosos", alguien a quien llamaremos Falso, me contactó para organizar juntos varios eventos en cuatro países de Latinoamérica. Preparé la documentación con mi abogado y comenzó el proceso. Cuando firmamos el contrato y él tenía que realizar el primer pago, Falso me transfirió la suma acordada. Todo estaba muy bien hasta que llegó el momento del segundo pago. Entonces me contó mil historias de manera tan perfecta que me convenció y accedí a darle un mes más para pagarme. Ya estábamos muy cerca de los eventos y Falso no me transfería el dinero programado de acuerdo con lo establecido en el contrato. Así las cosas, decidí llamarlo y le puse una fecha límite de pago o cancelaría los eventos. Entonces Falso empezó a darme excusas: ya había vendido las entradas, había pagado por la publicidad y los salones; incluso me dijo que su mujer iba a dar a luz en pocas semanas, y que si no se realizaban los eventos lo demandarían y lo perdería todo. Me imploró que continuara, prometiéndome que una semana después del último evento viajaría personalmente a Miami para saldar sus deudas conmigo. Lo cierto es que lo tenía todo muy bien planeado. Él había visto en mí a una persona condescendiente —un perfil perfecto para convertirse en su próxima víctima—. ¿Adivinas qué pasó? Los eventos se realizaron y una semana después del último de ellos Falso me envió una supuesta transferencia inexistente y siguió contándome más y más historias por las que el pago final estaba retrasado. Falso resultó ser un delincuente profesional. Robó todo el dinero de los cuatro eventos, además de mi capital de trabajo. Lo tenía todo planeado desde el inicio y sabía a ciencia cierta cada uno de los pasos que iba a dar para robar el dinero de los eventos. Su equipo de trabajo y su esposa también lo encubrían, haciéndolo lucir como un empresario exitoso —ellos estaban implicados en la trama—.

En esa época celebrábamos con mi esposa nuestras bodas de plata. Cumplíamos 25 años de matrimonio y teníamos planeado viajar a Europa. Con mucho dolor, tuve que cancelarlo todo. ¿Cómo admitir que los cuatro eventos habían sido exitosos, pero que había perdido todo el dinero invertido? No salía de mi asombro al comprender lo incrédulo que había sido. ¡Después de 15 años realizando eventos me había dejado estafar de una manera vulgar!

Lo increíble era que Falso seguía molestándome para que aceptara continuar con cuatro nuevos eventos en otros países, jurándome que al finalizarlos liquidaría toda su deuda. ¡Quería más! Por supuesto que me negué rotundamente. Con una persona sin valores ni principios es imposible hacer un buen negocio. ¿Has escuchado decir que "el dolor es un gran maestro"? Así las cosas, no permití ningún tipo de publicidad, ni que se vendiera una sola entrada. Falso vio mi determinación y desapareció *como las ratas en medio de la oscuridad*. A partir de ese momento todo se encaminó por la vía legal. Falso tenía un abogado de su misma calaña, que sabía muy bien cómo manipular la información. Y al estar en otro país le resultaba muy fácil continuar alterando la documentación alrededor del caso.

Hoy en día lo recuerdo como un gran aprendizaje con un alto costo. No presté atención a todas las señales de peligro que surgieron durante el proceso. Me dejé llevar por el ego, motivado por el deseo de tener eventos exitosos y obtener una ganancia decente. Me incomoda mucho compartir esta historia, pero tengo que hacerlo, porque de otro modo sería un *maestro deshonesto*. Errar es de humanos y también forma parte de nuestro crecimiento.

Espero que mi historia te ayude a evitar este tipo de problemas para que nunca te expongas a una situación similar. Los negocios no deben manejarse desde la emoción. Si las cosas no están claras, es mejor cortarlas, porque esas mentiras te arrebatarán el dinero que con tanto esfuerzo has ganado.

Aprender a detectar a los *depredadores profesionales* que solo quieren tu dinero es una especie de sexto sentido que debes desarrollar. Cuando Falso me llamaba suplicando por teléfono y me pedía ayuda, mi instinto me decía que cancelara todo de inmediato, pues él no había cumplido su parte del trato. Pero Falso sabía cómo manejar a las personas desde las emociones, y al mismo tiempo mi ego no me dejó ver la verdad, de modo que acabé cayendo en su trampa. Yo mismo incumplí el contrato que habíamos firmado al aceptar realizar los eventos sin haber recibido el pago en los términos y plazos acordados.

La lección principal que aprendí de Falso fue que hay que respetar el proceso y apegarse al plan. Y en segundo lugar, aprendí a aceptar mi error. Ser una víctima no me iba a ayudar a salir del problema. Tenía que aprovechar esta experiencia para levantarme y seguir caminando. Aquella fue una lección muy costosa que me hizo más fuerte y mejor empresario. Ahora sé decir NO sin titubeos. Sé mantener mi posición sin importar lo atractiva que parezca la oportunidad o lo "lamentable" que suene la historia que me cuenten. Como dice Warren Buffett: "La diferencia entre las personas de éxito y las personas de gran éxito es que las personas muy exitosas dicen 'no' a casi todo".

Cuando viajo tengo la oportunidad de conocer a una gran variedad de emprendedores y puedo observar por qué algunos de ellos no triunfan, mientras que otros alcanzan el éxito. Lo que marca la diferencia es contar con un proceso claro que les indica cómo proceder. Si no tienes un buen equipo, un buen sistema, etcétera, entonces ¡buena suerte! Seguirás luchando contra la corriente, tu emprendimiento será pequeño y no escalable y, sobre todo, no estarás manejando un verdadero negocio. Ten en cuenta que cuando triunfes no solo contribuirás a mejorar tu vida, sino también la de tu familia y tu comunidad.

LA IMPORTANCIA DE LA DILIGENCIA PREVIA PARA CRECER: PRECIO Y TÉRMINOS

Confía, pero verifica.

RONALD REAGAN

Para triunfar en tus emprendimientos es ineludible poner en práctica lo que en inglés se conoce como *due diligence*, es decir, la *diligencia previa*, el proceso de investigación que se realiza para verificar los detalles legales, financieros, etcétera, permitiendo conocer la situación real, los riesgos y las oportunidades de una inversión. A veces veo cómo las personas solo desean entrar a hacer negocios e inversiones guiadas por la codicia, sin centrarse en los fundamentos, actuando según el lema "todo va a estar bien", y esto, créeme, rara vez se cumple. Para que entiendas bien de qué estoy hablando, voy a compartir contigo una lección muy costosa que me sirvió de gran aprendizaje sobre la importancia de la *diligencia previa*.

Por el año 2008 un conocido y muy inteligente empresario comenzó a asistir a las reuniones de inversionistas en Phoenix, donde se encuentran las oficinas centrales de The Rich Dad Company. Digamos que se llamaba Tomás, a quien se le conocía como "el genio financiero". Siempre hablaba muy rápido, y por lo general presentaba oportunidades que nadie lograba entender. Cuando alguien le hacía una pregunta Tomás respondía utilizando palabras muy sofisticadas, dando la impresión de ser muy profundo en sus respuestas y haciendo sentir tontos a los demás, porque era difícil comprender lo que él explicaba. A pesar de esto, todo el mundo escuchaba lo que para Tomás era la oportunidad de la década. Nadie se atrevía a dudar de su integridad, ya que tenía una larga lista de contactos con personas muy importantes, la cual nos impresionaba a todos. Un día le pregunté: "En tu opinión, ¿qué crees que es lo más importante en este tipo de reuniones?". Y él me contestó: "La confianza". No estuve seguro de la lógica de su respuesta, pero más adelante la entendí por completo. ¡Estas reuniones al más alto nivel eran su mina de oro!

En 2008 le compré a Tomás cuatro almacenes por un millón de dólares y se los renté por 10 años, a cambio de unos ingresos anuales de 84 000 dólares. Esta transacción suponía un retorno de la inversión (roi) de 8.4% anual, es decir, en 12 años habría recuperado el 100% de mi inversión. La confianza en Tomás provocó que pasara por alto poner en práctica la *diligencia previa*. Los primeros meses me sentía un triunfador, ya que estaba recibiendo mis cheques mensuales con total cumplimiento de su parte. Sin embargo, empecé a inquietarme cuando descubrí por accidente que la mitad de los almacenes estaban vacíos, mientras Tomás seguía pagándome su renta como si estuvieran alquilados. Me pregunté: "¿Por qué me paga 7 000 dólares mensuales por una propiedad que está ocupada en un 50%?". Dado que seguía recibiendo mis cheques mensuales, según lo convenido, puse estas dudas en mi lado ciego.

Sin embargo, al final del segundo año dejé de recibirlos. Fue entonces cuando me di cuenta de que los cuatro almacenes estaban vacíos y no producían *flujo de efectivo alguno*. Pese a no recibir ningún ingreso, yo aún tenía que pagar una hipoteca, por lo que las finanzas pasaron de unos ingresos mensuales de 7 000 dólares a unos gastos de 3 000. Y esto sin tener en cuenta los costos de mantenimiento, el seguro y los impuestos de la propiedad.

Cuando por primera vez empecé a investigar el mercado, descubrí que había pagado un precio excesivo por los almacenes. Pagué 100 dólares por pie cuadrado, cuando el precio de mercado era tan solo 70. En vez de pagar 700 000 dólares por los cuatro almacenes los compré por un millón. La cruda realidad era que Tomás me había pagado las rentas mensuales con los 300 000 que yo le había pagado en exceso.

Tomás fue un mal socio al que le importaba el dinero más que las relaciones. Descubrí que él estaba utilizando la confianza para generar un esquema piramidal por un valor aproximado de 140 millones de dólares. Como es obvio, todos los que invertimos con él teníamos algo en común: no llevamos a cabo el proceso de *diligencia previa*, confiábamos en él y aceptamos sus atractivas propuestas a pesar de que nadie las entendía. En pocas palabras, Tomás era adicto al dinero. Más adelante me enteré de que se había declarado en bancarrota y tuvo que resolver muchos más problemas legales. Hoy en día Tomás está en prisión por estafa y muchos le dijimos adiós a nuestro dinero y a nuestros sueños.

Los dos grandes aprendizajes que obtuve en aquella ocasión fueron: el primero, si no entiendo la oportunidad, lo mejor es alejarme de ella sin importar quién me la presente, y el segundo, que siempre debo aplicar el proceso de la *diligencia previa*. Por fortuna, gracias a mi educación financiera logré convertir ese problema en una oportunidad. Sabía que, en el largo plazo, la desesperación no agregaría ningún valor, así que gracias a que mantuve el control de mis emociones recuperé el control de la propiedad. Estudié los números al detalle y, junto con un agente de bienes raíces muy ingenioso, tras solo cuatro meses, conseguí arrendar las cuatro propiedades y volver a recibir un *flujo de efectivo* mensual positivo de 3 000 dólares. Poco a poco empecé a recuperar la rentabilidad. Pude transformar un *pasivo* en un *activo*, a pesar de que provino de una mala decisión. Después solo tuve que ser paciente y esperar a que aumentara el *flujo de efectivo* mensual, mientras se incrementaba el valor de la propiedad. Eso pasó cuando cerca de esas propiedades se desarrolló un gran centro comercial, con grandes salas de cine, un Walmart Supercenter, un Costco, restaurantes y hoteles. La ciudad cercana estaba en auge, así que decidí no vender. ¿Cuánto tiempo tomó todo esto? Siete años. Si hubiera efectuado la *diligencia previa* antes de realizar la inversión, me habría evitado todo ese tiempo.

Pero al final la cosa no salió nada mal, gracias a mi educación financiera. Te aseguro que de otro modo habría perdido miles de dólares. En su momento, este aprendizaje me causó mucho dolor, pero me convirtió en un inversionista más inteligente, adquiriendo más experiencia y rodeándome de un mejor equipo. Con los cuatro almacenes arrendados, y generando flujo de efectivo positivo, pude refinanciarlos, bajar la tasa de interés y obtener más capital para adquirir otro activo. Mientras tanto, el flujo de efectivo y el valor de la propiedad continuaron aumentando.

En conclusión, solo pierdes cuando te das por vencido, así que edúcate para minimizar el riesgo y sé paciente cuando las cosas se tornen difíciles.

> *Invertir no es peligroso. Es el inversionista quien lo hace peligroso debido a su falta de educación financiera.*

Con la experiencia, aprenderás a reconocer a los estafadores, a personas falsas como Tomás, que solo buscan tu dinero. Utilizan terminología sofisticada, crean un ambiente en el que te sientes intimidado y se las ingenian para evitar que les hagas preguntas, poniéndote en evidencia. Antes de realizar cualquier inversión, de iniciar cualquier negocio o de participar, por ejemplo, en una empresa conjunta —*joint venture*—, tómate el tiempo necesario para explorar el acuerdo en detalle antes de asociarte. También prepara tu estrategia de salida en caso de que algo salga mal.

En el proceso de la *diligencia previa* deberás verificar los números del negocio y analizar el mercado en el que opera. Aunque te resulte tedioso, tu equipo y tú tendrán que dedicar horas a analizar los ingresos y los gastos. Este es un paso indispensable que no debes omitir por ningún motivo. Quizá seas una de esas personas que piensa: "Los números no son lo mío", pero tendrás que hacerlo, porque de otra manera podrías llevarte una desagradable sorpresa, como me pasó a mí. Aplicar esta valiosa lección te ahorrará mucho dinero, deudas y malos momentos. Tu abogado y tu contador te ayudarán y te explicarán qué es lo que más te conviene.

Conocer e implementar la práctica de la *diligencia previa* te pondrá en condiciones de decidir si presentar una oferta o retirarte de un negocio antes de entrar en él. Muchas veces retirarte suele ser la decisión más acertada. Recuerda que hay gente sin escrúpulos que intentará hacerte caer en inversiones sin futuro, solo para quedarse con tu dinero. Por esa razón la *diligencia previa* es tan importante, porque a veces tu investigación te llevará a descubrir algo muy diferente a lo que te ofrecían en un comienzo.

En el caso de la inversión en bienes raíces, realizar todo el proceso de *diligencia previa* implica conocer a fondo la propiedad en la que vamos a invertir. La regla de Dolf de Roos es un buen procedimiento y consiste en lo siguiente: "Si miras 100 propiedades, haces ofertas en 10 e intentas organizar el financiamiento para 3, puede que termines comprando 1".

Robert T. Kiyosaki es conocido por su facilidad para simplificar lo complejo. Por eso él habla de la regla 100-10-3-1. Consiste en que comienzas por analizar 100 propiedades, seleccionas 10, estudias tres, y al final te quedas con una. Cuando él me la explicó por primera vez, me sentí saturado. ¡Debía analizar 100 propiedades! Al principio tardaba dos horas con cada una y lograba ver solo tres propiedades por día, pero con el tiempo me fui entrenando y mejorando mis habilidades para distinguir a gran velocidad las buenas oportunidades. Hoy en día todo este proceso es más fácil gracias a internet. No hace falta ir en persona a ver todas las propiedades. Con portales inmobiliarios como Zillow, Idealista o MercadoLibre tienes la opción de hacer el análisis de las 100 propiedades iniciales por medio de una computadora y desde tu domicilio.

Voy a compartirte algo muy importante que no debes pasar por alto: en la inversión en bienes raíces, al igual que en la inversión en activos en papel, la ganancia se produce cuando se realiza la compra, no cuando se vende. Así que debes poner todo tu conocimiento en la parte analítica del proceso de la compra, sin enamorarte de la propiedad, sino de la transacción, porque si no analizas los números estarás comprando por emoción.

Si al analizar una propiedad ves que su costo es de 1 000 dólares por metro cuadrado y compruebas que en la misma zona hay otra propiedad similar disponible con un costo de 600 dólares por metro cuadrado, ¡es obvio!, pero aún queda mucho que analizar. Una vez que entiendes el precio por metro cuadrado debes estudiar las posibilidades del área: las fuentes de trabajo, su equipamiento —como escuelas, restaurantes o parques— y que sea una zona libre de conflictos o drogas. Lo siguiente que debes estudiar es el precio medio de alquiler de las propiedades similares en el área. Al conocer todos los gastos que acarrea la propiedad —como impuestos, gastos de comunidad o el seguro— podrás aplicar la fórmula del flujo de efectivo:

Ingresos - Gastos = Flujo de efectivo

Solo en ese momento es cuando seleccionas las 10 mejores propiedades, que son las que visitarás en persona. Tras la inspección visual, ya estarás en disposición de realizar una oferta por las tres mejores propiedades y finalizar comprando una. Al aplicar la regla 100-10-3-1 aumentarás tu inteligencia financiera y crearás tu propio *toque mágico*.

Gracias a este proceso te darás cuenta de si el bróker inmobiliario que te asesora en realidad está buscando ayudarte a encontrar una buena oportunidad o si, por el contrario, solo está enfocado en ganarse su comisión. Si es así, piensa que lo que terminará por suceder es que acabarás adquiriendo un pasivo que sacará dinero de tu bolsillo.

Una vez realizada la *diligencia previa*, cuando estés listo para presentar una oferta, debes decidir si prefieres enfocarte en negociar el precio o los términos. Mucha gente se enfoca en negociar solamente el precio, sin entender que los componentes de una negociación son dos: *el precio* y *los términos*. Supongamos que un negocio que quieres comprar está a la venta por 100 000 dólares. Si tras la *diligencia previa* decides que su precio justo debería ser de 80 000, trata de negociar los términos con el vendedor. Por ejemplo, intenta negociar el plazo de pago: preséntale una oferta de 80 000 en efectivo al momento o bien realizar el pago de los 100 000 en dos cuotas, una el día de la firma del contrato y la otra en tres o seis meses, o incluso trata de lograr un acuerdo de pago hasta dentro de dos años, consiguiendo que sea el actual dueño del negocio el que te ofrezca financiación. Parece simple, ¿verdad? Tal vez en ese momento no tengas todo el dinero que el vendedor está pidiendo, pero estás decido a aceptar un plan de pago flexible más favorable para ti. De esta forma tan simple, negocios que antes parecían imposibles se hacen reales; solo necesitas un poco de imaginación y perspectiva.

Recuerda siempre estos dos componentes antes de entrar a negociar: *precio* y *términos*. Te sorprenderías de la cantidad de personas que tienen "visión de túnel", se enfocan en una sola opción. Cuando analizas no solo el precio, sino también los términos, tienes la imagen completa de la situación y tus opciones se expanden. Si entiendes que los números dicen la historia de cada oportunidad, entonces invertirás con inteligencia financiera, planificarás tu vida sin depender de una única fuente de ingresos y estarás preparándote para ser libre.

A medida que adquieras experiencia, los números también te ayudarán a predecir lo que viene en el futuro. Mantener registros claros te permitirá regresar en el tiempo y analizar cualquier año, mes o transacción en particular. También podrás buscar patrones en tus registros financieros, por ejemplo, si los gastos o las ganancias han aumentado o disminuido. En otras palabras, si quieres desarrollar una profunda comprensión de tus registros, la consistencia es crucial. Los números también sirven para obtener tendencias y con ellos puedes sacar proyecciones.

Recuerda que durante todo el proceso es imprescindible tener el apoyo de un contador experimentado que tenga un buen equipo de trabajo y sea experto en su campo, para que revise la veracidad de los registros, identifique las ventajas del negocio y estime cuál será el retorno de la inversión (ROI). Por ejemplo, si es del 8%, esto significa que por cada dólar que inviertas recibirás ocho centavos de dólar cada año. Esta claridad es la que te llevará al éxito.

Pero más importante que memorizar conceptos es comprender su significado, asimilar de manera práctica cómo circula el dinero. Yo acostumbro a desglosar la información en pequeños pasos —en componentes que puedo entender y a los que les encuentro sentido—. Así es como puedo crecer y no cometer errores de principiante. Ten en cuenta que si tu dinero no trabaja para ti está trabajando para alguien más.

Cuando estuve en el negocio de logística salí al mercado a comprar otra compañía similar para así poder expandirnos. Seleccionamos una que estaba dentro de nuestro rango de precio; vimos cuántos clientes tenía, cuánta carga manejaba, cuántas llamadas recibía al día y el estado de sus cuentas por pagar. Durante este proceso de *diligencia previa* nos dimos cuenta de que la compañía se estaba hundiendo, pero que nosotros podíamos rescatarla. Así que tomé una decisión y la compré por menos de lo que esperaba.

En los negocios, y en todos los campos de la vida, tienes la opción de ser una raqueta de tenis o solo la pelota. Si eres la raqueta serás tú quien modulará la intensidad y la dirección que quieres darle al juego. Si eres la pelota no tendrás ninguna opción, solo rebotar de un lado a otro a merced de lo que mande la raqueta. Si no quieres estar en esa posición tienes que asumir el 100% de la responsabilidad de tu vida y no culpar a los demás —ya sea al gobierno, a los políticos, a tu jefe, a tus padres o a tus amigos—. Nada de eso conseguirá que tu realidad cambie. Para que las cosas cambien debes cambiar tú. Conocer y controlar el lenguaje del dinero te permitirá *ser la raqueta*, y dejarle a tu familia la mejor herencia posible.

LA MEJOR HERENCIA PARA TU FAMILIA

> Los amigos son buenos, pero más aún lo es la familia.
> Mantente cerca de tus seres queridos. El amor es una excelente
> fuente de inspiración cuando las cosas no van bien.
> ROBERT T. KIYOSAKI

La educación financiera es la mejor herencia que puedes dejarle a tu familia. Ana Cecilia, mi esposa, me ha acompañado en cada paso de este aprendizaje. Ha viajado conmigo a los eventos de Rich Dad en varios países de habla hispana con Robert y Kim Kiyosaki y sus consejeros, juntos hemos aprovechado al máximo todo este conocimiento. Pero no pienses que ha sido una tarea fácil. Cuando Ana Cecilia conoció a Robert, él le preguntó: "¿A qué te dedicas?". Ella le respondió: "Soy agente de bienes raíces". A continuación, Robert le dijo: "Entonces trabajas por propinas, porque si no vendes, no recibes tu recompensa". En ese momento se generó un silencio reflexivo un tanto incómodo para Ana Cecilia. Pero Robert, ávido de ayudarla, como hace con todos aquellos que tenemos la suerte de compartir algunos momentos mágicos con él, continuó: "Incluso el mozo del restaurante donde almuerzo está mejor que tú, porque yo le doy 20% de propina y tú solo recibes 5%". Ana Cecilia se puso furiosa. A veces las verdades ofenden. Se sintió tan mal que quería regresar a casa de inmediato. Pero la convencí de quedarse, sabía el gran aprendizaje que le estaba brindando nuestro maestro. Poco a poco ella empezó a darse cuenta de que era verdad. Aquella lección la hizo reflexionar sobre cuál era la realidad de su vida.

Poco tiempo después, cuando apenas yo comenzaba a aplicar estos conocimientos y una de mis inversiones comenzó a dar frutos, Ana Cecilia vio los números y me dijo: "Ganar esa cantidad de dinero me llevaría a mí más de un año. ¡Estoy trabajando por propinas!". Ella aún era una agente más en el campo de los bienes raíces, y en cierto modo lo que decía era correcto: si no vendía, no recibía "propinas" y sus ingresos se detenían. Ahí fue cuando al fin ella lo entendió todo. Esta lección la hizo despertar, le abrió la mente a un mundo nuevo.

A partir de entonces llegó su transformación, mi esposa comenzó a utilizar todo su conocimiento del mercado inmobiliario para invertir y lograr su libertad. Al no estar pensando en ganar una comisión por ventas, ella entendió que en vez de vender propiedades tenía que comprarlas. Así, se convirtió en una exitosa inversionista y logró que el dinero empezara a trabajar para ella en vez de estar todo el tiempo mostrando propiedades a cambio de una posible comisión.

Con los años, Ana Cecilia se ha convertido en una gran inversionista, aumentando sus ingresos pasivos sin tener que preocuparse por trabajar por un salario. Ahora ella habla el lenguaje del dinero. Ana Cecilia tiene una increíble intuición para ver hacia dónde se está expandiendo el mercado, percibir el potencial de una propiedad de generar valor, gracias a sus más de 20 años de experiencia en su industria. No ha dejado de ser agente de bienes raíces porque le gusta, pero ahora tiene clientes en lista de espera, ya que no se enfoca en las comisiones, sino en que la propiedad genere flujo de efectivo. ¡Y eso es música para los oídos de los inversionistas! Es decir, mi esposa ha creado su propio equipo para la adquisición de inversiones inmobiliarias y domina el arte de construir un activo. Además de ser inversionista en bienes raíces dedica su tiempo a lo que más le gusta: ayudarles a los demás a que ellos también logren su libertad.

Con este ejemplo quiero mostrarte que tú tienes toda la capacidad de conseguir lo que quieras y que es posible transferirle el conocimiento adquirido a tu familia para que lo sigan multiplicando. Por desgracia, he conocido muchas personas que reaccionan diferente a Ana Cecilia. Existe mucha gente impulsada por su ego, que, cuando se encuentra con algo que va en contra de lo establecido, dice: "Yo tengo la razón y tú estás totalmente equivocado", lo cual genera una resistencia que los mantiene estancados. ¿Por qué perderse la oportunidad de ser libre?

Ana Cecilia siente pasión por los bienes raíces. Ella disfruta el proceso de creación de *flujo de efectivo*, es mi socia en las inversiones y no trabaja por dinero, sino por libertad. Tiene un espíritu libre, hemos estado casados por 28 años y nos conocemos desde hace 35. Ella no me necesita por dinero, porque es independiente en el campo financiero. Eso le da a nuestra relación más equilibrio y significado, porque nos amamos y somos un equipo con diferentes fortalezas.

Nuestras tres hijas han seguido nuestro ejemplo, y desde hace muchos años juegan CashFlow —el juego creado por Robert T. Kiyosaki para simular la vida real— como parte muy importante de su educación financiera. El CashFlow es parecido al juego de Monopolio, pero "con esteroides": es un gimnasio para la mente que te ayuda a comprender el mundo de las inversiones mientras te diviertes. Más adelante te hablaré en profundidad de este juego para que te animes y comiences a practicarlo. De ese modo empezarás a ver las oportunidades de una manera más fácil, tu *cociente intelectual financiero* crecerá y estarás más preparado para manejar tu emprendimiento. Gracias a este juego ellas tienen la información correcta para saber cómo elegir su futuro: si van a trabajar por dinero y a depender de una pensión de retiro o si pondrán en práctica toda su educación financiera y serán libres. Mientras juegan se dan cuenta de que tienen que entrenarse en el manejo de sus finanzas personales para obtener su libertad y disfrutar del mañana. Hoy mis hijas son conscientes de las consecuencias de las decisiones en su economía y lo reflejan en la vida real a través de sus actos. Ellas no quieren depender del patrimonio que heredarán de sus padres.

La mayor de ellas, Andrea, estudió Negocios Internacionales y Marketing en FIU (Florida International University). Ella es una emprendedora nata, su idea nunca fue conseguir un empleo seguro e invertir a largo plazo, sino adquirir las habilidades necesarias para tener su propio negocio y desarrollar una red de contactos que se lo permitiera. ¡Ella es increíble! Y desde ya puedo predecir que obtendrá su libertad financiera a temprana edad. Andrea es una persona de mente abierta que ha elegido no quedarse en su zona de confort, pensando que todo va a estar bien, pues sabe que para que las cosas sucedan es necesario trabajar duro.

TESTIMONIO REAL

Andrea González-Ganoza, experta en marketing y emprendedora:

Durante los cuatro años que estuve en la universidad, con diferentes profesores, en ninguna de las clases me enseñaron nada acerca del dinero, ni de su manejo o sobre la educación financiera en general. Todo fue pura teoría. Ahora, después de llevar años incorporada al mercado laboral, me he dado cuenta de dos cosas. La primera, que la práctica lo es todo, y la segunda, que no existe un trabajo seguro. Tras graduarme tuve que cambiar de empleo más de seis veces hasta lograr trabajar en lo que me apasiona, marketing, y así cumplir uno de mis sueños. Pero una vez que me independicé de mis padres desde el punto de vista financiero y me fui a vivir sola, me di cuenta de que no importa cuánto gane, ni el ascenso laboral que me ofrezcan, ¡no es posible obtener la libertad financiera trabajando! Vivir sola me hizo abrir los ojos sobre mi precaria realidad económica y decidí enfrentar el problema. Abrí una hoja de Excel en mi computadora y puse mi salario contra mis gastos. Fue duro, pues hasta ese momento pensaba que con un buen sueldo estaría "bien" en cuanto a mis finanzas. No me daba cuenta de que cuanto más ganaba más subían mis gastos. Pero los números no mienten y mi situación se alejaba mucho de mis deseos. Era el momento de hacerme responsable de mi vida. Entonces busqué la forma de minimizar mis gastos, y con el tiempo comencé a invertir ese dinero que iba ahorrando y también decidí emprender. Tener un título universitario y un trabajo está bien, pero lo que de verdad me permite tener hoy en día la vida que quiero es mi educación financiera. Antes vivía en piloto automático, hacía lo que todo el mundo hace y no estaba construyendo nada propio. Solía pensar: "Si me despiden ¿cómo pagaré mis gastos? ¿Cómo pagaré mi auto? ¿Y la renta de la vivienda donde estoy? ¿Y el transporte? ¿Y la deuda universitaria? ¡No tendré nada!". Ahora ya no vendo mi vida por un sueldo. Trabajo en lo que me gusta, y gracias a mi educación financiera sé que estoy en el camino hacia mi libertad al mismo tiempo que he elevado mi lado más espiritual.

Gracias, papá y mamá, por su ejemplo.

ANDREA GONZÁLEZ-GANOZA

Gran evento en Buenos Aires, Argentina, en 2017.

La segunda de mis hijas, Alexandra, apenas tiene 24 años. Ella se graduó en Marketing Internacional y actualmente es la encargada del área de Community Management de The Rich Dad Company y la presentadora de la serie de episodios *Millennial Money* en el canal de YouTube The Rich Dad Channel, con más de 1.5 millones de suscriptores. Alexandra ejerce su profesión a través de las redes sociales, desarrollando así el gran don que posee para conectar con la gente. Su capacidad de adaptación es sorprendente y esto le ha facilitado hacer justo lo que le gusta. El mundo académico no era para ella, era una alumna promedio, al igual que lo fui yo. Asistir a la universidad le supuso mucho esfuerzo y siempre decía que aprendía más haciendo las cosas de manera real que memorizando lo que le enseñaba su profesor de contabilidad.

Hace poco Alexandra hizo su primera inversión inmobiliaria —un departamento en Scottsdale, Arizona—. Te contaré su experiencia. Lo primero que hizo fue reunirse con una agente local de bienes raíces. Por suerte, Alexandra vio rápidamente que no era la agente indicada para asesorarla: no poseía ninguna inversión inmobiliaria propia, ni hablaba el lenguaje del dinero, solo pensaba en su comisión. Lo único que quería era vender como fuera, pero mi hija sabía bien lo que quería comprar. ¿Te imaginas la cantidad de clientes que esa agente tendría si además de bróker de bienes raíces fuera inversionista? Un bróker que a su vez sea inversionista estará enfocado en vender una propiedad que le retorne una ganancia al comprador, mientras que una persona que solo sea bróker inmobiliario se centrará únicamente en obtener una elevada comisión por el monto de la transacción que se realiza (por ejemplo, en una propiedad de 100 000 dólares su comisión puede ser de al menos 3 000 o 4 000).

Alexandra sabía que tenía que invertir con base en sus conocimientos y no en sus emociones. Aquí es donde muchos *amateurs* caen: una persona sin formación se enamora de una propiedad y no analiza con frialdad los números, así que será fácil de manipular y hasta terminará poniendo su dinero a trabajar para otro. El hecho es que Alex no perdió más su tiempo y empezó a analizar cómo una propiedad podría producirle ingresos pasivos. Ella sabía que debía dedicarle tiempo a esta cuestión para invertir bien sus ahorros. Después decidió buscar ayuda en alguien con más experiencia. Entrevistó a tres personas y encontró a quien llamaremos Diana.

Diana es una bróker de bienes raíces que sabe escuchar, que comprendió lo que Alexandra estaba buscando y cuyo objetivo era servirle, aun en el caso de que no se realizara ninguna transacción. Elegir a Diana fue fácil, ella conocía el mercado, sabía cuáles eran las mejores áreas y los vecindarios en los que las propiedades subían más de precio. Al investigar las oportunidades disponibles junto con ella, mi hija encontró una propiedad con dos cuartos y dos baños adicionales ¡justo lo que buscaba para comprar y compartir! Mientras la anterior agente intentó venderle algo como fuera, Diana nos explicó que ese era un buen momento para invertir y alquilar, porque el mercado de renta estaba estancado. Si Alex esperaba, muy pronto se pondrían nuevas propiedades en venta y la renta que podría pedir por el cuarto bajaría. Diana tenía una mentalidad y unas habilidades diferentes. Sabía que podría ganar dinero cuando mi hija comprara y también cuando rentara los cuartos adicionales. Diana se ha convertido en parte del equipo de Alexandra, ya que ella confía en su pericia y en sus consejos. Mientras que la primera bróker solo creó confusión, la segunda brindó claridad.

Mi hija ya había estado recibiendo educación financiera de parte mía, pero fue en este momento cuando decidí compartir con ella mi Excel. Allí es fácil detectar si una inversión es buena o no. Y aunque nadie posee una bola de cristal, la educación financiera maximiza las posibilidades de obtener ganancias y minimiza los riesgos.

Pero no solo se trata de cuánto voy a ganar, hay que tener en cuenta muchas cosas más. Si quieres ser un buen inversionista, lo primero es tener la actitud adecuada que te da tu educación, perderle el miedo a la inversión y saber que los errores forman parte del proceso. El dinero llegará en el momento en el que la maquinaria empiece a andar. Tal como siempre les explico a mis hijas, lo mejor es empezar pequeño e ir creciendo, formando un equipo y aumentando tu formación hasta llegar a la meta.

> *Tu conocimiento es el que te hará multiplicar tus ingresos.*

A Alexandra nunca le explicaron este tipo de detalles en la universidad, pero ella había aprendido en casa sobre educación financiera, así que cuando le mostré mi Excel y vio todos los datos graficados en la pantalla de su computadora ese fue un gran aprendizaje para ella. Fue su momento de abrir los ojos al mundo real y de descubrir la importancia de tener un equipo. Alexandra está progresando a gran velocidad. Sigue mi consejo: *de 9:00 a 5:00 trabaja para cubrir sus gastos y de 6:00 a 10:00 está construyendo su imperio*, rodeada de personas valiosas que la llevarán adonde ella quiere llegar.

Mi princesita, Isabella, apenas tiene 14 años, pero ya tiene su propio canal en YouTube. Está construyendo un "activo a futuro" de una manera real. Como pertenece a la Generación Z, es lógico que para su primer emprendimiento ella se apoye en la tecnología. Isabella está aprendiendo que divertirse y ganar dinero son actividades compatibles. Ella conoce la diferencia entre activos y pasivos y tiene un gran corazón.

A mis hijas les he transmitido los valores heredados de mi cultura latina, los principios adquiridos de mi disciplina militar y la educación financiera, emocional, espiritual y mental que me han llevado a ser un empresario exitoso. Pero para que toda esta filosofía de vida llegara a ellas he sido consciente de la importancia de ser generoso, primero conmigo mismo, compartiendo mis aprendizajes con toda mi familia, y después, a través de los eventos presenciales y online, con todo aquel que esté interesado, siempre predicando con el ejemplo y desde la experiencia.

Les he facilitado la mejor herramienta a mis hijas para que por ellas mismas descubran las virtudes de la libertad financiera; esa herramienta es el juego CashFlow. Jugar CashFlow con las tres ha sido clave para ayudarlas a encontrar su camino hacia la libertad. No somos personas que busquen la perfección, ni tampoco materialistas, pero como familia sabemos que la educación financiera es importante y por eso le damos prioridad. Mis hijas están aprendiendo a trabajar en equipo y todas comparten el deseo de superación personal. Utilizan su tiempo para educarse y son conscientes de los beneficios de retrasar la gratificación —algo difícil de ver en la sociedad actual, en la que todo va a gran velocidad y premia la inmediatez—.

Procedo de una cultura y soy de una generación que no asumía como machistas ciertos comportamientos que sí lo son. Por eso para mí es una prioridad que mis hijas crezcan y se desarrollen a plenitud en total libertad —que es el bien más preciado en nuestra familia—. Ellas son mujeres independientes, con educación financiera y unos valores maravillosos, propios de nuestra cultura latina. Las tres son emprendedoras y colaboran en todo lo que pueden con proyectos de otros creadores.

El mejor legado que podemos dejarles mi esposa Ana Cecilia y yo es la posibilidad de que elijan ser felices, cada una a su manera, desde su actitud emprendedora, gracias a la educación financiera aprendida en el hogar, al haber compartido con ellas nuestra experiencia vital. Gracias a su educación financiera, ellas saben decidir si desean cambiar tiempo por dinero o ser libres. Forjar desde muy jóvenes una mentalidad y unas habilidades correctas, saber cómo generar prosperidad y contribuir a la economía familiar no tiene precio. Además, saber relacionarse de la manera más positiva posible con el dinero es fundamental para tener una vida plena en todos los sentidos y triunfar en los negocios.

En Latinoamérica muchas veces recae todo el peso de la familia en uno de sus miembros, y por lo general ni las familias ni las escuelas imparten la educación financiera adecuada. Así que casi nunca se habla de dinero o inversiones como parte del futuro. Por eso los latinos crecemos creyendo que luchar por sobrevivir es la única realidad disponible. A veces, como era mi caso, veía el dinero con un componente emocional y no como una herramienta para triunfar. Quizá porque veía que las familias se dividían debido a problemas económicos, por disputarse una herencia o porque incurrían en deudas que no podían afrontar. La causa número uno de divorcios son las discusiones de pareja sobre los gastos excesivos o la falta de lo indispensable para cubrir las necesidades básicas. Y todo esto sucede por tener una mala relación con el dinero. De ahí la importancia de aprender acerca de educación financiera —si es posible con tu pareja— y crear conciencia en tu familia.

AFRONTA LAS DIFICULTADES: TODO EL MUNDO PUEDE LLEGAR AL ÉXITO

> Los perdedores se rinden cuando fracasan. Los ganadores
> fracasan hasta que consiguen el éxito.
> ROBERT T. KIYOSAKI

Cuando te educas en el campo financiero y transformas el fruto de tu trabajo en un flujo de efectivo que produce bienestar para ti y tu familia, es como un sueño hecho realidad. Si a esto le sumas contar con buenos amigos que te agreguen valor y con quienes puedas sentarte a tomar un café, entonces tendrás calidad de vida. Es importante que nunca pierdas tu entusiasmo en el camino hacia el éxito. Crear buenos entornos y mantener un buen ambiente no tiene precio, pues es de ahí de donde surgen el entusiasmo y la energía necesarias para ser capaz de sobreponerte a cualquier obstáculo que se presente por el camino.

Disfrutar el viaje hacia la libertad financiera es esencial, porque al inicio te aseguro que pasarás más tiempo trabajando que con tu propia familia. Por eso el negocio tiene que gustarte, no hacerlo nada más que por dinero. Administrar tu propio negocio no es una tarea de 9:00 a 5:00. Esta es una responsabilidad que abarca las 24 horas, los siete días de la semana y los 365 días del año. Te darás cuenta de que cuando no estés trabajando en tu negocio estarás pensando en él y en nuevas ideas para mejorarlo. Pero lo harás gustoso porque estarás creando un activo que más adelante pondrá dinero en tu bolsillo sin que tengas que trabajar; más bien el dinero estará trabajando para ti. Y además todas las dificultades con las que te encuentres forjarán tu carácter como emprendedor. ¡No importa la edad que tengas!

Si quieres puedes empezar a construir un futuro maravilloso disfrutando durante todo el proceso.

Las distintas crisis producidas en la historia universal reciente, sobre todo la crisis provocada por la pandemia del coronavirus en 2020, nos han mostrado lo débil que es la posición de las personas que deciden seguir el punto de vista de la época industrial: estudia, obtén buenas notas, trabaja, progresa en tu empresa y retírate con un plan de pensiones a disfrutar de los últimos años de tu vida.

Yo desperté con la dura experiencia que le tocó vivir a mi padre en sus últimos años —estar expuesto a la devaluación y la inflación, a la pérdida de poder adquisitivo y a la enfermedad de Alzheimer que tuvo que afrontar con una pensión de retiro equivalente a 150 dólares y con un seguro social no preparado para su tratamiento—. Fue horrible. Mi padre dedicó todos sus años productivos a su trabajo y a cuidar de su familia, pero nadie le enseñó a poner su dinero a trabajar para él, ni a construir activos que no requirieran de su presencia con el fin de que se preparara para una vejez mejor. Por todo esto, la posibilidad de estar en su misma situación me aterrorizó tanto que la convertí en el combustible de mi continua búsqueda de superación personal, no solo para obtener la libertad financiera, sino además con el propósito de servirles a aquellos dispuestos a trabajar duro para sacar adelante a sus familias.

Recuerdo como si fuera hoy mismo uno de mis entrenamientos con Tony Robbins en Mastery University. Nos estábamos presentando en nuestro grupo de trabajo y le pregunté a Lucy, una de las participantes: "¿Por qué estás aquí?". No había terminado de hacerle la pregunta cuando ella empezó a llorar. Su respuesta fue que tres meses atrás trabajaba en una gran compañía de energía cuyas acciones estaban valoradas en cinco millones de dólares, pero cuyo valor bajó a 50 000, de modo que la empresa se declaró en bancarrota. Lucy tenía dos hijos y se acababa de divorciar. Me relató todo esto entre lágrimas y me contó que pensaba irse a vivir a Las Vegas para trabajar en un casino. Estaba atrapada en su situación tratando de encontrar un trabajo en lo que fuera, porque a sus más de 50 años pensaba que ya no era empleable, aun así tenía que cumplir con sus obligaciones. Lucy pensaba que habiendo perdido su empleo, no tenía más oportunidades que buscar otro, cualquiera que fuera, para seguir pagando sus cuentas. No entendía la oportunidad que tenía de utilizar su formación.

En las escuelas nos educan para ser empleados. Así que cuando las circunstancias de la vida, los medios de comunicación y la sociedad que nos rodea nos hacen creer que somos "inempleables", nos derrumbamos, tal como le pasó a Lucy. La mayoría de las personas está en *modo piloto automático*, pensando que "eso no me va a pasar a mí", como fue el caso de Lucy. Pero lo cierto es que ¡sí te pasará! Le pasa a todo el mundo que no se prepara. Lo peor es que cuando comienza la tormenta ya es demasiado tarde para empezar a actuar. Si todo te va bien en tu trabajo y estás ganando mucho dinero, ¡fantástico! Pero quizá sea el momento de tomar acción, pues el futuro es impredecible, o te llegará el día de jubilarte y ya será demasiado tarde.

El problema que muchas veces nos aleja de tener calidad de vida no está en el lugar del cuadrante del flujo de dinero en que nos encontremos: empleado, autoempleado, dueño de negocio o inversionista. Lo que elijas está bien. Lo que te aleja de tu libertad es lo que estás haciendo con tu dinero y el de tu familia. Esa es una tarea que no deberías encomendarle a un fondo de retiro o a un asesor financiero. Si lo haces, el dinero trabajará primero para ellos y después para ti.

> *Cuando se trata de mi dinero, yo quiero ser el primero que lo cobra, y eso requiere de verdadera educación financiera.*

Pero para invertir de una manera correcta debes poner en perspectiva la cantidad de trabajo que se requiere. Es un esfuerzo grande, aunque te aseguro que vale la pena, porque las experiencias que adquieras por el camino pasarán a formar parte de ti para siempre.

Con frecuencia escucho que la gente dice: "Sigo mi pasión", pero en esto hay un malentendido que es trascendental. Ya lo he mencionado antes, pero vale la pena repetirlo. Incluso si sigues tu pasión, necesitarás hacer cosas que en un principio no te gustarán: ser autodisciplinado, levantarte más temprano, seguir intensos entrenamientos, aprender a leer tus estados financieros, entre otras. De esta forma estarás creando tu libertad.

Entiendo que en algún momento de su vida muchas personas no vean la salida, pues están cargadas de deuda mala, con la tarjeta de crédito echando fuego y con elevadas cargas familiares. El problema viene de que nadie les ha enseñado educación financiera, ni valoran sus años de experiencia, ni ven que ellas tienen la gran capacidad de ayudar a los demás. ¡Pero nunca es tarde para cambiar y empezar a emprender! Solo hay que dar ese paso *del miedo a la libertad*.

Si has leído hasta aquí es porque de verdad estás interesado en alcanzar el éxito. Hazte un favor y edúcate en el área financiera y aprende a generar activos que te generen ingresos, incluso aunque elijas seguir siendo empleado. El asunto es *que tu dinero bien ganado trabaje para ti* y no al revés. Construye tu futuro y tendrás paz mental. Es como una especie de seguro de vida del cual disfrutas mientras vives, no cuando mueras. Y cuando llegue tu momento de partir no dejarás problemas pendientes que tu familia tenga que afrontar.

La vida es cíclica. En los 100 años que puede vivir un ser humano a todos nos tocará pasar por varios ciclos. Por eso debes estar preparado. Si no lo estás perderás tu oportunidad y seguirás en el asiento del copiloto en vez de ser tú el conductor. Reflexiona: si no tienes control sobre tu vida, dependes de las decisiones de los demás. Y un día, casi sin darte cuenta, cumples los 50, porque la vida pasa muy rápido, y te preguntas: "¿Cómo llegué hasta aquí?".

Yo mismo tuve que *desaprender* para volver a aprender lo que en realidad sí funciona para ser libre, en vez de seguir trabajando para conseguir solo la meta de alguien más. Cuando miro hacia atrás me doy cuenta de que habría sido difícil haber logrado mi libertad si no hubiera tenido educación financiera, me habría guiado solo por mi mente condicionada por las falsas creencias que fui absorbiendo desde que nací.

Gracias a mi perseverancia estoy viviendo mi propósito, y lo que es aún mejor, al mismo tiempo estoy ayudándoles a ser libres a otras personas que se encuentran en una situación similar a la que yo tuve que enfrentar. Porque realmente yo nunca hubiera imaginado todas las cosas que podía alcanzar.

Algunos se sientan esperando un milagro o una transferencia bancaria que nunca ocurrirá. Si tú eres de los que están dispuestos a trabajar en tus competencias hasta lograr ser exitoso en lo que haces, estás en el camino correcto. Pero recuerda, no te limites a leer este libro, trabaja siempre en tu formación financiera y ¡toma acción aplicando estos conocimientos!

Al regresar a diferentes ciudades de Latinoamérica, tras los eventos o a través de las redes sociales, me encuentro con personas que han cambiado su vida gracias a la educación financiera y que se sienten agradecidas, pudieron vencer el miedo y transformarlo en *libertad*. Percibo su energía cuando comparten sus historias de éxito conmigo. Es increíble ver cómo han perseverado y ganado en su juego.

Mi compromiso contigo es elevar tu bienestar financiero y despertar tu inteligencia financiera. Espero que toda esta información que te estoy compartiendo te proporcione el acceso a las habilidades y las herramientas para que puedas triunfar y conseguir tu libertad. Pero depende de ti responder a este llamado y hacer todo lo necesario para que el éxito se convierta en una realidad para ti y tu familia. Lo que puedo asegurarte es que *esta educación funciona y gracias a ella mi vida ha cambiado*.

Recuerda que cuando te caes lo más importante es levantarte rápido y seguir avanzando con entusiasmo. Ese tropiezo solo será parte del proceso para lograr lo que quieras. Estoy feliz y emocionado de poder compartir mi experiencia con integridad y humildad, mostrándote mis aciertos y mis errores con la intención de contribuir a tu éxito.

PASA DE *AMATEUR* A PROFESIONAL

> Si quieres alcanzar la libertad financiera, tienes que convertirte
> en una persona diferente a la que eres ahora y dejar ir aquello
> que te ha estado reteniendo en el pasado.
> ROBERT T. KIYOSAKI

A lo largo de mi vida he participado en numerosos eventos para mi propio desarrollo personal. Gracias a estas formaciones y a mi experiencia he podido desarrollar ciertas habilidades para conocerme y conocer a otras personas.

Están las personas centradas en el *tener*, que no dudan en quitarte todo lo que puedan y hacerlo suyo. Son las más peligrosas. Luego, están las personas centradas en el *hacer*, personas cumplidoras, muy ocupadas, con más de un empleo para poder afrontar sus gastos, pero sin una visión clara. En mi caso, yo quería algo distinto para mi vida, experimentar una verdadera transformación. Entonces me percaté de que triunfar no dependía de la inversión, sino del inversionista, y por primera vez encontré el verdadero camino para descubrir mi propósito: necesitaba transformar mi *ser*.

Personalidades hay muchas. También he conocido a personas que estudian la teoría y hacen cientos de simulaciones, pero aun así no tienen una sola inversión. Están esperando la gran oportunidad y siempre tienen excusas. La mayoría de sus pretextos son generados en su propia mente: "¿Y si pasa esto?"; "¿Y si hay un terremoto?"; "¿Y si la economía tiene una recesión?"; "¿Y si suben las tasas de interés?"; "¿Y si…?". Por favor, si eres de este tipo de personas, deja las excusas y dedícate a hacer la actividad real.

Lo que está claro es que hay personas que buscan el éxito y otras que no saben ni cómo hacerlo. Si perteneces a las primeras, a las que sueñan con ser *libres*, déjame que te ayude en todo lo que pueda en los siguientes capítulos. Cuando tienes una idea para emprender o un pequeño negocio, pero no te conformas con eso, sino que buscas un cambio de vida cumpliendo tu misión, tienes que aprender a pasar de *amateur* a profesional. Un *aficionado* invierte su dinero en un negocio que ni siquiera conoce, porque no ha investigado a fondo. Simplemente lo hace porque alguien le hizo creer que ganaría dinero. Es como si fuera a Las Vegas y apostara su dinero en el casino. Por el contrario, la persona que quiere hacer grandes negocios sabe que debe tener la sabiduría necesaria para elaborar un plan con cuidado y crear un equipo. Esto es lo que te dará ventaja cuando tengas que tomar decisiones.

Para un experto, y para ti desde este momento, la palabra clave en un negocio debe ser *control*. Gracias al *control* podrás minimizar riesgos y maximizar las oportunidades de hacer dinero. Si quieres tener éxito en los negocios necesitas estar muy bien preparado, tener el control y una auténtica claridad para evitar errores de interpretación. Por lo tanto, si deseas transformarte de *amateur* a profesional, comienza a tomar decisiones distintas, a educarte, a adquirir nuevos hábitos que reemplacen a tus viejos condicionamientos y a crear desde la inspiración para dar valor. Inmediatamente tus gastos cambiarán de dirección, porque estarán orientados a construir activos. En ese momento te sentirás bien contigo y verás cómo esa energía es contagiosa. ¡Hasta las personas que te rodean notarán que hay algo nuevo y especial en ti!

Puedes empezar invirtiendo mientras mantienes tu trabajo por cuenta ajena o siendo dueño de un pequeño negocio, pero no serás verdaderamente libre hasta que el *flujo de efectivo* proveniente de tus activos —no de tu trabajo— sea mayor que tus gastos. Entonces tendrás la maravillosa opción de elegir seguir trabajando, porque te gusta lo que haces, o no, porque realmente no necesitarás hacerlo.

Durante los eventos de educación financiera de Rich Dad y Rich Dad Latino, muchos jóvenes emprendedores afirman que les encanta lo que hacen, pero no ganan dinero. Si ese es tu caso, ¿cuál es la diferencia entre manejar tu negocio y quedarte en tu casa perdiendo el tiempo en las redes sociales? Ambas cosas te ofrecen una distracción, pero no generan riqueza. ¡Despierta! Si no generas ganancias no estás construyendo un negocio real, tu esfuerzo es en vano y terminarás por buscar un empleo que te produzca los ingresos que necesitas y que tu negocio no te puede brindar.

Cuando los asistentes a mis eventos se dan cuenta de esto, muchos deciden cambiar y asumen la responsabilidad necesaria para llevar un negocio adelante. A menudo se ven obligados a dejar de hacer negocios con amigos poco profesionales y que solo producen gastos, a dejar de viajar siempre que quieren, a trabajar solo para cubrir los gastos del fin de semana, a despreocuparse de temas de su negocio que no son de su agrado… la lista es interminable. A lo mejor esto suena duro, pero cuando cambian todo empieza a tener sentido para ellos, ¡y a gustarles! Dado que tienen un objetivo claro, se dan cuenta de que el esfuerzo vale la pena y su entusiasmo se incrementa al notar un gran progreso, disparándose también su energía.

Son dos mundos diferentes: *amateur* vs. profesional. No permitas que tu negocio se convierta en un simple *hobby* que no te genere ingresos. Necesitas monetizar tu emprendimiento, y eso requiere que te rodees de un equipo de personas inteligentes que te ayuden a evolucionar cada día hacia tu mejor versión.

Fomentar el conocimiento útil es el propósito de mi vida, mi misión como empresario.

Si te comparto mi historia es para que comprendas que si yo he podido ¡tú también puedes! No soy ningún superhéroe de las finanzas. Es más, era un estudiante promedio, un tipo común. Pero gracias a la educación financiera pude cambiar mi vida.

Si eres una persona con un ardiente deseo de crecer, pero no sabes cómo, déjame mostrarte algo que me ha funcionado muy bien: proponte una gran meta, pero desglósala en pasos muy pequeños, de manera que el cambio sea casi imperceptible. Te pondré un ejemplo. Cuando tenía que trabajar en mi empresa de logística de 9:00 a 5:00, y además necesitaba repasar mis entrenamientos de educación financiera, decidí que de 6:00 a 10:00 dedicaría mi tiempo a estudiar y repetir las lecciones cuantas veces fuese necesario. Mis pensamientos eran: "Eso ya lo has intentado varias veces, terminarás por abandonar". Pero entonces, en vez de enojarme por mi falta de voluntad, empecé por estudiar solo 30 minutos, es decir de 6:00 a 6:30 p. m. Eso era totalmente alcanzable, ¡con un pequeño cambio había creado una gran diferencia! A la semana siguiente, en vez de dedicar 30 minutos a mi educación financiera, me puse la meta de dedicarle 45 y así fui aumentando poco a poco mi tiempo de estudio hasta llegar a las cuatro horas. El cambio fue impresionante, mejoraba exponencialmente mis habilidades como emprendedor. Cada vez era más inteligente y mi mente ganaba disciplina.

Luego me di cuenta de que sufría interrupciones, tenía que prestarle atención a mi esposa y a mis tres hijas, de manera que me propuse despertar a las 5:00 a. m., una hora a la que todas estaban durmiendo. Habitualmente me despertaba a las 6:30 a. m., así que mi vocecita me decía: "¡¿Te has vuelto loco!? Ni hablar, necesito dormir y no quiero levantarme a esa hora". Entonces apliqué la misma estrategia. Me levanté a las 6:15 a. m., estaba seguro de que no iba a fallar. De ese modo mi autoconfianza seguía incrementándose porque nadie me interrumpía y mi conocimiento continuaba expandiéndose a gran velocidad. Luego el objetivo fue levantarme a las 6 a. m., y así hasta llegar a iniciar el día a las 5:00 a. m.

Ahora, además, he establecido un hábito. Empiezo con una meditación de 15 minutos y luego reviso mis proyectos, lo que está en ejecución y aquellas cosas importantes que tendrán impacto en mi desarrollo. De ninguna manera entro a internet ni reviso mis correos, ni me entretengo en cualquier otra cosa que me genere distracciones, porque sé que en cuanto lo haga se encadenarán unas tras otras hasta haber malgastado todo mi tiempo. Además, con mi crecimiento personal, les saco una gran ventaja a mis competidores desde el punto de vista profesional, ya que, sin habérmelo propuesto, mi compromiso no es vencerlos a ellos, sino mejorarme a mí mismo hasta obtener mi mejor versión. En otras palabras, compito conmigo, que es lo más sano.

Si tiendes a compararte con el resto correrás el riesgo de que te ocurra una de estas dos cosas: si eres mejor que tu competencia, tu ego se inflará por las nubes; si es la situación contraria y tu competencia es mejor que tú, destruirás tu autoestima, lo cual es terrible, porque ese sentimiento incrementará tu deseo de rendirte. Soy mentor de emprendedores, de personas como tú que quieren pasar de ser esclavos de su trabajo a convertirse en dueños de negocio; además sé cómo crear activos con gran eficiencia y me encanta la educación financiera, pero también sé que lo más valioso para que triunfes en el mundo de los negocios es que tomes las riendas de tu vida. Y eso solo lo puedes hacer tú.

DESARROLLA TU VENTAJA EXCLUSIVA: SER ÚNICO

> El miedo a ser diferente hace que mucha gente no busque nuevas vías
> para resolver sus problemas.
> ROBERT T. KIYOSAKI

Cuando voy a lanzarme a una oportunidad de negocio o a la conquista de mi emprendimiento sé que debo tener claro cuál es mi *ventaja exclusiva*. Para que tú también puedas encontrarla debes responder a una sola pregunta: ¿qué es lo que te hace único en tu negocio? De eso se trata, de cómo diferenciarte del resto, de por qué deberían comprarte a ti y no a otro.

¿Recuerdas cuando Steve Jobs creó el iPhone? En aquel tiempo solo lo conseguías en las tiendas Apple. Es más, al inicio, en el mercado estadounidense solo podías tener un iPhone si lo activabas con AT&T, la única empresa autorizada para operar con él. ¿Cuáles crees que fueron las ganancias para Apple y AT&T? ¡A ellos les llovía el dinero! Desde medianoche la gente empezaba a hacer fila en espera de que la tienda abriera a las 8:00 a. m. ¡Increíble, pero cierto! Apple y AT&T supieron identificar su ventaja exclusiva respecto a la competencia.

Este es un buen ejemplo de a dónde puede llegar un emprendimiento. Seguro que estás pensando: "Yo no soy Steve Jobs, ni tengo todos esos recursos financieros". Hoy en día no se necesita ser una gran corporación o una multinacional para triunfar. Ahora, gracias a la tecnología, tú también puedes hacerlo. El único límite es tu imaginación. Lo que quiero que te quede claro es el concepto, porque si logras ver esto con una mente abierta podrás crear un activo en torno a una idea. Además, nunca lo olvides: Steve Jobs es conocido por el iPhone, pero ese no fue el primer producto que él creó; su primera creación fue una computadora que diseñó con un grupo de amigos, en un momento en que Apple no era más que una idea en sus cabezas y Steve Jobs no tenía ni un solo dólar.

Supongamos que tienes una empresa de conservas de tomate. Quizá puedas transformar tu negocio utilizando la *receta tradicional* de elaboración de *tomate frito de tu abuela* y acabar exportándolo a todo el mundo. ¿Qué sucedería con tu negocio si lograras encontrar esa *ventaja exclusiva*? Estarías ofreciendo algo que no tienen los demás. Si te parece un ejemplo muy simple, eso es lo que ha hecho una conocida marca española, que ha logrado poner la salsa de la abuela en estanterías de tiendas *gourmet* por todo el mundo desde su pequeña fábrica rural. Si trabajas en una fórmula *mágica* esa será tu *ventaja exclusiva*. A partir de ahí puedes crear un activo, por ejemplo, una marca única que te lleve hasta el éxito empresarial y económico.

Entre 2005 y 2010 sentía que estaba estancado con mi empresa de logística, P.O. Box Internacional. No era posible competir con las grandes corporaciones en los Estados Unidos como FedEx, UPS o DHL. Ellos contaban con una infraestructura enorme y yo no tenía cómo competir en precio con ellos. Recuerdo que estaba muy aburrido en las juntas de mi empresa porque no había innovación, era una industria con una competencia feroz, enfocada en ofrecer la tarifa más baja e intentar conseguir alguno de los grandes clientes que siempre terminaban eligiendo una de las grandes cadenas de distribución.

Pero gracias a la claridad que me proporcionó la educación financiera recibida de Robert T. Kiyosaki pude encontrar mi *ventaja exclusiva* e identificar lo que nos hacía diferentes: nosotros éramos una empresa pequeña, pero rápida, podíamos tomar decisiones a gran velocidad. Así que nos dirigimos a un nicho de clientes que valoraban por encima de todo el tiempo, la rapidez. Todas esas grandes compañías de transporte de fletes eran demasiado lentas porque tenían que seguir complicados protocolos antes de tomar cualquier decisión. Nuestra *ventaja exclusiva* pasaba porque, al ser yo el dueño del negocio, en las juntas podía tomar decisiones rápidas sobre lo que necesitaba mi cliente para alcanzar sus objetivos —y en esa industria el tiempo es fundamental—. Recuerdo un caso en el que el Banco Interamericano de Desarrollo me contactó un viernes, teniendo una conferencia en Estocolmo el martes siguiente. Nadie les llevaba los materiales a tiempo. Nuestra empresa se ocupó y todo fue un éxito. Cobramos 18 000 dólares y prestarles nuestros servicios nos costó solo 4 000. Es decir, encontré nuestra *ventaja exclusiva*, y esta nos permitió cambiar el modelo de negocio, dando respuesta a clientes con mercancías primarias de alto valor y productos perecederos que debían llegar a su destino de la manera más rápida posible.

Esto significa que hasta que encuentres tu *ventaja exclusiva*, tu emprendimiento será uno más del montón y tus ganancias serán limitadas. La competencia es feroz, así que, aunque te gastes mucho dinero en el reconocimiento de tu marca, si no tienes nada único que te diferencie, seguirás estando en riesgo de fracasar. ¡Adelante! Utiliza tu conocimiento e imaginación para identificar tu *ventaja exclusiva*. Organiza sesiones de lluvias de ideas, bien sea solo, o mejor aún, acompañado de tu equipo. En el momento en el que consigas algo único, la *magia* surgirá, generarás interés por tu producto y empezarán las ganancias.

Piensa en Zoom Communications. Con su herramienta de videoconferencias en línea, esta empresa ha revolucionado la manera en la que nos comunicamos. Hoy las reuniones de trabajo son virtuales, las familias conversan por videollamadas y los amigos organizan fiestas en Zoom. Su creador, Eric Yuan, está ganando millones de dólares debido a que ha podido darle respuesta a una necesidad empresarial y particular de manera sencilla, sin necesidad de expertos informáticos. Todo el mundo ha empezado a utilizar Zoom, dejando de lado al resto de competidores. Incluso Microsoft les mandó un mensaje a sus clientes pidiendo que recomendaran Microsoft Teams por encima de Zoom. Actualmente el nombre de la empresa es un sinónimo de hacer una videoconferencia. La gente dice: "Hagamos un zoom". Y como este podría ponerte cientos de ejemplos.

Quizá tu *ventaja exclusiva* no se encuentre en el producto, sino en el proceso o en el canal de distribución. O a lo mejor eres muy bueno para hacer contactos y puedes construir un enorme activo que ponga a trabajar esas relaciones. Lo importante es dirigirte y darle respuesta a un nicho único y exclusivo o crear un proceso que revolucione el mundo. Se necesita la misma energía para pensar en pequeño que en grande. ¿Por qué no atreverte? ¿Por qué no lanzarte a la experiencia de crear algo diferente? Plantéate cómo puede tu emprendimiento cambiar el mundo. No hay motivo para no hacerlo, solo debes pensar en una idea distinta.

Todos podemos tener una buena idea, pero no son tantos los que tienen la suficiente motivación emprendedora como para monetizarla. Veamos el mercado de las bicicletas, por ejemplo. Hay muchísimos modelos disponibles, pero algunos ciclistas solo eligen las de fibra de carbono. Les encanta su poco peso, sus componentes que reflejan calidad total, su elegancia que refleja su estilo de vida, que su suavidad para hacer un cambio de velocidad es magnífica, saben que van a disfrutar de una experiencia en cada milla que recorran, etcétera. Por estas y por muchas otras razones, el precio de estas bicicletas no es un problema para los ciclistas. Ellos lo pagan con gusto porque saben que el valor recibido a cambio supera el costo. ¿Lo ves ahora? ¿Qué te hace a ti diferente y único? ¿Cuál es la *ventaja exclusiva* de tu negocio?

Espero haber sido claro en este punto porque, por experiencia, te puedo decir que, si no tienes algo que te distinga, eres uno más del montón. Si tu negocio ofrece un producto genérico, normalmente necesitarás mucho volumen para cubrir tus costos con un pequeño margen de ganancia. Si eres uno más tendrás que competir por ventas para ganar unos centavos. Hacer tu negocio único te diferenciará y hará que tus ganancias se multipliquen.

4
La importancia del equipo humano para que los sistemas funcionen

Los negocios y la inversión son un deporte en equipo.
ROBERT T. KIYOSAKI

Como ya te he comentado, para triunfar en tu emprendimiento debes tener en cuenta, entre muchas otras cosas, dos cuestiones fundamentales: una, la necesidad de tener un buen equipo, y la otra, hacer uso de sistemas de trabajo que te permitan crecer. Por eso he decidido dedicarle este capítulo en exclusiva a estos dos asuntos tan importantes.

Muchos negocios quiebran porque no cuentan con el equipo humano adecuado o no logran crecer, debido a que carecen de sistemas que les permitan realizar el trabajo, generando utilidades. Volvamos al Triángulo D-I creado por Robert T. Kiyosaki. ¿Lo recuerdas? Lo más importante para un negocio se sitúa en la parte externa del triángulo: la misión, el equipo y el liderazgo.

En este capítulo veremos la importancia de construir *equipos con sistemas* que hagan que tu negocio crezca y genere un flujo de efectivo constante. Tener esto claro será una parte fundamental de tu educación financiera, pues cada conocimiento que recibas te ayudará a incrementar las posibilidades para que tu negocio triunfe. Cuanto más aprendas, en mejor posición te encontrarás para evaluar cómo obtener el mejor retorno de tu inversión económica.

LIDERA TU EQUIPO

> Si quieres ser un líder, necesitas ser un maestro de las palabras.
> ROBERT T. KIYOSAKI

Al pensar en una moneda, para la mayoría de la gente solo existe la cara y la cruz. El problema es que si estás en uno de los lados no verás el otro.

Los tres lados de una moneda

"Todas las monedas tienen tres lados".
Rich Dad

Cara

Canto: Inteligencia

Cruz

"La señal de una inteligencia de primer orden es la capacidad de tener dos ideas opuestas presentes en el espíritu al mismo tiempo y, a pesar de ello, no dejar de funcionar".
F. Scott Fitzgerald, 1936

Seguro que conoces esta idea de Robert T. Kiyosaki: todas las monedas tienen tres lados, la cara, la cruz y el canto. Como líder de un equipo, tu tarea es colocarte en el borde de la moneda —en el canto—, escuchar sin prejuicios a los distintos profesionales que colaboran contigo y ver en ellos todas las perspectivas que necesitas para tomar la mejor decisión posible. Adquirir esta habilidad requiere de mucha práctica, pero te brinda una visión de 360° sobre todo lo que ocurre en tu negocio. Esta es una práctica que aplico de manera constante.

Según F. Scott Fitzgerald: "La prueba de una inteligencia de primera categoría es la capacidad de mantener dos ideas opuestas en la mente al mismo tiempo y, a pesar de ello, no dejar de funcionar". Al manejar dos ideas al mismo tiempo eres capaz de valorar los pros y los contras de cada opción sin que las emociones dominen tu toma de decisiones.

Para tener un gran negocio es necesario, además de comprender el propio negocio, saber cómo liderar a un gran equipo. Por eso yo siempre estoy al frente, alerta de lo que ocurra, para afrontar los problemas, aunque no me gusten. Y si veo que se está pasando algo por alto, tomo acción de inmediato, asegurándome de que la situación quede resuelta. Siempre mantengo una actitud de liderazgo, tanto en los buenos momentos como cuando tengo que afrontar un reto, ayudando a cada uno de mis intraemprendedores a que saquen su máximo potencial y, a su vez, lideren desde su posición.

La experiencia también me ha enseñado que debo crear un ambiente de respeto y confianza en mi negocio —un entorno en el que todo mi equipo tenga la oportunidad de participar libremente, con una mente abierta, dejando el pensamiento convencional a un lado—. Esa es la magia que un líder debe saber crear. Por esta razón, quienes lo rodean se quedan con la boca abierta preguntándose: "¿Cómo lo hace?".

Además, como líder, no paro de aprender. Estar al frente de un gran negocio es toda una experiencia vital. Me encanta saber que estoy creciendo continuamente junto a un gran equipo, incluso cuando siento por ello una presión positiva —ese tipo de dolor que se asemeja a los ejercicios de abdominales en el gimnasio—. En algún momento duele, pero luego ves el resultado y es justo eso lo que sirve para vencer el dolor y construir una mente fuerte.

Un buen líder se enfoca en la misión y en servir, rodeado de un buen equipo. Así llega al éxito, tras obtener inmensas satisfacciones que el dinero no puede comprar.

EL ORO ESTÁ EN EL EQUIPO

> Crear empresas es como un deporte: quien cuenta con
> el mejor equipo gana el juego.
>
> Robert T. Kiyosaki

Una de las grandes lecciones que he recibido de Robert T. Kiyosaki es la importancia de contar con un buen equipo para tener éxito en mis emprendimientos. La mayoría de los emprendedores salen solos al mercado con su negocio y quieren ser ellos mismos quienes se encarguen de todo —ventas, sistemas informáticos, aspectos legales— y se encuentran de golpe con la realidad de que ¡es imposible hacerlo todo uno solo! Esta es la razón por la cual nueve de cada 10 negocios se van a la quiebra. Es como querer salir a un partido de futbol jugando uno contra 11. La derrota está asegurada sin importar que seas Lionel Messi o Cristiano Ronaldo. Recuerda:

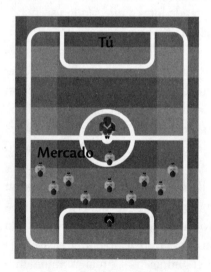

Los negocios son
como los deportes.

Quien tiene
el mejor equipo.

¡GANA!

　　¿Alguna vez les has prestado atención a los créditos de una película? ¿O a la sección de agradecimientos de un libro? ¡Habrás visto que la cantidad de gente que trabaja para que esos proyectos funcionen es inmensa! Lo mismo sucede con un negocio. No está construido por una sola persona, ya que nadie tiene todas las habilidades del Triángulo D-I que se requieren para triunfar.

Debido a la educación que recibimos —y a la falta de humildad— la mayoría de los emprendedores están condicionados para creer en el dicho popular: "Si quieres que algo se haga bien, hazlo tú mismo". Pero en realidad se trata de todo lo contrario. Las personas son el pilar principal de un buen emprendimiento. Por eso un buen emprendedor se da cuenta enseguida de que no puede hacer las cosas por sí solo. Para triunfar tienes que ser lo suficientemente humilde como para evaluar tus debilidades y formar un equipo que las convierta en fortalezas. Así, podrás dedicar tu tiempo a lo que mejor sabes hacer.

Por ejemplo, si eres muy bueno creando productos o infoproductos, tienes que contar con alguien capaz de construir la plataforma que te permita llevar tu negocio a internet, además de alguien que haga la mercadotecnia en redes sociales —la cual es imprescindible si quieres triunfar—. Si deseas hacerlo todo tú, las probabilidades de que tengas éxito son mínimas. Con la velocidad a la que suceden los cambios —más en internet—, los ciclos de los negocios cambian cada seis meses. Tanto Google como Facebook cambian sus algoritmos constantemente, convirtiendo una estrategia de marketing exitosa en inútil en cuestión de unas pocas semanas. Podrías terminar con un gran producto conocido por ti, tu familia y tus amigos, pero que no te genera flujo de efectivo, con lo que en pocos meses estarás fuera del negocio. Pero si cuentas con profesionales exitosos en tu equipo, tu emprendimiento florecerá adaptándose a los retos y cambios del mercado. Como siempre digo:

Los negocios son un arte y una ciencia.

Tú puedes ser tu propio Picasso, solo tienes que desatar el don que llevas dentro. En mi caso, yo lidero desde la parte creativa e innovadora. La parte técnica se la dejo a mis equipos y así, entre todos, montamos las bases sobre las cuales se desarrollan mis negocios.

Como líder, sé que debo poner mi talento —mi don— al servicio de los demás, para ofrecer la mejor solución a los problemas, y siempre tengo presente que para tener éxito debo apoyarme en un buen equipo humano. Graba esta frase en tu mente:

Tu equipo de trabajo es uno de los principales activos de tu negocio.

Rodéate de profesionales. En páginas anteriores te explicaba la diferencia que existe entre un emprendedor *amateur* y uno profesional. Pues bien, es necesario que entiendas la importancia de que tu equipo esté compuesto por colaboradores profesionales y no por *amateurs*. ¿Cómo diferenciarlos? El *amateur* te preguntará cuánto le vas a pagar, mientras que el profesional te dirá: "¿Cómo puedo ayudarte?". Son dos actitudes 100% diferentes. Mientras que el *amateur* tan solo persigue el dinero, el profesional está enfocado en encontrar soluciones y en formar parte de algo más grande. Las relaciones profesionales basadas solo en el aspecto financiero son volátiles y suelen desaparecer a gran velocidad. A mí me interesa más desarrollar una relación profesional duradera, confiable y leal, formando un gran equipo alineado con mi misión y la de mi negocio.

Durante todos estos años la experiencia me ha mostrado que el dinero no es la única forma, ni la más efectiva, de retribuir a un buen equipo. Los expertos y los profesionales no trabajan solamente por una remuneración económica. Es más, para ellos podría ser una pérdida de tiempo. Como grandes profesionales, ellos ya han triunfado y conseguido cierto nivel de riqueza. Por eso valoran más formar parte de un equipo de colaboradores que los inspiren y los reten a mejorar. Lo que les importa es formar parte de una misión y disfrutar trabajando, mientras comparten conocimientos y experiencias, creando sinergias y retroalimentándose los unos a los otros. Un porcentaje de las ganancias del proyecto, acciones de la compañía, reputación o prestigio, son a veces la mejor remuneración. Compensar el esfuerzo de este modo, como te comenté en el capítulo 3, es como *imprimir tu propio dinero*.

En la actualidad todos los miembros de mi equipo tienen mentalidad de emprendedores en sus propias áreas de trabajo. Son intraemprendedores ansiosos por compartir sus conocimientos, experiencias y formación para obtener la mejor solución a cada problema. Saben analizar los riesgos y oportunidades y disfrutan formando parte de algo más grande: la *misión*.

Pero construir un equipo brillante no es una tarea sencilla. Se necesita tiempo, aunque te aseguro que la espera vale la pena. Sigmund Freud afirmó: "He sido un hombre afortunado en la vida: nada me resultó fácil". Por lo tanto, empieza por crear un buen ambiente de trabajo e identificar y desbloquear el potencial de cada uno de los miembros que van a formar parte de tu equipo. ¡Hasta ellos mismos se sorprenderán de sus propias capacidades! Por experiencia propia, sé que no es necesario destinar mucho dinero si se cuenta con un buen líder.

Unidos por los valores. Un equipo formado por personas íntegras llevará tu negocio a lo más alto. He conocido gente que se vende muy bien y que cree ser brillante —y tal vez lo sea—, pero solo les interesa la transacción, no la *misión*, ni el trabajo en equipo.

Cuando trabajaba en mi empresa de logística notaba con frecuencia que las personas que laboraban conmigo no estaban comprometidas. Muchas veces se presentaban a trabajar sin ánimo y hacían sus tareas de manera mecánica, sin el más mínimo interés. Estaban ahí porque tenían que pagar sus gastos. Entre otras cosas, por esa razón mi negocio no prosperaba. Incluso hubo un momento en el que yo sospechaba que una empleada no estaba siendo leal. Noté que sus reportes de ventas no eran claros sino más bien vagos. Cuando le hacía preguntas sobre su productividad, sus respuestas eran evasivas y dispersas. No había congruencia en su comportamiento. En su momento, decidí que asistiera a una feria de operadores logísticos en Brasil, y para salir de dudas monté una estrategia cuyo resultado decidiría su permanencia en la empresa. Le pedí a un amigo que se le acercara de manera anónima a preguntarle por los servicios que ofrecía, y mi sospecha quedó confirmada: ella estaba vendiendo para nuestra competencia. Yo le pagaba su salario y sus gastos de viaje y, a cambio, ella traicionaba a la empresa y la confianza que yo puse en ella. Mi instinto no se equivocó. A veces se aprende más de los errores que de los logros.

> *Un simple eslabón débil puede afectar a todo el equipo.*

Te contaré otra de mis experiencias, poco agradable, con uno de mis empleados. Un día salí de la oficina de mi empresa de logística antes de lo habitual. Esa misma tarde uno de mis empleados recibió un contenedor lleno de productos electrónicos y decidió dejarlo completamente cargado en el exterior, en lugar de entregarlo al puerto de embarque. Por desgracia, alguien más sabía que el contenedor estaba ahí, robaron toda la mercancía y mi empresa fue responsable por completo. A la mañana siguiente, cuando supe lo que había sucedido, entré en estado de negación. ¿Cómo era posible que el contenedor se hubiera quedado fuera, lleno por completo de mercancía valiosa? La policía y los investigadores privados estaban en mi almacén realizando sus investigaciones y todos me preguntaban por qué había dejado el contenedor afuera. El valor de la mercancía era de alrededor de 500 000 dólares, así que ellos sospechaban que yo lo había hecho a propósito para obtener dinero de la compañía de seguros; me había convertido en el sospechoso número uno. No puedo describir lo mal que me sentí. Fue una situación muy estresante para mí. En cambio, el empleado que tomó la decisión sin consultarme no parecía sentirse culpable en absoluto, como si él no fuera el responsable.

No importaba lo que yo pensara o cómo me sintiera, como propietario del negocio era yo el responsable de la negligencia de un empleado. En ese momento me encontré solo, sin un equipo que me apoyara. Hasta llegué a cuestionarme por unos minutos si tenía las habilidades de liderazgo necesarias para ser un buen empresario. Pero en vez de huir del problema decidí enfrentarlo y buscar una solución. Ese fue un momento crucial para mi crecimiento como empresario. Me hizo consciente de la importancia de rodearme de un buen equipo y de aprender de los errores para no repetirlos. Para mi fortuna, la policía encontró la mercancía en otro almacén la tarde posterior al robo, así que logré recuperarla casi en su totalidad. Se presentó un problema y para superarlo construí un nuevo equipo. Reemplacé a las personas poco comprometidas por otras más cualificadas y con mentalidad intraemprendedora. Pronto las ganancias de la compañía aumentaron de manera significativa. Gracias a que reflexioné sobre este error, aprendí, y logré llevar mi negocio al siguiente nivel.

Como emprendedor, debes saber que te enfrentarás a desafíos que ni te podrías haber imaginado. Por eso necesitas el apoyo de un gran equipo que siempre esté aprendiendo de sus errores. Saber con quién formar equipos puede hacerte libre desde el punto de vista financiero. Por el contrario, no saber elegir bien terminará por hundirte. Una de las habilidades más importantes de un empresario es saber con quién formar su equipo, ya que este tiene una enorme repercusión sobre el futuro del emprendimiento y define al líder y los resultados que se obtendrán.

He vivido lo que ocurre cuando se forman equipos con personas que "pintan castillos en el aire", tienen su propia agenda y no viven conectadas con la misión de la empresa. ¡Es un desastre! Debido a eso, he decidido no ser partícipe de negocios o situaciones en los que cada uno tiene su propia agenda. Tras todas las experiencias que me han convertido en quien soy hoy, he adquirido la habilidad para discernir entre la gente honesta y la que no lo es, y he aprendido que es imposible tratar de complacer a todo el mundo. Por esta razón, siempre me rodeo de personas brillantes en la tarea que realizan y cuya experiencia les permite trabajar de modo independiente.

En algunos casos me ha tocado trabajar con personas que no escuchan, que no están en lo que tienen que estar o que se encuentran distraídas en actividades que no tienen relación con lo que estamos haciendo. Por más esfuerzo que haga, no hay manera de cambiarlas. Los egos se disparan, se crean conflictos, surge la tensión y la energía de todo el equipo baja. En estos casos todos perdemos, no hay forma de ganar.

Debido a todo esto es que valoro tanto a mi equipo. Es una gran satisfacción poder salir de una reunión con nuevas ideas para aplicar. Mi equipo de trabajo se ha convertido en una segunda familia para mí, y también en un estímulo, ya que rendirme y abandonarlos es impensable. La lealtad es mutua.

> *Los sistemas unifican el equipo.*

Si creas tu emprendimiento alrededor de tu misión, ejerces tu liderazgo y te rodeas de un buen equipo de trabajo, no dudes en incorporar sistemas para crecer y tener asegurada la abundancia.

El dueño de un gran negocio es el dueño de un sistema formado por personas inteligentes y cualificadas que hagan parte de los cuatro cuadrantes. Los emprendedores que se centran en hacerlo todo ellos mismos son "emprendedores solitarios" que construyen su propia prisión. Por el contrario, aquellos con una mentalidad rica se enfocan, desde un inicio, en construir un emprendimiento que sea escalable. Es más, si no se trata de un negocio escalable, no se involucran en él, porque su tiempo vale más que los ingresos que les producirá.

¿Te acuerdas del robo de la mercancía en mi empresa de logística? Como parte de la mercancía robada no se recuperó, tuve que asumir algunas pérdidas, y ese fue un claro mensaje. Lección aprendida. Pues bien, a raíz de aquella experiencia realicé varios cambios en mi equipo, pero también me di cuenta de que tenía que mejorar los sistemas para evitar que se cometiera otra vez el mismo error. Comprendí que mi compañía de logística no contaba con un protocolo de actuación claro, así que diseñé un sistema sólido 100% nuevo, actualizando todo el proceso de carga desde el momento en el que se recibía un paquete en el almacén. También mejoré la tecnología que controlaba toda la cadena logística, y gracias a esos perfeccionamientos en cuanto a la eficiencia conseguí que una de las compañías de cosmética más grandes del mundo me eligiera para manejar su distribución en 12 países diferentes. En otras palabras, encontré y cambié lo que mi negocio necesitaba y así fue factible seguir creciendo.

Parecería una cuestión de sentido común, pero si tu negocio no dispone de unos procesos y procedimientos muy bien definidos, no estás administrando una empresa, sino los distintos comportamientos individuales de cada miembro de tu equipo. Sin sistemas, cada uno de los empleados sigue su propio criterio, creando incongruencias y problemas, mientras tú estás atrapado, apagando incendios todos los días, como un bombero con un extintor.

> *Si quieres crecer, es imprescindible que crees sistemas eficientes que, además, aumentarán el valor de tu empresa.*

En el momento en que logré comprender que el equipo y los sistemas son imprescindibles, pasé de ser dueño de mi trabajo a dueño de mi negocio. Entonces, los resultados positivos no se hicieron esperar.

Volvamos al ejemplo de mi empresa de logística. Uno de nuestros clientes, una importante compañía de celulares que utilizaba nuestros servicios para recibir mercancías de alto valor, nos solicitó que verificáramos cada uno de los ítems incluidos en la factura cada vez que recibíamos una orden. Así las cosas, tuve que crear un proceso específico para escalar mi negocio. Lo llamé "verificación de inventario", con personal especializado en identificar cada una de las piezas recibidas. Después, les extendí este servicio a otros clientes, convirtiéndolo en una nueva unidad de negocios que generó más ingresos para la compañía.

Airbnb y Uber son empresas muy conocidas que han logrado construir un sistema donde la complejidad se ha simplificado para el usuario final. Ambas plataformas son prácticas, fáciles de usar, globales y viajan contigo dentro de tu teléfono. Así es como consigues convertirte en un empresario de categoría mundial. En conclusión, cuando crees sistemas, ten siempre en cuenta que existen muchas variables, por lo tanto, es muy importante la simplicidad, pues de ese modo todos los miembros del equipo entienden cada paso, evitando las interpretaciones que los desvíen del objetivo. Te recomiendo que en las reuniones uses ilustraciones, así todos tendrán una visión clara y se elevará la confianza del equipo, generando momentos para que las ideas fluyan. Al comenzar un nuevo proyecto las ideas aún estarán debatiéndose, de modo que ese no será el momento para analizar lo correcto o equivocado y, por eso, no se debe juzgar. Como líder, es tu función contribuir para que surja la creatividad y que todos se sientan empoderados. Solo así surgirá la *magia*.

Tu rol como líder será mantener un ambiente donde todos los miembros de tu equipo colaboren y se sientan libres para aportar valor. Esta habilidad requiere de perseverancia y paciencia, ya que tendrás que lidiar con gente de distintas personalidades y opiniones, y tu deber será mantener la armonía. A mí esta estrategia me ha dado siempre buenos frutos, haciendo florecer las distintas capacidades de mi equipo para resolver problemas y mejorando nuestra cohesión como grupo —lo que siempre es un plus, ya que si la gente se siente cómoda, la productividad se incrementa—.

Claro que a lo largo de los años me ha tocado enfrentar resistencias y realizar cambios en mi equipo hasta contar con una sublime "mente colectiva", donde todos nos sintamos compenetrados. Muchas veces tuve que dejar ir a algunos de mis colaboradores y traer a otros que compartieran mi forma de trabajo y estuvieran enfocados en soluciones prácticas y simples. Eso sí, quienes se incorporan a mi equipo tienen que confiar en mis sistemas —pues estos están basados en el conocimiento práctico—, porque gracias a ellos puedo ver con total claridad los progresos en mi negocio y volver a encarrilarlo con gran facilidad cada vez que surgen problemas.

Sé consciente de las consecuencias de no tener sistemas. Jugarás un juego más pequeño y lo más probable es que lo harás sin un equipo a tu alrededor que te apoye. La pregunta es, ¿qué tanto deseas tener éxito? Imagina a alguien que está a dieta, y tan pronto como la deja vuelve a subir de peso bastante rápido. Te garantizo que a esa persona se le volverá más difícil regresar a su objetivo inicial de volver a bajar de peso. La clave no es que haga una dieta, sino que cambie su estilo de vida.

En otras palabras: cambia tu mentalidad y encuentra nuevos hábitos saludables que te respalden desde el punto de vista financiero. Con una mala alimentación sufrirás las consecuencias de la comida chatarra, tendrás muy poca energía y es casi seguro que te enfermarás. En los negocios, las prácticas poco saludables terminarán por llevarte a la bancarrota, ¡y no te gustará estar en esa posición! Crear sistemas, hacerles seguimiento a tus procesos y medir los resultados mantendrá saludables las finanzas de tu emprendimiento. Cuando te has formado desde el punto de vista financiero, siempre tienes el radar encendido en busca de oportunidades, y si cuentas con buenos sistemas y con un equipo que esté bien dotado de las habilidades para detectarlas y aprovecharlas, lograrás ganar mucho dinero. Aprende a encontrar buenas oportunidades.

Uno de los ejemplos más exitosos que yo he visto en la aplicación de sistemas con un buen equipo es el caso de mi amigo Ken McElroy. Ken es asesor de Robert T. Kiyosaki en bienes raíces y he trabajado con él varias veces. Él compra condominios que no han sido gestionados de manera correcta, identifica las ventajas y desventajas de cada inversión en potencia y hace una oferta. Si se la aceptan, junto con su equipo, Ken se centra en mejorar la propiedad y con ello aumenta el flujo de efectivo que recibe. Las mejoras que hace suelen ir desde añadir lavadora y secadora en el área húmeda hasta eliminar la alfombra y poner suelo de madera laminada. Gracias a esas mejoras, al efecto de la inflación y a un buen equipo gestor, sus inversionistas reciben un cheque por trimestre —producto del flujo de efectivo que generan los activos—, mientras sus propiedades tienen una importante plusvalía después de cuatro o cinco años.

La plusvalía es el incremento en el valor de un bien o producto. Si, por ejemplo, invertiste hace un año en una propiedad de 80 000 dólares que ahora vale 100 000, has tenido una plusvalía de 20 000. Gracias a la plusvalía, Ken está en capacidad de refinanciar la deuda —incrementando su importe gracias al mayor valor de la propiedad— y de utilizar esos fondos para comprar otro activo que le produzca más flujo de efectivo. En otros casos, Ken les devuelve a sus inversores todo el importe que invirtieron, con lo que ellos tienen "retornos infinitos", puesto que continúan recibiendo sus cheques, pese a que ya se les ha devuelto la totalidad de su inversión. Ken no vende cuando los precios suben, sino que utiliza ese dinero para comprar más activos, aumentando así su flujo de efectivo.

Ken es muy sabio en el manejo de las finanzas de su empresa, y debido a eso tiene inversionistas en lista de espera tratando de invertir con él. Su experiencia e integridad generan confianza y todos sus proyectos están acompañados de un plan de negocios claro. Gracias a ello, y al equipo que lo acompaña, sus inversiones en bienes raíces tienen plusvalías. Si te interesa, puedes seguir a Ken en https://kenmcelroy.com/. Las oportunidades están ahí afuera para todos. Entrénate y toma acción hoy mismo.

Como habrás comprobado, todo lo que te he compartido hasta ahora está interconectado y refleja cómo he construido mi imperio. Pero solo tú podrás combinar bien todos los elementos para que tú también triunfes con tu emprendimiento. ¡Claro que también tuve dudas! Por ejemplo, acerca del orden que debía seguir, a qué cosas dedicar mi tiempo y atención si quería lograr mis metas, etcétera. Pero gracias a mi educación financiera descubrí la forma correcta de aproximarme a un negocio, y hoy en día, al verlo en perspectiva, sonrío y me pregunto: ¿cómo pude no verlo, si lo tenía delante de mí?

A partir de ese momento de *eureka*, siempre me cuestiono:

- ¿Qué problema voy a solucionar?
- ¿Por qué me van a elegir a mí?
- ¿Por qué mi negocio es diferente?
- ¿A quién debo llamar para conformar el equipo?

¿Podrías responder con claridad a cada una de estas preguntas? Si no es así, cierra el libro en este instante y reflexiona sobre el tema.

MIS EQUIPOS DE TRABAJO

> Una persona inteligente contrata
> personas más inteligentes que ella misma.
> ROBERT T. KIYOSAKI

Los profesionales que quieran formar parte de alguno de mis equipos tienen que ser ineludiblemente expertos en sus respectivos campos. Nadie puede hacerlo todo solo. Quizás una idea sea brillante, pero sin un equipo para llevarla adelante tal idea no es más que una ilusión. Por lo tanto, ¿no crees que es importante rodearte de un buen equipo? Recuerda la definición de activo: todo aquello que pone dinero en tu bolsillo. De modo que:

> *Un buen equipo será tu principal activo.*

Tus colaboradores no tienen por qué formar parte de tu planilla de pago. Más bien contáctalos cada vez que necesites de sus conocimientos, así como de su formación y experiencia. Si yo jugara solo, ¿cuánto tiempo necesitaría para aprender lo que ellos saben? ¿Cuántos errores me tomaría llegar hasta allí? Lo más probable es que no sería todo lo eficaz que se requeriría y que pasaría a formar parte de la estadística de aquellos emprendedores que no lo consiguen.

¿Y cómo elegir a los miembros adecuados de tu equipo? Todo lleva su tiempo, pero con la paciencia y la perseverancia de un líder lo conseguirás. Por ejemplo, si necesitas un contador, piensa en la posibilidad de contactar a un inversionista exitoso en este campo para que te recomiende alguno. Pídele una cita y prepárate para la reunión. Haciendo las preguntas adecuadas sabrás si ese es o no el miembro que necesitas que forme parte de tu equipo de trabajo. Una de mis preguntas clave es si ese profesional pone en práctica en su vida aquello en lo que es un experto. Por ejemplo, si es un contador especializado en bienes raíces, es importante saber si tiene bienes raíces o si, por el contrario, es solo un académico que no pone en práctica en el mundo real todo lo que sabe al respecto. Repite esta experiencia cuantas veces sea necesario con los distintos profesionales que necesites contratar hasta encontrar a los mejores y hazlos parte de tu equipo.

Tal como dice Jim Rohn: "Eres el promedio de las cinco personas con las que más tiempo pasas". Por consiguiente, si haces bien tu trabajo pronto te convertirás en un gran líder y atraerás a los profesionales adecuados para que te ayuden a afrontar con éxito tu siguiente oportunidad de negocio. Cuando consigas crear grandes equipos de expertos te darás cuenta de que al trabajar con ellos multiplicarás tus ingresos y ahorrarás mucho tiempo y dinero. Contar con equipos bien estructurados te acercará a grandes oportunidades con magníficos rendimientos, la velocidad del dinero comenzará a jugar a tu favor y llegarás a tus metas con mayor rapidez.

Te pondré un ejemplo. Cuento con una experta muy importante a mi lado: Magdala Zevallos. Ella identifica los talentos y debilidades de todos los miembros de mi equipo mediante una evaluación neurocientífica. Este test evalúa las áreas de trabajo que se ajustan mejor a cada persona, las tareas en las que no consume un exceso de energía, detectando la parte de su cerebro que más neurotransmisores tiene. Increíble, ¿verdad? De esta manera tengo la posibilidad de conocer en detalle las mejores capacidades dentro de mi equipo y delegar con eficacia.

Gracias a Magdala, quien ha sido parte de mi equipo por más de 10 años, confirmé mis talentos, delegando en mi equipo otras funciones en las que no soy tan bueno. Soy creativo, innovador y, por lo tanto, ¡un emprendedor nato! Hace años gastaba 100 veces más energía, me enfocaba en otras tareas y sentía estrés y ansiedad, lo que se reflejaba exteriormente en mi sobrepeso. Ahora:

> *Soy el líder de varios equipos de intraemprendedores motivados.*

Por todas estas razones, contar con el apoyo de un equipo de especialistas es fundamental para mí. Así me aseguro de estar preparado para dar pasos seguros y necesarios para luego invertir con confianza. Además, al interactuar con ellos se generan muchas conversaciones inteligentes entre expertos, cada uno en su tema, lo que me permite crecer, innovar y planificar con anticipación los pasos que daré para lograr la máxima rentabilidad en mis negocios. Así que busca los contactos necesarios que te conduzcan hasta un equipo de expertos de éxito comprobado y que dominen las habilidades necesarias para tu actividad específica. Esto te ayudará a mantener una mentalidad ganadora, la cual te conectará con tu objetivo, te ayudará a mantener la concentración y te preparará para lidiar con lo inesperado.

Por ejemplo, para invertir en bienes raíces es imprescindible contar con un equipo que te ayude a adquirir activos y no pasivos. Te recuerdo qué es lo que distingue un activo de un pasivo: *el flujo de efectivo*. Una propiedad será un pasivo si los gastos que genera son superiores a sus ingresos. Mucha gente dice que los bienes raíces son un buen negocio, se lanzan sin un equipo profesional a su lado y terminan comprando un pasivo con un *flujo de efectivo negativo*. Por ese motivo he sido extremadamente cuidadoso a la hora de elegir a la gente que forma parte de mi equipo de bienes raíces.

Antes de conocer a Robert T. Kiyosaki yo compraba propiedades para venderlas, lo que en inglés se conoce como ser un *flipper*. Intentaba obtener rentabilidades rápidas y deshacerme de la propiedad lo antes posible. En 2007 adquirí una propiedad que el constructor me entregaría en nueve meses con un costo de 300 000 dólares. Para firmar el contrato necesitaba aportar el 5% de su valor como cuota inicial, es decir, un pago de 15 000 dólares. A su vez, con mi línea de crédito personal financié esos 15 000 que me costaban 4% al año, o sea, 600 dólares. Cuando el constructor me la entregara, yo tendría que pagar el 95% restante del valor del inmueble, que eran 285 000 dólares. Faltando 45 días para que me entregaran la propiedad, la puse a la venta y tuve tantas ofertas que empecé a subir el precio hasta llegar a 450 000 dólares. Al final, financiar la separación de la propiedad me costó 4 500 dólares y me generó una ganancia de 150 000 dólares en un periodo de nueve meses, equivalentes a 3.333% de rentabilidad.

Esa fue una inversión, especulando en un mercado que estaba al alza. Más tarde aprendí que estas inversiones cambian de un momento a otro y debido a ello puedes llegar a perder una cantidad importante de dinero, a no ser que tengas recursos económicos que te permitan esperar a que el mercado se vuelva a recuperar —lo cual podría tardar más de cinco años—. Lo más gracioso es que le llevé los 150 000 dólares a mi banquero y él me ofreció el mejor producto que tenía, un fondo mutuo que generaba un retorno de 3%. ¡Para él, ese era un gran negocio! Cuando le expliqué la rentabilidad que había obtenido no podía ni entenderla, ya que para él no era posible obtener ganancias superiores a las de los productos que ofrecía.

En el sector inmobiliario, durante los años anteriores al estallido de la burbuja de 2007, la gente dormía en la calle para comprar al día siguiente. Todo el mundo tenía acceso a préstamos baratos y el mercado estaba loco. Las propiedades pasaban de 150 000 a 200 000 dólares en muy poco tiempo, permitiendo ganancias disparadas para quienes nos dedicábamos a comprar y vender bienes raíces (*flippers*). Nadie se planteaba invertir buscando *flujo de efectivo*. Simplemente especulábamos buscando la apreciación y la ganancia con la venta en una salida rápida del mercado.

Gracias a la educación financiera y a la experiencia de mi esposa Ana Cecilia, en 2008, justo antes de la crisis inmobiliaria, nos dimos cuenta de que esa situación no era sostenible y decidimos venderlo todo. Con Robert T. Kiyosaki aprendí que lo que en verdad me iba a acercar a la libertad financiera era crear activos que produjeran flujo de efectivo. Desde entonces las cosas han cambiado mucho para mí.

Hoy en día invierto de forma muy distinta, como un profesional. Algunas veces lo hago junto a Robert T. Kiyosaki, Ken McElroy y el resto de los asesores de Rich Dad, en grandes proyectos de cientos de unidades que desarrolla Ken. Después, cada tres meses, Ken nos envía un cheque, pero yo no participo de manera activa en la gestión del proyecto. En esos casos soy un inversionista pasivo. Lo que sí me permite participar en los grandes proyectos de Ken es que soy un inversionista de los que en los Estados Unidos se les conoce como *Sophisticated Investor*, con un patrimonio neto de más de un millón de dólares (excluyendo el valor de la residencia principal). Pero la mayor parte de mis activos inmobiliarios los gestiono por mi cuenta, junto a mi propio equipo de expertos en bienes raíces.

Ana Cecilia, mi esposa, tiene un sexto sentido para determinar qué área es buena para invertir y cuál no. ¡No sé cómo lo hace, es un don! Lo cierto es que ella tiene esa habilidad. Por ejemplo, hace pocos meses localizó en Florida, donde vivimos, un área llamada Victoria Park, que se encuentra en plena expansión, y decidimos adquirir allí una propiedad multifamiliar. ¡Parece increíble, pero su valor se ha duplicado en muy pocos meses! Una vez que determina el área, Ana Cecilia me pasa información sobre 10, 12 o 15 propiedades y yo utilizo mi fortaleza en la parte analítica para encontrar aquellas que tengan mejor *flujo de efectivo*. Mi esposa es bróker, pero a la vez, es una excelente inversionista que conoce el mercado y las tendencias. En nuestro caso, ella es quien hace la selección inicial de las propiedades en cada área específica. Luego yo me encargo de estudiar la parte analítica de cada propiedad, aunque todas son siempre oportunidades excelentes. Después reducimos la lista a las 10 mejores y vamos a verlas. Hacemos una oferta sobre dos o tres, y al final compramos solo una. Esa es nuestra estrategia. Pero todo esto no lo podríamos realizar sin tener detrás de nosotros un gran equipo de personas.

Patricia Marín lleva muchos años trabajando conmigo. Ella es la experta del equipo que se encarga de la parte administrativa y de todo el "papeleo" de la contabilidad. No puedo enfatizar suficiente en la necesidad de tener una buena asistente de contabilidad para que mantenga los libros contables al día, registre todos los ingresos y gastos, prepare unos estados financieros claros y ayude a mantener el *flujo de efectivo* bajo control. Patricia es la persona que alimenta de datos todo el sistema para que cada vez que me reúna con el contador él pueda hacer el análisis contable y estudiar los posibles beneficios tributarios. Como siempre digo, manejar una empresa basándote tan solo en los saldos bancarios es un plan seguro para desaparecer y demuestra falta de formación financiera.

Gastón Cortés es mi contador desde hace muchos años. Tanto él como Patricia son personas de mi absoluta confianza, con las que además disfruto trabajar.

TESTIMONIO REAL

Gastón R. Cortés, CPA (contador público certificado), Miami, Florida, Estados Unidos.

Gerente de KSDT, CPA.

Cuando nuestra salud se ve afectada visitamos a un médico. Cuando tenemos situaciones legales consultamos con un abogado. Cuando queremos disfrutar de una buena cena buscamos un buen restaurante. Lo mismo debe ocurrir cuando necesitemos un contador. Es importante que sepas escoger al óptimo profesional contable para tu negocio. No tomes riesgos innecesarios.

Mi nombre es Gastón R. Cortés y soy contador público certificado en el estado de la Florida, Estados Unidos. Desde 2005 me he dedicado a ayudar a familias, negocios y empresas locales e internacionales brindándoles el debido asesoramiento para que tengan un sistema contable firme y que sus declaraciones de rentas e impuestos, que es necesario presentarles a los gobiernos federales y locales, cumplan con todos los requisitos y estén bajo todas las normas establecidas por las leyes gubernamentales.

Muchos de mis clientes son jóvenes emprendedores que buscan hacer negocios en los Estados Unidos. Algunos de ellos deciden invertir en bienes raíces; otros en restaurantes, cantinas y negocios de comida rápida; y otros en compañías que se dedican a proveer servicios a la comunidad. Con los años he podido comprobar que no importa tanto el tipo de negocio que se adquiera como el hecho de contar con la educación financiera adecuada para alcanzar el éxito. Ello incluye reconocer la importancia de tener un sistema contable consistente, seguro y capaz de mantener la salud financiera de una empresa.

En 2014 tuve el gusto de conocer al señor Fernando González. Tan pronto nos conocimos establecimos una buena química, no solo desde el punto de vista de la relación contador-cliente, sino que establecimos una amistad que se ha fortalecido durante todos estos años. Es un placer conversar con Fernando sobre la importancia que tiene para todo negocio contar con un gran equipo de trabajo, incluido uno contable competente y profesional. Fernando es un ejemplo a seguir para muchos emprendedores. Él cuenta con un gran equipo que lleva sus libros contables, encabezado por la señora Patricia Marín, y además tiene todo mi apoyo y el de mi empresa.

Dos elementos fundamentales que necesitan ser controlados por los empresarios son el flujo de efectivo y la utilidad neta de la empresa. Muchos argumentan que la utilidad neta es lo más importante. Yo sostengo que el flujo de efectivo es el elemento crucial para el desarrollo y bienestar de cualquier negocio. La falta de efectivo es la razón que por lo general lleva a la quiebra a la mayoría de las empresas, sobre todo a las más jóvenes. Por eso es tan importante tener un equipo contable capaz de tener el control del flujo financiero de manera continua.

A la hora de crear un equipo es fundamental conocer la diferencia entre un contable *amateur* y uno profesional. Ambos poseemos un título, pero lo que nos diferencia es la experiencia adquirida durante años de práctica, ayudando a empresarios como Fernando. No se trata solo de llevar la contabilidad y de la presentación de declaraciones de rentas. Lo más importante es la planeación y asesoría necesarias para darles soporte a empresas tan exitosas como las de Fernando, creando sistemas contables y de control financiero. Es crucial que todos los empresarios contraten servicios contables con experiencia y con licencia de prácticas. Para ello te aconsejo que realices un proceso de diligencia previa con el fin de examinar la historia del contador, su experiencia, su conocimiento y, sobre todo, su disponibilidad para servirle al público, consultando con otros dueños de negocios y con profesionales, revisando la historia de la compañía cuyos servicios quieres contratar, así como su prestigio, sus años de operaciones y su jerarquía en comparación a otras compañías contables; verifica que se trate de una entidad que trabaje en equipo y que se enfoque en ayudarles a sus clientes con ideas, observaciones, consejos y con su experiencia a través de los años.

Algunos empresarios se preocupan mucho por el costo de un buen equipo contable. Otros simplemente deciden no contar con ninguno. Por desgracia veo muchas compañías y negocios que sufren y llegan a la quiebra por no contar con un equipo que controle la salud financiera de la empresa. Mi experiencia me dice que para que un negocio triunfe debe incluir un buen sistema contable con un buen programa de contabilidad, un tenedor de libros interno y un contador público certificado independiente que sea un socio leal de su cliente, que conozca los posibles giros del negocio y lo asesore en todo el desarrollo del ejercicio.

Una gran parte de mis clientes son locales y llegan a mi compañía referidos por otros clientes, pero también me dedico a apoyar a clientes internacionales a iniciar sus negocios y empresas en los Estados Unidos, orientándolos con las estructuras corporativas que optimicen sus negocios y disminuyendo los impactos fiscales, tributarios y de traspasos de herencias. Les aconsejamos cómo estructurar sus servicios, cómo llevar sus libros contables, les explicamos cuáles son las obligaciones y deberes tributarios locales y les proveemos herramientas para que puedan crecer. Además, los encaminamos en la preparación de sus declaraciones fiscales de impuestos con las autoridades federales y locales.

También es muy importante mantenerse al día, ya que siempre hay algo nuevo que aprender, dado que el código tributario de los Estados Unidos es muy complejo y extenso, y además está sujeto a cambios constantes realizados por el gobierno. Los empresarios deben considerar imprescindible contar con expertos a su lado.

El costo de no tener, por ejemplo, la mejor asesoría contable y fiscal suele ser fatal para un negocio en el largo plazo. Una empresa puede incluso llegar a la quiebra por la falta de controles contables y financieros internos. A la vez, no conocer las leyes tributarias y fiscales conlleva a penalidades, intereses y multas con el gobierno, sin mencionar la fatiga y el estrés que causa este tipo de situaciones. Además, es muy importante que el dueño de negocio, con los avances tecnológicos y el internet, considere la tecnología que el contador utiliza en su trabajo diario.

A lo largo de los años he podido ver cómo Fernando, en su función de líder, ha logrado hacer crecer sus negocios, contando con un buen equipo, lo cual le ha ayudado a convertirse en un empresario exitoso. Para todos los empresarios —jóvenes, nuevos, mayores, retirados, etc.—, poseer un gran equipo es clave en todo lo relacionado al desarrollo de un negocio de éxito, así como para el crecimiento de su empresa, para su bienestar financiero y su salud.

"Los números hablan", decía un empresario amigo. Los números te muestran los resultados y te llevan a donde quieras llegar. La mayor parte de la gente desconoce esta verdad y solo se preocupa de su historial de crédito, adquiriendo deudas constantes que no conllevan ningún ingreso (*deuda mala*). El inversionista exitoso mantiene sus estados financieros actualizados para estar preparado cuando aparezca la oportunidad de adquirir algún activo que le produzca flujo de efectivo positivo (*deuda buena*).

Por todo esto, para mí es imprescindible contar con un equipo que me ayude a mantener todos esos trámites en orden. En mi caso, he decidido delegar esta tarea en otras personas —expertas en estos temas— y yo las superviso y me centro en mi talento natural: la parte creativa.

Ana Cecilia también se encarga de una de las cuestiones más importantes cuando se trata de la inversión en bienes raíces. Ella es la *Property Manager*. Cada vez que es necesario pintar uno de los departamentos o cambiar los muebles, Ana Cecilia está al frente de organizarlo todo. Además, se ocupa de buscar la manera de incrementar el valor de la propiedad con el fin de aumentar el flujo de efectivo que esta nos genera.

Otra rama en la que estoy plenamente involucrado como inversor en bienes raíces es la comercial. Poseo múltiples almacenes en Utah. Ana Cecilia es quien se encarga de gestionar su mantenimiento y de conseguir que estén rentados incluso en periodos tan complicados como los actuales. En estos momentos estamos buscando venderlos y comprar otro grupo de almacenes en otro estado, puesto que nos ofrecen una mayor rentabilidad. Recuerda lo que ya antes comenté: los ricos solo venden un activo para comprar otro que les ofrezca un mejor retorno de la inversión. Es lo que Robert T. Kiyosaki llama *la velocidad del dinero*.

El tercer tipo de inversión en bienes raíces que realizo son los remates bancarios. Cuando un banco no recibe el pago de su préstamo hipotecario solicita su liquidación. Esto hace que muchas propiedades lleguen a la Corte en los Estados Unidos y *entren en remate*. Son propiedades que casi siempre necesitan un proceso de reparación antes de ser puestas a la venta. Es un negocio arriesgado en el que, además de contar con un equipo, debes estar dispuesto a asumir un riesgo elevado. En esta área cuento con dos especialistas: mi abogado y un experto en reparaciones. Estas son inversiones que duran entre seis y ocho meses en mi patrimonio, frente a la inversión en propiedades residenciales o comerciales, las cuales suelo mantener, al menos, durante 10 años. Se trata de pura especulación, así que debo tener muy claro el presupuesto de compra y el de reparación para comprar propiedades que pueda vender, obteniendo una ganancia. Si no realizo una buena *diligencia previa*, sé que terminaré con un pasivo con el que perderé dinero cuando intente venderlo. La lista de propiedades que entran en remate puede ser de 80 a 100 en cada lote, así que es necesario conocer todos los detalles, visitar las más interesantes y saber el importe máximo que se puede pagar por cada una en función de su estado de conservación. Mi abogado es el responsable de realizar todas estas tareas y de comprobar si la propiedad tiene alguna demanda para así evitar pagar un sobreprecio o quedarme con algún pasivo.

Franco Schmatz es el encargado de la parte de las reparaciones. ¡Él consigue hacer maravillas para poner cuanto antes esa propiedad en el mercado! Por lo general, en este tipo de viviendas hay que sustituir el aire acondicionado, pintar, reparar los baños y cosas por el estilo. Una vez que el equipo de Franco termina su trabajo, ya puedo poner la propiedad en el mercado.

TESTIMONIO REAL

Franco Schmatz. Reparación de propiedades de subasta.

Hola, permíteme presentarme. Soy Franco Schmatz y tengo 20 años de experiencia en reparación de bienes raíces y 10 comprando en las subastas de las cortes de los condados de Miami-Dade y Broward. Junto con mi socio, quien tiene ya 15 años de experiencia, trabajamos con estas propiedades de las subastas. Él certifica que las propiedades se traten de las mejores oportunidades y de hacer el chequeo legal para no tener problemas en el futuro. Sin esa diligencia previa, ningún negocio tendría sentido. Yo me encargo del siguiente paso, que son las remodelaciones. Cuento con un equipo grande de especialistas en reparaciones y remodelaciones para poner las viviendas al más alto nivel de calidad, de modo que sean aptas para ponerlas a la venta o rentarlas al mejor precio.

Empecé en este negocio en el año 2010, luego de la crisis financiera mundial de 2008, que echó abajo los precios de las propiedades. Yo mismo perdí tres inmuebles, debido a que los pagos de la hipoteca subieron en los Estados Unidos y mucha gente se vio afectada. Pero entre

2010 y 2011 comenzó la recuperación, así que muchos inversores vieron la oportunidad de comprar propiedades reposeídas por los bancos y que estaban siendo subastadas, y yo me encargo de las reparaciones que sea necesario hacerles.

Fernando González es un gran inversor, con mucha experiencia y grandes resultados. Con él hago lo que mejor sé hacer: conseguirle buenas oportunidades en subasta y remodelarlas para venderlas o rentarlas. Él siempre consigue sacarle una ganancia sustancial a la inversión, es decir, un retorno sobre la inversión muy considerable. Actualmente los márgenes son mucho menores que entonces, pero este sigue siendo un negocio muy atractivo para inversionistas experimentados. Hay que estar bien preparado, tener la experiencia suficiente y contar con un buen equipo para poder sacarles provecho a las subastas, si no, se puede perder mucho dinero. Es imprescindible estudiar los títulos de propiedad para asegurarse de que esta no tenga ningún problema legal en el futuro, así como las deudas que esta pueda tener, coordinar junto con un abogado especializado la forma de conseguir la posesión y resolver cualquier problema que surja. Después de todo este proceso, yo me ocupo de todas las reparaciones que haya que hacer para dejar la propiedad en óptimo estado.

Todo este proceso, desde que compro la propiedad hasta que Franco termina las reparaciones y se vende, suele durar unos seis meses. Para que estos negocios del sector inmobiliario sean exitosos se requiere de mucha experiencia y estar rodeado de un buen equipo de expertos que se ocupen de los aspectos legales, reparaciones, etcétera, para poder llegar a tener una buena rentabilidad de la inversión.

Solo vendo un activo para comprar otro activo que genere un mayor retorno de la inversión.

Nunca vendas tus activos para comprarte caprichos o pasivos, pues acabarás teniendo que trabajar por dinero en vez de tener activos que trabajen para ti. Tal como me enseñó Robert T. Kiyosaki, cada vez que quiero comprar un capricho espero a que sean mis activos los que generen el suficiente flujo de efectivo para costear ese gasto.

> *Durante el día trabaja para cubrir tus gastos, pero recuerda que de 6:00 a 10:00 puedes construir tu imperio.*

Si deseas tener éxito, programa tiempo para tu iniciativa empresarial: diseña un plan, elige a tu equipo con cuidado, practica mucho, mejora tus habilidades, no les tengas miedo a los errores, comienza en pequeño y crea un modelo escalable. ¡Prepárate para triunfar cuando surja la oportunidad! Cuando se produce una caída en los mercados, aparece el verdadero inversionista. En ese momento los activos cambian de manos, porque el pánico se apodera de la mente de las personas. Eso da pie a una transferencia de riqueza.

Déjame que te lo explique con un ejemplo real. Carlos Slim, de origen libanés, es el empresario más rico de México y el número 12 del mundo. Él hizo su fortuna aprovechando que la economía mexicana colapsó en 1982. El país no pudo pagar su deuda externa y las empresas nacionales se vendieron a precios irrisorios. Cuando el gobierno mexicano decidió privatizar Teléfonos de México, Slim se lanzó por ella. Asociado con AT&T y France Telecom, compró 20% de la compañía. Las condiciones de la privatización molestaron a sus competidores: Slim consiguió siete años de monopolio en un momento en el que todas las empresas de telefonía alrededor del mundo tenían el dinero y la intención de expandirse a nuevos mercados. Aprovechando la crisis de las puntocom en el año 2000, Slim creó un imperio de telecomunicaciones en América Latina, adquiriendo participaciones en empresas de telefonía que habían quebrado, incluida AT&T Latin America. Tu visión puede llegar a ser "la gallina de los huevos de oro". Y tu equipo, si lo has armado correctamente, la complementará con las habilidades necesarias para hacerla realidad.

Bill Gates no creó Microsoft por sí solo, Elon Musk no construyó Tesla en solitario y Steve Jobs no levantó Apple individualmente. Todos ellos tuvieron una visión y un equipo técnico excelente a su disposición. ¿Te parece que estos ejemplos son muy complejos? ¿Inalcanzables? Entonces comencemos por algo más pequeño. ¡Para de leer ahora! Levántate y dirígete al comercio más cercano. Pregúntale al dueño si levantó su negocio sin ayuda. ¿Tú qué piensas? Si quieres llegar muy lejos, hazlo acompañado. Entra a formar parte de distintos equipos de trabajo con *insiders* —personas que dominen el tema de los negocios desde dentro— y ¡tu éxito estará asegurado!

En la actualidad formo parte del Equipo de Asesores de Robert T. Kiyosaki y a la vez tengo mi propio equipo de Rich Dad Latino para cumplir la misión:

> *Elevar el bienestar financiero de la humanidad.*

Considero un honor tener a Robert T. Kiyosaki como mi mentor y lo veo como mi hermano mayor. Siempre ha sido muy duro conmigo, pero yo sé que lo ha hecho porque ha querido hacerme un mejor ser humano y un empresario más exitoso. Robert T. Kiyosaki siempre me pone como un ejemplo de superación y perseverancia, el estudiante "C" que se incorporó a The Rich Dad Company, tras su propia transformación, para convertirse en el puente con el mundo latino y poder democratizar este conocimiento para que llegue a todos los emprendedores y así pasar *del miedo a la libertad*. Tras 21 años trabajando a su lado, me siento más que su discípulo. Mi relación con Robert y Kim va más allá de lo profesional, somos como una familia. Hacemos las cosas a la antigua, dándonos la mano. Es una relación de mutuo respeto y de una gran integridad, gracias a su generosidad y a mi esfuerzo constante por aprender y mejorar.

Robert T. Kiyosaki siempre está conectado con las mentes más brillantes del mundo. Siempre está leyendo y aprendiendo. Así que mantenerme a su lado por más de 21 años ha sido para mí un gran desafío intelectual, porque en el momento en el que él detecta que uno de los miembros de su equipo no está lo suficientemente preparado o comprometido, no tiene ningún problema en prescindir de él o ella.

Robert T. Kiyosaki nos reúne a todo el equipo de asesores, conocidos como los *Rich Dad Advisors* —del cual soy parte—, al menos dos veces al año, en las oficinas centrales de The Rich Dad Company, en Scottsdale, Arizona. En estas reuniones todos somos maestros reales, no académicos. Somos expertos que practicamos todos los días en la vida real aquello de lo que vamos a hablar. Contamos con un alto nivel de experiencia en nuestro campo y al mismo tiempo estamos dispuestos a compartir todo nuestro conocimiento por el bien común. En estas reuniones nos juntamos: Robert y Kim Kiyosaki (empresarios, inversionistas y expertos en educación financiera), también están Ken McElroy (experto en bienes raíces y administración de propiedades), Tom Wheelright (experto en contabilidad e impuestos), Josh y Lisa Lanon (emprendedores sociales), Garret Sutton (experto en temas legales y protección de activos), Blair Singer (especialista en la formación de equipos, ventas y el código de honor), Andy Tanner (especialista en activos en papel, acciones y opciones), y yo, Fernando González, como puente con el mundo latino en temas de educación financiera, emprendedor, mentor de emprendedores y organizador de eventos.

Para mí es un honor ser invitado a estas reuniones cerradas en las que cada uno de los asesores brindamos nuestra perspectiva y aportamos información sobre cuáles son los cambios que están ocurriendo en cada industria en la que somos expertos. Son reuniones creativas en las que cada asesor aporta su conocimiento y nadie juzga, sino que, tras analizar y discutir entre todos las distintas cuestiones, Robert toma decisiones según las conclusiones. Todas las reuniones con los asesores son de contexto: Robert T. Kiyosaki establece el contexto y la visión. Los aportes de cada uno de los asesores sirven para ampliar y entender ese contexto. No tratamos el contenido ni discutimos inversiones específicas. Es más, se trata de una premisa inviolable: no mezclar el contexto con el contenido.

En nuestra reunión en Phoenix, a finales de 2020, el contexto era, por supuesto, cómo la pandemia estaba cambiando la realidad económica a todos los niveles. Andy Tanner explicó cómo estaba cambiando el mercado de valores y las oportunidades existentes en cada momento, con ejemplos como Coca-Cola o la compañía de cruceros Carnival. Ken McElroy, por su parte, mostró cómo las tasas de interés, artificialmente bajas, estaban distorsionando el mercado de bienes raíces, haciendo que el precio de las propiedades volara. Ken comentó que el préstamo hipotecario a 30 años a tipos fijos extremadamente reducidos se había convertido en el nuevo activo. ¡La propia deuda se estaba convirtiendo en un activo! Ya que con la inflación existente y la prevista el dinero va a valer menos, con lo que será posible devolver el préstamo con dólares más baratos a la vez que las propiedades van a multiplicar su precio.

Tom Wheelright, por su parte, expuso sobre los motivos por los que muchas empresas no estaban recibiendo ayudas y estímulos, al no saber cómo solicitarlos correctamente, cumpliendo con todos los trámites burocráticos establecidos. También discutimos sobre la situación de los fondos de pensiones públicos en los Estados Unidos, que se encuentran quebrados en muchos estados como en California o Pennsylvania para policías o profesores. Y en mi caso particular, en nuestra última reunión, Robert me solicitó que le explicara al resto de asesores la situación que se vivió en Perú hace unas décadas con la inflación disparada, tal como ya te expliqué al principio de este libro y con ejemplos reales de cómo el dinero cada día valía menos al punto que el mercado se dolarizó, porque se perdió la confianza en la moneda local.

Para tratar los distintos temas nos dividimos en grupos de dos a tres asesores y estudiamos la situación y cómo esta afectaría nuestros negocios en particular y también a la propia Rich Dad Company. Antes de cada reunión con su equipo de asesores, Robert también nos propone estudiar un libro sobre educación financiera o desarrollo personal. Nos envía el título y nos pide a todos los miembros que lo leamos y lo estudiemos antes de la reunión. Libros como *The Road to Ruin*, de Jim Rickards, *El ego es el enemigo*, de Ryan Holiday o *Miracle Mornings*, de Hal Herod, son muy complejos, pero mágicos. Después, durante las reuniones, nos juntamos y discutimos qué es lo que dice cada autor. Siempre junto a su *flipchart* como soporte visual, Robert nos propone, por ejemplo: "Abramos el capítulo 4, página 82. ¿Qué está diciendo el autor en esta página?". Nos pregunta individualmente varias cuestiones y anota en el *flipchart* las respuestas. No nos solicita nuestra opinión sobre lo que el autor quiere decir en el libro, sino que nos reta a profundizar en lo que en realidad está diciendo. Esta es una de las características que distinguen claramente la forma de pensar y crear de Robert. Al profundizar en el mensaje y no quedarse en las opiniones que cada uno tenemos como lectores, se genera una gran claridad en todos los participantes. Además, mediante el uso de los gráficos y el *flipchart*, Robert evita la interpretación.

Otro dato que quiero compartir contigo, por si te inspira, es que graba todas las reuniones para que sirvan como material de estudio y aprendizaje. Como dice en su popular programa *Rich Dad Radio Show* en su canal de YouTube, invitándonos a todos a ver varias veces el mismo programa: "Con la repetición aprendes dos veces más".

No dudes en suscribirte a su canal si quieres estar al día en temas financieros, https://www.youtube.com/user/RDdotcom.

Robert T. Kiyosaki ¡realmente sabe hacer *magia*! Es un general con el don de la enseñanza, capaz de convertir en simple lo complejo. Durante las reuniones con el equipo él no tiene ningún problema en detener por completo la reunión si uno de los asesores da una interpretación incorrecta del mensaje del libro. Entonces nos aclara el tema hasta que exista una claridad total respecto al mensaje. No le importa si te parece bien o mal, su objetivo es que aprendas. Para Robert el equipo es el activo más importante y no se detiene hasta que todos tengamos claro el mensaje. La *magia* de Robert está en crear el contexto y ampliarlo y entenderlo con todo su equipo. En cada reunión con sus asesores o en cada evento que he realizado con él, Robert siempre aparece con algo nuevo, con una idea revolucionaria con la que nos sorprende a todos y nos reta a mejorar. Nunca hay dos reuniones, ni dos eventos iguales.

Robert T. Kiyosaki creó Rich Dad Company para darles respuesta a situaciones como las que se vivieron en 2020 y 2021, para los momentos en los que más problemas haya en la economía y en los que la educación financiera sea más necesaria que nunca. Es una compañía educativa con activos de propiedad intelectual: los libros de Robert y Kim, los libros de los asesores —incluido este libro que tienes en tus manos—, el juego de mesa CashFlow y todo el resto de activos digitales. Todos tienen una sola misión:

> *Elevar el bienestar financiero de la humanidad.*

Este mismo espíritu es el que yo he mantenido cuando he tenido la oportunidad de crear mi propio equipo: Rich Dad Latino. Tal como Robert hace con todos sus *advisors*, mi equipo crece y evoluciona, gracias al apoyo continuo de los líderes de mis equipos para llevar a cabo la misión:

> *Llevar la educación financiera a todo el mundo de habla hispana.*

A través de mis eventos he sido el encargado de llevar a Robert T. Kiyosaki por toda Latinoamérica, lanzando el proceso de expansión de Rich Dad y los clubes de CashFlow por todos los países de habla hispana. En Perú tengo el equipo liderado por Mario Soria y Tamara Leyton. También está Gianfranco Grados, de la empresa Colectiva. En México, está el equipo de Rodolfo Carrera, líder del grupo de Marketing y Comunicación de Apréndika. Somos unas 100 personas trabajando y colaborando en Rich Dad Latino.

Yo estoy en contacto diario con los líderes de los distintos equipos, un grupo mucho más reducido, con los que trato el contexto. Solo cuando es necesario superviso la ejecución y el contenido para asegurarme de que todo se está llevando a cabo según lo planeado. Para el resto, confío con total plenitud en todos ellos. Al igual que Robert, he decidido liderar desde el contexto y delegar en el contenido.

A finales de 2020 lanzamos "Cómo ganar en el 2021", un evento digital que ha sido la prueba de fuego del equipo de Rich Dad Latino. Algo totalmente nuevo para todos nosotros, por lo que enfrentamos nuevos retos, como la conectividad, la mayor interacción con la comunidad, etcétera. Ya habíamos realizado muchos eventos presenciales, sin embargo, el evento en línea supuso un reto importante que nos obligó a utilizar constantes simulaciones para corregir todos los errores. Pero gracias a su éxito hemos podido posicionar Rich Dad Latino como referente en temas de educación financiera en el mundo de habla hispana.

Además de todos estos equipos en los que lidero o colaboro, considero también como parte de mi equipo a consultores de primer nivel mundial como Tony Robbins o Jay Abraham. Invierto mucho tiempo y dinero en educarme con profesionales que están mucho más preparados que yo y esto me permite entregarle información de primer nivel a todo el mundo hispano, tal como ocurrió con el evento más grande a nivel educativo para toda América Latina: "Cómo ganar en el 2021".

En www.richdadlatino.com estamos para ayudarte a pasar *del miedo a la libertad* y a que el dinero trabaje para ti con la suficiente velocidad como para dejarte disfrutar de tu tiempo.

NETWORK MARKETING

> Las personas más ricas del mundo construyen redes.
> Todas las demás están entrenadas para buscar un trabajo.
> ROBERT T. KIYOSAKI

Un buen equipo humano tendrá una extrema importancia en el éxito de tus proyectos futuros. Tal vez estés pensando: "Yo estoy empezando. No tengo el dinero necesario para lanzar mi propio negocio, ni las relaciones, pero quiero formarme y a la vez ganar dinero. ¿Qué hago?". Esta es una inquietud lógica y puede haber muchas respuestas a ella, pero nos enfocaremos en una opción que me parece muy valiosa y que representa una oportunidad que va mucho más allá de una simple red de contactos. Estoy hablando de lo que se conoce como *network marketing*.

En términos simples, en una compañía de *network marketing*, a cambio de una pequeña inversión inicial, tendrás acceso de primera mano a un modelo de negocios que ya tiene éxito. Podrás ser parte de un equipo, ya sea vendiendo productos, servicios, reclutando o formando gente en un sistema que ya funciona y del que tendrás la oportunidad de ser un componente activo, viendo en detalle cómo gira cada pieza y cómo el negocio crece. Una experiencia de este tipo es importante en gran medida para desarrollar tus habilidades, seguir aprendiendo y construir una vasta red de contactos que te será útil para tus próximos proyectos.

Suena demasiado bueno para ser cierto, ¿verdad? El truco está en que ninguno de estos beneficios te caerá del cielo. Esto no es una suscripción a Netflix, donde te sientas en el sillón y todo el contenido llega hasta tu casa sin que te muevas del sofá. El nivel de recompensa que obtendrás a través del *network marketing* dependerá, exclusivamente, de tu propio trabajo y, para serte sincero, trabajando duro será la única forma en la que podrás encontrar gente magnífica.

Una red de contactos valiosa no se trata de una lista de números de teléfono donde apenas conoces la cara de la persona que está al otro lado, no. Los contactos de calidad se crean en el momento de trabajar juntos, cuando conoces a fondo a otra persona, reconociendo y respetando su trabajo y dedicación. Ahí es donde encontrarás tu posible *escuela de negocios.* En el *network marketing* la única forma de hacer que un excelente líder quiera trabajar contigo es demostrándole que lo vales. Tiene sentido, ¿no? Ahora, la pregunta es: ¿tienes lo que se necesita para mostrarle tu valor al mundo? Si la respuesta es afirmativa, déjame darte un par de consejos antes de que empieces.

Como en todo negocio, es necesario hacer una *diligencia previa.* Antes de lanzarte al vacío en una decisión apresurada, da un paso atrás, medita por un momento y comienza por investigar tus opciones. Compañías de *network marketing* hay muchas y es esencial que elijas con cuidado. ¿Cómo funciona su modelo de negocio? ¿Cuál es la trayectoria de la empresa? ¿Cuál es su sistema de entrenamiento? ¿Quiénes son los líderes y directores de la empresa? ¿Cuáles son sus productos y/o servicios? ¿Cuál es el respaldo financiero de la empresa? ¿Cuál es su plan de compensación? ¿Cuál es la opinión pública con respecto a la compañía y a su reputación? Todo esto es bastante importante, ya que, como dije antes, la idea de ingresar a una compañía de *network marketing* es *aprender de un sistema que ya funciona.* Si la compañía misma no funciona como debe ser, no merecerá la pena. Primero pregúntate: "¿Qué tipo de entrenamiento puede darme esta empresa? ¿Qué tipo de contactos encontraré ahí?".

Entrenamiento, contactos, experiencia. ¡Todo en un solo paquete!

Como verás, esta no es una decisión que debas tomar a la ligera. Más bien piensa que a pesar de que este tipo de compañías representa una oportunidad excelente, por desgracia el modelo de negocios, desconocido hasta cierto punto para el ciudadano promedio, a veces se presta para estafas piramidales que intentan atrapar a la gente mal preparada o avariciosa. ¡No seas uno de ellos por ningún motivo! Haz tu *diligencia previa,* infórmate como corresponde y únete a una compañía que tenga una reputación comprobable. ¡No dejes que te engañen!

El *network marketing* te dará una gran formación en diversos campos empresariales, pero debes estar preparado. Las redes de mercadeo serias y con buenos planes de compensación están contribuyendo a que muchas familias mejoren sus ingresos, evitando así un grave problema social, a la vez que acercan sus conocimientos a toda la gente que quiere aprender y no sabe cómo. Con esta educación financiera que estás adquiriendo empezarás a hablar el lenguaje del dinero y sabrás cómo crear activos. Pero para desarrollar tu propio toque de Rey Midas —quien convertía cualquier cosa en oro solo con tocarla— necesitas practicar y seguir aprendiendo. Recuerda:

Ser un genio requiere mucha práctica.

5
El simulador financiero CashFlow: practica en un ambiente seguro

Reprobé Español en la escuela, pero ahora lo hablo con fluidez
a través de mis libros y del juego CashFlow en español.
ROBERT T. KIYOSAKI

A lo largo de esta lectura ha habido unas cuantas ocasiones en las cuales hemos abordado temas que a simple vista parecen básicos o de sentido común. Sin embargo, por increíble que te parezca, es justo ahí donde se comete la gran mayoría de los errores. El motivo por el que muchos emprendedores permanecen estancados es que, aunque cuentan con el conocimiento teórico suficiente, cuando llega el momento de ponerlo en práctica invierten en pasivos en vez de activos, ignorando así cuál es el flujo de efectivo de su negocio.

Por lo tanto, procura encontrar un espacio que te permita practicar estos conocimientos y cometer errores en un entorno 100% seguro. Con este fin, como ya te he comentado, mi familia y yo utilizamos una de las herramientas más efectivas y didácticas en lo concerniente a adquirir educación financiera y ponerla en práctica: se trata del juego CashFlow. Te lo recomiendo.

No menosprecies el poder del aprendizaje a través del juego. Simular la realidad es una de las mejores maneras de retener conocimientos a través de la práctica. Según Edgar Dale, en su *cono del aprendizaje*, la forma en la que participas en el aprendizaje es la que en verdad define cuánto recuerdas. Cuanto más activa sea tu participación, mayor será tu grado de retención de lo aprendido. Por ello, Robert y Kim Kiyosaki crearon el *bestseller* mundial *Padre Rico, Padre Pobre* como manual de instrucciones y libreto de acompañamiento del juego CashFlow.

Cada vez que utilizamos juegos y simulaciones recordamos 90% de lo que hacemos y decimos. Sin embargo, a través de la formación académica centrada en el aprendizaje pasivo, solo retenemos de 10 a 20%, porque esta se limita a escuchar o leer. Participar en un juego de CashFlow nos acerca a entender los conceptos clave de la educación financiera más que leer un libro, asistir a una charla, etcétera. La diferencia reside en que al realizar juegos y simulaciones de manera activa, como ocurre con CashFlow, debatimos sobre lo que vamos aprendiendo durante el juego, y esta experiencia nos va preparando para el momento en el que tengamos que tomar esas mismas decisiones, u otras parecidas, en el mundo real.

CashFlow es un simulador financiero en el que descubres cómo la mayoría de las personas pasa toda su vida formando parte de *la carrera de la rata*. Esa trampa financiera consiste en levantarse para ir a trabajar, pagar impuestos, comprar caprichos y sumar deudas, mientras intentan ahorrar para su jubilación. Jugando aprenderás que la forma más eficiente de salir de esta *carrera de la rata* es comprando activos que te generen *flujo de efectivo*. CashFlow es una herramienta de formación financiera oculta dentro de un juego de mesa, con la cual te diviertes al mismo tiempo que, sin lugar a duda, aprendes sobre inversiones.

A lo largo del juego tienes la oportunidad de ponerte en el lugar de personas con diversidad de profesiones y experiencias, aprendiendo desde distintas perspectivas vitales, conociendo distintas circunstancias y cometiendo errores en un entorno seguro. Lo interesante es observar que uno de los puntos clave consiste en que no hay respuestas correctas ni incorrectas. Depende de ti aprender y descubrir qué es aquello que funciona y qué no. Concluirás por ti mismo que estar en *la carrera de la rata* es aburrido y laborioso y disfrutarás de lo emocionante que es la alternativa: la *libertad*.

Gracias a la dinámica del juego te darás cuenta de que es imposible salir de *la carrera de la rata* solo con un salario. También aprenderás a tramitar un préstamo bancario, a comprar activos y a diferenciar las buenas oportunidades de las malas. Te garantizo que esta experiencia te ayudará a aumentar tu cociente intelectual financiero y el de todos los demás participantes. Gracias al juego vislumbrarás cosas como la forma en la que se mueve el mercado de valores y cuál es el funcionamiento de la oferta y la demanda.

Cuando termines de jugar será evidente para ti que tu habilidad para reconocer oportunidades en la vida real —que otros no ven— ha aumentado en gran medida. Lo divertido es invertir como lo harías en la vida real si contaras con un buen nivel de educación financiera. Las personas que se resisten al cambio se aburren —al ser nada más espectadoras— y no consiguen ganar el juego, ni mucho menos aplicarlo a la realidad.

CashFlow también te enseñará a comprender los estados financieros, el estado de pérdidas y ganancias, el balance general y el flujo de efectivo. Por increíble que te parezca ¡muchos altos directivos no tienen ni idea de estos conceptos financieros tan importantes! Simplemente trabajan por dinero, pero ignoran cómo hacer que el dinero trabaje para ellos.

CASHFLOW: MI HERRAMIENTA EDUCATIVA EN LOS EVENTOS

Jugar CashFlow es una de las actividades prácticas más importantes que se realizan en los eventos de educación financiera que llevo a cabo junto con Robert T. Kiyosaki. Los participantes se dan cuenta enseguida de los conceptos fundamentales que se requiere manejar, al mismo tiempo que aprenden a trabajar en equipo, porque, al igual que en el transcurso de la vida, hacer negocios en solitario es una experiencia tediosa. Cuando los jugadores participan activamente en el juego con sus compañeros, y cuando auditan las cuentas de los demás, toman decisiones más inteligentes y su cociente intelectual financiero aumenta.

El juego da la oportunidad de practicar con dinero ficticio y conocer lo que se siente frente a una oportunidad de inversión que en la vida real puede llegar a ser paralizadora. ¡Es una experiencia increíble! Sobre todo cuando se juntan personas afines, comprometidas con su aprendizaje y con su anhelo genuino de llegar a tener éxito, no solo en el juego, sino en la vida real.

En los eventos de Robert T. Kiyosaki, cuando llega el momento de jugar CashFlow, lo primero que se les enseña a los jugadores es cómo registrar sus ingresos y sus gastos. Para ello utilizo una representación visual de la hoja o un pizarrón en el que voy guiándolos por medio de gráficos, paso a paso, para que rellenen de manera adecuada su hoja del juego. Así, los participantes son capaces de registrar toda la información, y ¡por primera vez, logran entender la verdadera diferencia entre *activos* y *pasivos*! Al ser ellos mismos los encargados de completar el estado financiero, empiezan a entender sus finanzas. Te explicaré esto en profundidad más adelante, cuando llegue el momento de analizar cómo es el juego por dentro.

Otra de las cualidades de CashFlow es que pone en evidencia el verdadero comportamiento de las personas —sin dudas es una radiografía perfecta de las diversas personalidades—. Ahí observamos cómo muchos participantes se enojan cuando se ven perdiendo dinero, pero después de dos o tres turnos logran dominar sus emociones y comienzan a aprender. Entonces la energía en la sala aumenta y todos nos divertimos mucho. Algunos jugadores temen cometer errores, incluso sabiendo que se trata de un juego. Así que, cuando detecto este tipo de situaciones, los motivo a que hagan lo opuesto: superar sus miedos y lanzarse de lleno, de tal modo que lleguen a tener un verdadero aprendizaje. Otros, con un carácter más fuerte, hasta se molestan cuando detengo el juego para continuar con el aspecto formativo de la reunión, ¡pues la están pasando genial y su adrenalina se encuentra por las nubes! Jugar es todo un reto para los participantes que llegan sin ningún conocimiento de cómo se lee un estado financiero, y eso que a los eventos se inscriben y asisten infinidad de dueños de negocios que creen saberlo todo o que están convencidos de que estos conceptos son muy básicos.

La tasa de éxito entre los participantes, en cuanto a los aprendizajes sobre educación financiera que se logran con el juego como herramienta, es de 98%. Esto es, en parte, gracias a la ayuda didáctica que ofrecen las gráficas. Yo creo que la razón por la cual no se alcanza el 100% es porque siempre hay alguien que está más preocupado por mirar su celular que por aprender. En esos casos no hay mucho que se pueda hacer.

Como la mayoría de los participantes en los eventos de Robert T. Kiyosaki todavía no ha jugado nunca CashFlow, decidí hacer un experimento en una sesión y no utilicé apoyos visuales ni ejemplos como los que aparecen en el manual de uso. Los resultados fueron desastrosos: 80% de la gente colocó la información en el sitio equivocado y eso que tardaron más de una hora. Malinterpretaron las instrucciones, y cuando comenzó el juego todo estaba dispuesto para el fracaso, porque sus registros no eran precisos. No hubo avance ni transformación. Así que, gustosamente, volví a mis gráficas.

Con las gráficas consigo brindarles a los asistentes una clara explicación en cuestión de 20 minutos, ya que ellos se dan cuenta rápido de cómo funciona el juego y pronto están listos para lanzarse a disfrutar del aprendizaje que les brinda el hecho de jugar CashFlow. Siempre, antes de seguir, suelo solicitarle a algún participante que me explique qué es lo que ha comprendido, corrijo posibles errores y así todos los asistentes al evento salen beneficiados. Uso esta estrategia para que ellos se den cuenta de que tenemos que evitar a toda costa la interpretación, sobre todo cuando estamos aprendiendo a ser empresarios e inversionistas exitosos. El verdadero poder de las gráficas es que ayudan a entender y cimentar aquellos conceptos que no hayan quedado claros, porque obligan a simplificar lo complejo. Esta es una habilidad muy apreciada en el mundo de los negocios. Saber cómo utilizar gráficas hace que todo el conocimiento en cuestión sea más sencillo de transmitir, consiguiendo así un mayor impacto.

Al finalizar, tanto en los eventos presenciales como en los juegos que realizamos en línea a través de los clubes de CashFlow, siempre analizamos lo sucedido y compartimos lo que hayamos aprendido. ¡Es extraordinario ver cómo los jugadores empiezan a percibir su propia transformación! No ven el momento para aplicar en la vida real sus nuevos conocimientos.

Gracias a este ambiente seguro de aprendizaje las personas comparten sus experiencias reales con integridad, con lo cual se benefician el doble, porque el objetivo no es ser el más inteligente de la reunión, sino aprender juntos acerca de temas concernientes a la educación financiera. Además, nadie tiene miedo de hacer preguntas, porque siempre se deja claro que no hay preguntas tontas, sino dudas sin resolver. Tampoco se requiere que sean los facilitadores los que respondan a alguna duda, puesto que las respuestas siempre provienen del resto de participantes.

¡Así es como se aprende sin perder, simulando la experiencia real!

JUGAR CASHFLOW: AUMENTA TU COCIENTE INTELECTUAL FINANCIERO

> Encuentra el juego en el que puedas ganar y compromete tu vida a jugarlo. Juega a ganar.
> ROBERT T. KIYOSAKI

Debido a la infinidad de beneficios que sé que recibirás, te recomiendo jugar CashFlow con tus amigos, con tu familia, con los miembros de tu equipo de negocios y con otros inversionistas de ideas afines. Te garantizo que experimentarás una gran transformación y que adquirirás una actitud mucho más ganadora que te acercará a disfrutar de tus objetivos financieros. ¿Qué te parecería organizar una sesión de CashFlow en tu lugar de trabajo el próximo lunes por la mañana? Presiento que dejarías *de piedra* a más de uno, pero te lo agradecerían toda la vida y el negocio se vería beneficiado por los nuevos conocimientos de tu equipo de trabajo.

Déjame que te explique el sistema del juego CashFlow. Lo primero es seleccionar al azar una tarjeta de profesión. Cada una tiene su nivel de *activos, pasivos, gastos, ingresos* y *ahorros*.

Tablero del juego CashFlow.

SU PROFESIÓN — MÉDICO

Copie todos los datos, excepto los 0, a su estado financiero y balance general.

OBJETIVO: Construya su Ingreso pasivo para que sea mayor que sus Gastos totales.

1 INGRESOS

Salario:	$13 200 USD
Intereses/dividendos:	$0 USD
Negocios/bienes raíces:	$0 USD

Ingreso pasivo:	$0 USD
(Flujo de efectivo de intereses + dividendos + bienes raíces + negocio)	
Ingreso total:	**$13 200 USD**

2 GASTOS

Impuestos:	$3 420 USD
Pago de la hipoteca de su hogar	$1 900 USD
Pago de préstamo educativo:	$740 USD
Pago de préstamo para automóvil	$ 380 USD
Pago de tarjeta de crédito:	$320 USD
Otros gastos:	$2 880 USD
Gastos por hijos:	$0 USD

Gasto por hijo:	$640 USD

(NOTA: Todos los jugadores comienzan el juego sin hijos)

Gastos totales:	**$9 650 USD**
Flujo de efectivo mensual:	**$3 550 USD**

3 ACTIVOS

Ahorros:	$ 400 USD

4 PASIVOS

Hipoteca de la casa:	$ 202 000 USD
Préstamos educativos:	$150 000 USD
Préstamos para automóvil:	$ 10 000 USD
Tarjetas de crédito:	$10 000 USD

Tarjeta de profesión del juego CashFlow.

Supongamos que la profesión que te correspondió fue la de médico y que devengas un salario de 13 200 dólares. Tus gastos totales son de 9 650, de los cuales 3 350 corresponden a impuestos y 2 880 a otros gastos de alimentación, transporte, etcétera. Cuando "tengas" hijos durante el juego deberás añadir un gasto de 640 por cada hijo. Además cuentas con 400 ahorrados y con las siguientes deudas por las cuales pagas intereses (detén por un momento la lectura y analiza los números hasta que tengas la claridad suficiente sobre ellos).

CONCEPTO	PASIVOS	GASTOS
HIPOTECA	202 000	1 900
PRÉSTAMOS EDUCATIVOS	150 000	750
PRÉSTAMOS PARA AUTOMÓVIL	19 000	380
TARJETAS DE CRÉDITO	10 000	320

Durante el juego podrás cancelar tus deudas y así reducir los importes que pagas por el interés de estas. El propio juego te ayudará a diferenciar entre *deudas buenas* —las que sirven para financiar la compra de activos que llevan dinero a tu bolsillo— y *deudas malas* —las que se utilizan para comprar caprichos—. Además comprobarás cómo esos gastos son los que te mantienen en la carrera de la rata, trabajando para pagarlos.

Otra parte importante del juego es la "Hoja del estado financiero". En ella registrarás los ingresos y gastos, junto a los activos y los pasivos, permitiéndote calcular con gran facilidad cuál es el *flujo de efectivo* que recibirás en cada día de pago. En ella anotarás todos los movimientos que realices hasta conseguir salirte de *la carrera de la rata*.

PROFESIÓN _____   **JUGADOR** _____

OBJETIVO: Salga de la Carrera de la Rata y entre en la Vía Rápida acumulando su **Ingreso pasivo** para que sea **mayor** que sus **Gastos totales.**

Declaración de Ingresos

1 INGRESOS

Salario: _____
Intereses/dividendos _____

Negocios/bienes raíces _____

AUDITOR _____
(Persona a su derecha)

Salario $ _____

+ Ingreso pasivo $ _____
(Flujo de efectivo de intereses + dividendos + bienes raíces + negocio)

= Ingreso total $ _____
(Salario + ingreso pasivo)

2 GASTOS

Impuestos:
Pago de la hipoteca de su hogar
Pago de préstamo educativo:
Pago de préstamo para automóvil
Pago de tarjeta de crédito:
Otros gastos:
Gastos por hijos:
Pago del préstamo

Número de hijos
(Comience el juego sin hijos)
Gasto por hijo $ _____

– Gastos totales $ _____

– Flujo de efectivo mensual (Día de pago) $ _____
(Ingreso total– Gastos totales)

Balance general

3 ACTIVOS

Ahorros:

Acciones/fondos/CD	Cant. de acciones	Costo/acción

Negocios/bienes raíces	Pago inicial	Costo

4 PASIVOS

Hipoteca de la casa:
Préstamos educativos:
Préstamos para automóvil:
Tarjetas de crédito:
Préstamo:

Negocios/bienes raíces:	Hipoteca/pasivo

Ahora te pido que detengas la lectura por un momento e intentes llenar esta "Hoja del estado financiero" del juego, utilizando los datos de la tarjeta "Profesión Médico" que te compartí en las páginas anteriores. Cuando lo hayas hecho, descarga la hoja diligenciada correctamente en www.richdadlatino.com/hojajuegocashflow y comprueba tus aciertos y errores. No es tan fácil como parece ¿verdad? Si te surge alguna duda al respecto, no dudes en ponerte en contacto con cualquiera de los clubes de CashFlow de Latinoamérica.

En el juego, para lograr salirte de *la carrera de la rata* tienes que aumentar tus *ingresos pasivos* hasta superar tus gastos totales. Estos ingresos pasivos bien pueden proceder de una propiedad inmobiliaria, de dividendos o de un negocio pequeño que genere *flujo de efectivo* en cada *día de pago*. Una vez que salgas de *la carrera de la rata* ya habrás conseguido la tan soñada libertad financiera y pasarás a la *vía rápida* —en la que ejercitarás tus habilidades de inversor comprando grandes negocios—.

Durante el juego tendrás la opción de caer en distintas casillas:

- "Día de pago": cobro del flujo de efectivo mensual.
- "Oportunidad": los pequeños y grandes negocios en los que tendrás la oportunidad de invertir. Por ejemplo, una compra de oro, acciones o bienes raíces. Ahora, si tú no quieres hacer uso de ella, también puedes ofrecerle la oportunidad a otro jugador. No todos los negocios te convienen, así que te corresponde analizar si son apropiados o no para ti, según sea tu situación financiera. Por ejemplo:

CASA EN VENTA – 3 HAB. Y 2 BAÑOS

Debido a un cierre de bienes raíces, aparece repentinamente una bonita casa para alquilar de tres habitaciones y dos baños. Propiedad antigua bien mantenida actualmente con inquilino.

Use esta oportunidad usted mismo o véndala a otro jugador.

38% de ROI, puede venderse entre $65,000 USD y $135,000 USD

Costo: $65,000 USD   **Hipoteca: $60,000 USD**
Pago inicial: $5,000 USD   **Flujo de efectivo: +$160 USD**

ACCIÓN DE CÍA. FARMACÉUTICA OK4U

Las tasas de interés perjudican el precio de las acciones para esta antigua compañía farmacéutica.

Solo usted puede comprar tantas acciones como desee a este precio.

Todos pueden vender a este precio.

Símbolo: OK4U　　　　　　**Precio de hoy: $5 USD**

Sin dividendo (rendimiento o ROI = 0 %)

Banda de precios bursátiles: $5 USD a $40 USD

- "Mercado": donde puedes vender tus propiedades, tu oro, tus negocios o sufrir un revés en uno de tus edificios.

EL PRECIO DEL ORO ESTALLA

El Banco Central imprime dinero en un intento por impulsar la economía, lo que ocasiona una inflación masiva. El precio del oro se dispara.

Un comprador ofrece $1,000 USD en efectivo por cada moneda de oro.

Todos los que poseen monedas de oro de 1 onza pueden vender a este precio

Al leer las tarjetas en voz alta, todos los jugadores comparten la información, y de ese modo van aumentando su aprendizaje.

Para ganar el juego necesitarás salirte de *la carrera de la rata*, entrar en la *vía rápida* y aumentar tus ingresos pasivos en 50 000 dólares. El objetivo primordial de jugar CashFlow es hacer crecer tu inteligencia financiera. ¡Anímate y practícalo junto con tu familia, tus amigos, tu equipo de negocios o en nuestros clubes de CashFlow en Latinoamérica!

LOS CLUBES DE CASHFLOW EN LATINOAMÉRICA: ENTRENAMIENTO PARA EL EMPRENDEDOR

He tenido la grata oportunidad de liderar la creación de los clubes de CashFlow por todo Latinoamérica: Perú, México, Paraguay, Bolivia, Chile, Argentina, Ecuador, Costa Rica, etc. Y junto con mi equipo los impulsaremos aún más en los próximos años, puesto que estoy 100% convencido de que esta es la manera más eficaz de contribuir a la educación financiera de los emprendedores y sus familias.

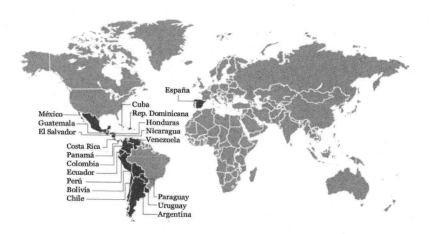

Somos una comunidad global al frente de la cual existen varios líderes en diferentes países y decenas de *personas enseñando a personas*, todas y cada una de ellas impulsadas por una única misión:

> *Elevar el bienestar financiero de la humanidad.*

Muchos opinan que se trata de un juego caro para adquirirlo y jugar en casa, pero yo suelo afirmar: "¡Caro sí que te sale no tener toda esta información y quedarte atrapado para siempre en *la carrera de la rata*!".

¿Cuánto tiempo y dinero empleaste en tu formación universitaria sin que aprendieras nada sobre educación financiera? No te estoy sugiriendo que no vayas a la universidad, puesto que la educación académica es una base de gran relevancia en la vida. Lo que te quiero decir es que todos necesitamos complementar con educación financiera los conocimientos aprendidos en nuestro campo de acción,

cualquiera que este sea. De lo contrario, solo serás un profesional sin
ningún activo, atrapado a lo largo de tu vida laboral en *la carrera de
la rata*, con la única esperanza de cobrar una cuantiosa pensión de
retiro, cosa que es probable que nunca suceda, como le ocurrió a mi
padre. Pero como siempre digo:

> *La esperanza largamente postergada enferma el corazón.*

Los clubes de CashFlow se crearon para compartir la experiencia
de jugar con otras personas que te aporten nuevas ideas, sin necesidad
de comprar el juego. No dudes en ponerte en contacto con alguno de
nuestros líderes a lo largo y ancho de toda Latinoamérica a través de
www.richdadlatino.com.

¡A jugar!

TESTIMONIO REAL

Mario Soria Sevilla, líder del Club CashFlow Perú.

Mi nombre es Mario Soria Sevilla, soy de Lima, Perú, y me encantaría
contarte cómo el juego de CashFlow cambió mi vida.

Nací en una familia con unos valores bajo el "viejo mantra" de ve a la
escuela, saca buenas notas y consigue un buen trabajo; y, además, con la
mentalidad de ser empleados o autoempleados. Hacer negocios e inversiones no formaba parte de la mentalidad ni del vocabulario de mi familia.

Así que terminé la universidad, me gradué con honores como econo-
mista y busqué el "trabajo seguro". Conseguí el preciado trabajo soñado,
ingresando al Banco Central de mi país —el lugar donde se "fabrica" el
dinero—. Pero a pesar de que ganaba muy bien y tenía una estabilidad
laboral increíble, sentía que me faltaba algo más.

Una noche me invitaron a jugar un juego de mesa sobre el dinero y
fue entonces cuando jugué por primera vez CashFlow. Admito que aquella experiencia me cambió la vida. En esa ocasión no salí de la "carrera de
la rata" —el círculo financiero donde se encuentra atrapado el 90% de las
personas en el mundo, en ese ciclo continuo de levantarse todos los días,
ir a trabajar y recibir un sueldo—. Pero una idea abrió mi mente: "Existe

otro camino, no tengo que trabajar todos los días hasta que cumpla 65 años y me jubile con una pensión que de seguro no me va a alcanzar para cubrir mis gastos. Puedo invertir, hacer negocios y jubilarme joven y rico".

¿Te gusta esa idea? ¡A mí me encantó! Y como dice este libro, empecé a trabajar en mi empleo de 9:00 a 5:00 y a pensar cómo crear mi imperio a partir de las 6:00 de la tarde. Decidí comprarme mi propio juego de CashFlow y también empecé a leer los libros de Robert T. Kiyosaki. Y cuando tuve la oportunidad, no dudé en ir a los Estados Unidos y entrenarme con él y su equipo. Así me convertí en capacitador de capacitadores de CashFlow. De esa manera comenzó mi camino hacia la libertad financiera: invertí en bienes raíces, acciones, opciones, realicé diferentes negocios (quebré varias veces) y me tomó 10 años alcanzar la meta de la libertad financiera.

Gracias a practicar CashFlow con frecuencia, mi mente cambió y comencé a pensar como un dueño de negocio e inversionista. Comencé a identificar las oportunidades que se presentaban a mi alrededor, a analizar y entender los números que hacen que el negocio funcione y también a crear activos, usando la deuda a mi favor, identificando cuáles son los buenos negocios y los malos negocios, y logrando con los años mi libertad financiera. Y lo mejor de todo es que he podido compartirlo con mi familia y mis seres queridos.

CashFlow es un simulador financiero que nos permite ver las consecuencias de nuestras decisiones financieras. Nos enseña a pensar en cómo crear negocios e inversiones en beneficio de una mejor calidad de vida. Si tomamos las decisiones correctas y aprendemos a surfear las olas del mercado, podemos obtener la deseada libertad financiera y alcanzar nuestros sueños. Y si eres de los que tiene miedo o toma decisiones muy osadas, el juego te enseñará qué es y en qué consiste una buena o mala decisión. Existen diferentes caminos hacia la libertad financiera y la práctica de este juego te mostrará cómo lograrla.

Actualmente, junto con Fernando González, lidero una vibrante comunidad de personas de toda Latinoamérica. Juntos hemos entrenado a miles de personas e incluso algunas de ellas ya alcanzaron su propia libertad financiera. En la comunidad nos juntamos semana tras semana para practicar CashFlow y aprender lecciones de inversión, negocios, inteligencia emocional y muchas cosas más. Realizamos las sesiones de CashFlow en España, Canadá, los Estados Unidos, Perú, México, Paraguay,

Argentina, Bolivia, Chile, Colombia, El Salvador, Nicaragua, entre otros países vecinos.

También buscamos a quienes serán los próximos capacitadores que nos ayudarán a extender la misión que compartimos con Robert, Kim, Fernando y el equipo de Rich Dad Latino de "Elevar el bienestar financiero de la humanidad". Los candidatos son seleccionados y pasan por un proceso de entrenamiento práctico e intensivo para crear su propio Club de CashFlow. Así, también se convierten en agentes de cambio para sus familias, su comunidad y su país, y son parte de nuestro creciente equipo de líderes y capacitadores.

Si quieres, ¡tú también puedes!

Simular la experiencia real fue lo que aprendí en mi carrera como oficial de Marina, porque el entrenamiento es esencial para poder alcanzar la misión con éxito. Luego Robert me enseñó a utilizar este concepto en el mundo de las inversiones, donde la mente tiene que ser muy bien adiestrada, y aprendí a usar el simulador financiero CashFlow. Es una herramienta educacional muy completa en la que se aplican los principios de *Padre rico* y ahora gracias a la tecnología la puedes experimentar en línea accediendo a www.richdadlatino.com/cashflow.

6

De emprendedor a dueño de negocio: liderazgo

Mi consejo para quienes quieren ser líderes, es:
continúa practicando, recibiendo retroalimentación
y mejorando hasta que obtengas la respuesta que quieres.
Es tu responsabilidad. Esa es la esencia del liderazgo.
ROBERT T. KIYOSAKI

Antes de cambiar tu vida y dar el enorme paso de emprendedor a dueño de un gran negocio, tómate un momento para reflexionar. Para liderar necesitas saber dónde te encuentras, a dónde quieres llegar y qué tipo de obstáculos te separan de tus objetivos. Si reflexionas sobre todas estas cuestiones tendrás una imagen clara de lo que está por venir, lo que a la larga será muy valioso en todo lo concerniente a tu emprendimiento. Con este libro estoy mostrándote, a través de mi experiencia, algunos de los elementos que te ayudarán, como son la misión, el equipo y los sistemas. Sin embargo, para dar el salto y pasar de ser emprendedor a transformarte en el dueño de un gran negocio también es imprescindible la otra parte básica del Triángulo D-I: el liderazgo.

LA IMPORTANCIA DEL PROCESO CREATIVO

> En la Era Industrial el cambio era más lento. Aquello que aprendiste en la escuela fue valioso por un periodo más largo. En la Era de la Información lo que aprendes se vuelve obsoleto a gran velocidad. Es innegable que lo que aprendiste es importante, pero no lo es tanto como la rapidez con la que puedes aprender, cambiar y adaptarte a nueva información.
>
> ROBERT T. KIYOSAKI

Para adaptarse a los cambios del mercado, el dueño de un gran negocio necesita formación continua y estar siempre enfocado. Ese es el precio que hay que pagar para triunfar. ¿Estás dispuesto a pagarlo o prefieres ser parte de las estadísticas? Como ya te he dicho antes, nueve de cada 10 negocios cierran durante el primer año, y de aquellos que sobreviven, solo 10% llega al quinto año. Quien no se adapta rápidamente termina por desaparecer.

Richard Foster, profesor de la Universidad de Yale, develó lo siguiente en un informe que elaboró sobre las sociedades que integraban el índice bursátil estadounidense S&P 500 en la década de 1920: "La esperanza de vida de las compañías se ha reducido en más de 50 años en apenas un siglo". Concluyó que en el siglo pasado las compañías tenían un promedio de vida de 67 años. Otro estudio reciente de McKinsey revela que el promedio de vida de las empresas del S&P 500 en 1958 era de 61 años. Hoy es de menos de 18. McKinsey estima que en 2027 el 75% de las empresas que hoy cotizan en el índice S&P 500 habrá desaparecido: muchas habrán sido compradas, se habrán fusionado o irán a la quiebra —como sucedió con Enron y Lehman Brothers—.

Te recomiendo empezar por poner orden en tu vida. Te sugiero leer el libro *Mañanas milagrosas*, de Hal Elrod. Lo creas o no, esta lectura ejercerá un gran impacto en tu vida. Crea continuamente las ideas, el ambiente y el espacio propicio para triunfar. Ten presente que dentro de ti están todas las respuestas que necesitas para lograr adaptarte y que lo único que necesitas es aprender a silenciar tu mente y a abrirle la puerta a ese espacio interior en el que habita la creatividad de la cual requiere todo ser humano para crecer. Es imperioso que te conviertas en el creador de tu destino. Nadie ha dicho que esta sea una meta fácil, pero ¡si lo fuera, todo el mundo la lograría!

Yo, por ejemplo, he desarrollado el hábito saludable de despertarme a las 5:00 a. m., de lunes a jueves, con el fin de dedicar una hora entera para mí. Durante ese tiempo estudio y reflexiono sobre mis errores del pasado y actualizo mi sistema de creencias. Esta práctica me brinda mucha más energía que estar durmiendo, porque en ese momento soy muy productivo y disfruto a plenitud de una claridad absoluta. En esa primera hora estoy centrado, me siento inspirado y mi creatividad fluye de manera natural. No tengo prisa, estoy presente en lo que hago y hasta pierdo la noción del tiempo. Ese momento es para mí y solo para mí, sin ninguna interrupción. No abro el correo ni navego por internet. Considero que esa hora es mi mejor oportunidad para generar abundancia. Por eso es *sagrada*. Te recomiendo implementar este hábito a tu rutina diaria. Notarás magníficos resultados en todos los ámbitos de tu vida.

Además, como me encanta montar en bicicleta, el fin de semana me levanto a las 6:00 a. m. Así que desde la noche anterior preparo mi casco de protección, las luces de mi bicicleta, mi ropa de deporte, las vitaminas que voy a tomar y programo esta actividad en mi agenda personal. De ese modo, cuando suena la alarma, salto de la cama y, sin razonar ni un solo instante, empiezo mi rutina. Mi cerebro ya está programado desde la noche anterior. Es decir, genero el ambiente necesario para estimularlo y a las 6:00 a. m., en vez de sentir pereza, ¡ya me siento energizado!

Lo mismo hago cuando me siento en mi oficina a diseñar un nuevo proyecto para mis negocios o a analizar una nueva inversión. Sé que me tomará horas, así que antes de comenzar con mi labor ordeno mi escritorio, enciendo una vela para perfumar el ambiente y me digo:

"Aquí se sienta Picasso a crear".

Y una vez que he conquistado un objetivo, recompenso mi esfuerzo y me hago un regalo. No es necesario que sea nada espectacular, puede ser algo simple como un capuchino, una camiseta nueva para montar en bicicleta, ir al cine, etc. El hecho es que siempre celebro mis pequeñas victorias, porque ellas son las que me llevan a las grandes.

¿Entiendes lo que quiero transmitirte? Tienes que crear un ambiente adecuado para tener tu mente lista para innovar y adaptarte a los continuos cambios.

Crea el ambiente, el tiempo y el espacio para dejar salir tu inspiración.

Para triunfar debes darle al proceso creativo la importancia que este tiene. Ya después le dedicarás tiempo a ajustar el presupuesto. Una vez cuentes con el planteamiento brillante de una idea, encontrarás la mejor manera de conseguir los fondos necesarios para implementarla.

El dueño de negocio o emprendedor convencional siempre está presionándose a sí mismo, pensando de dónde va a sacar el capital necesario para comenzar su proyecto. De ese modo —enfocándose en el aspecto económico—, está limitando sin querer su capacidad creativa. El momento adecuado para pensar en dicho aspecto no es durante el desarrollo de la idea, ya que nadie tiene todas las respuestas. Si no utilizas el momento creativo cuando estás inspirado para generar algo nuevo, estarás tirando piedras contra tu propio tejado, ya que terminarás ofreciendo siempre las mismas soluciones para los problemas que surjan en tu negocio y, lo que es peor aún, las mismas que ofrece tu competencia. Razón por la cual tus márgenes serán más pequeños, porque necesitarás un gran volumen de ventas para obtener un beneficio. Es decir, cobrarás cada vez menos por hacer lo mismo.

Céntrate en crear y no discutas cómo se va a llevar a cabo, cómo se hará. Esa tarea es responsabilidad del equipo, que tendrá que usar sus capacidades e imaginación para dividir la tarea en pequeños pasos y sacar el proyecto a la luz. Más adelante sí deberás efectuar pruebas para localizar y corregir errores durante la ejecución hasta conseguir tu objetivo. Incluso podrás ocuparte de los detalles —si fuera necesario—. Pero ahora, no. Enfócate en crear. ¿Cuál es el siguiente *cambio disruptivo* que quieres efectuar en tu negocio y cómo vas a lograrlo? Céntrate 100% en tu visión como líder y, entonces, tu ingenio te llevará a crear cosas fantásticas.

En mis cursos online, por ejemplo, el activo real no es el curso en sí, sino la mentalidad y la visión que crean algo nuevo. Esa es mi tarea, la parte creativa, respaldado por mi equipo —que es el que se ocupa de llevarla a la práctica—. Cualquiera puede tener un sitio web, por ejemplo, pero únicamente serás dueño de tu negocio si haces de tu trabajo un activo gracias a tu parte más creativa. Una vez que tengas esto claro, nunca volverás a trabajar por dinero, sino por flujo de efectivo, y el dinero trabajará para ti.

Gracias a mi fortaleza psicológica, a mi educación financiera y a mi creatividad, siempre he tenido la habilidad que se requiere para adoptar nuevas y diferentes unidades de negocio dentro de mis empresas, según las nuevas tendencias del mercado, adaptándome a las nuevas demandas, incrementando las ventas y, por lo tanto, mis ganancias.

Resistirse al cambio inevitable de los mercados no es nada saludable. Todos fuimos testigos de cómo Amazon cambió la forma en la que compramos las cosas: creando una cultura de ventas en línea con un simple clic. Primero, comenzó con libros, luego, con discos compactos. Y hoy en día cuenta con una plataforma robusta que te permite comprar casi cualquier cosa que se te ocurra. Como resultado, muchas empresas están luchando por sobrevivir, mientras que otras van desapareciendo. Varias cadenas de tiendas están cerrando, debido a que ahora la gente va al centro comercial, más que todo, buscando entretenimiento o ver el producto físico en vivo y en directo. Luego usa su teléfono para conectarse online y revisar los comentarios de otros usuarios que ya lo han comprado, evitando así preguntarle a un vendedor que, muchas veces, lo que hace es generar confusión para concretar la venta. Si todo parece estar en orden, el consumidor compra el producto en línea ¡y a menor precio! En otras palabras, Amazon ha cambiado la forma de comprar y a los centros comerciales no les ha quedado más remedio que buscar nuevas experiencias para sus visitantes, como convertirse en un lugar para disfrutar de una cena, para ir a tomar algo o para ver una película. Es un hecho que los buenos gestores de centros comerciales están reinventando su modelo de negocio, utilizando las tiendas vacías para construir lugares de trabajo (coworkings), espacios para iglesias o profesionales como dentistas o médicos, ya que poseen la ventaja de contar con amplios estacionamientos. Esa es una muy buena estrategia para adaptarse al cambio, ya que, si los dueños y administradores de estos sitios los mantuvieran haciendo lo mismo, lo más probable sería que se enfrentasen a la bancarrota en algún momento. Lo mejor es aceptar el desafío y ofrecer soluciones alternativas.

¿Qué te parece la gran oportunidad de ofrecerle soluciones nuevas al mercado? ¿Estás dispuesto a crear ese elemento disruptivo que te hará triunfar?

EL LÍDER CONTROLA LA INVERSIÓN

> Las personas sin conocimientos financieros que hacen caso de expertos financieros son como "lemmings" que solo siguen a su líder. Corren por la colina hasta caer en el océano de la incertidumbre financiera, esperando llegar nadando al otro lado.
> ROBERT T. KIYOSAKI

Además de ser consciente de la importancia del proceso creativo para el futuro de su negocio, un buen líder debe saber cómo ejercer siempre el *control* sobre el *flujo de efectivo* de su negocio.

> Ingresos – Gastos = Flujo de efectivo

Como te he comentado a lo largo de esta lectura, para tener el control sobre tus inversiones y negocios, siempre debes tener en cuenta:

Ingresos: ¿Cuántos ingresos te produce el negocio?
Gastos: ¿Cuáles son los gastos? (por ejemplo: agua, electricidad o mantenimiento)

Activos: ¿Cuál es el porcentaje de rentabilidad de la inversión (ROI, según sus siglas en inglés)? ¿Es posible incrementarlo? ¿Cuánto es el flujo de efectivo que genera?

Pasivos: ¿Cuánta deuda tienes que afrontar para poner en marcha el negocio? ¿Tienes la capacidad de pagar el préstamo con el flujo de efectivo que el negocio mismo te produce?

Equipo: ¿Quiénes te acompañarán en el manejo de esta inversión? ¿Quién es el abogado que te va a ayudar a proteger ese activo? ¿Quién es el contador que te ayudará a maximizar el flujo de efectivo?

Protección legal: ¿Ya tienes un seguro que te proteja en caso de que algo salga mal, como una inundación o un incendio?

Por ejemplo, si inviertes en la Bolsa de Valores o le entregas tu dinero a un planificador financiero, en realidad, no tienes control sobre ninguno de estos elementos y, en esencia, estás dejando tu inversión a la suerte. Salvo que tengas una posición mayoritaria, también llamada de control, al invertir en activos en papel no puedes influir sobre ninguno de los seis aspectos claves que te acabo de enumerar. Como accionista minoritario en la Bolsa de Valores, tú no tienes capacidad de decisión sobre los activos, pasivos o gastos de la empresa en la que inviertes. Así que invertir en un fondo mutuo o en acciones de la Bolsa de Valores es como estar en el asiento del pasajero sin cinturón de seguridad. Te recomiendo seguir a Andy Tanner, asesor de Robert T. Kiyosaki en estos temas, y suscribirte a sus *podcasts* en https://thecashflowacademy.com/show/.

Ineludiblemente, un buen líder que quiera alcanzar el éxito tiene que saber tener el control de sus inversiones. De ahí, el gran valor de contar con una magnífica educación financiera que nos permita sentarnos en la posición del conductor. No digo que invertir en activos en papel sea malo, pues todo depende del nivel de control que quieras ejercer en tu vida. El hecho es que, cuando invierto, prefiero ser el primero en cobrar y no me satisface el hecho de tener que depender de lo que me diga un planificador financiero, ni un empleado de banca, ni cualquier otro agente que se desenvuelva en el mundo de las finanzas. No importa si se trata de un profesional con una maestría en Administración de Empresas o con un doctorado en Negocios Internacionales —cualquiera puede tener una opinión o un título—. Menciono esto, porque estoy convencido de que, cuando te dedicas a los negocios, tú eres quien tiene que ocupar el asiento del conductor y estar en control de todos los aspectos: *ingresos, gastos, activos, pasivos y flujo de efectivo.*

Un líder exitoso, a la vez que tiene el control de sus inversiones, también debe rodearse de expertos que hagan el negocio real, no de académicos. ¿Cuántos amigos tienes con muchos títulos y diplomas, pero sin éxito? Ellos suelen ser el claro ejemplo del estudiante "A" que acierta en todas las respuestas en los test teóricos, pero no tiene ni la más mínima idea de cómo implementar toda esa teoría fuera de la hoja de papel. Existe una razón por la cual sucede esto y es que:

> *La constancia rebasa al talento.*

Hoy por hoy, prefiero asumir yo mis propios riesgos, educarme para aumentar las posibilidades de ganar y asumir la responsabilidad de mi dinero de manera directa, en vez de ponerlo en manos de terceros como, por desgracia, hizo mi padre en lo concerniente a su plan de retiro. Yo elijo ser el responsable de mi vida.

También he visto líderes de proyectos que, con el paso del tiempo, han acabado perdiendo el control y, a la hora de la verdad, han quebrado el negocio o generado pérdidas. Sentir confianza en uno mismo y en sus proyectos es bueno, pero cuando se trata de dinero, el inversionista debe dejar toda emoción de lado y ser 100% objetivo.

Tengo un amigo a quien llamaremos *Deseoso.* Cada vez que converso con él, me habla de proyectos, proyectos y proyectos de millones de dólares, pero el suyo nunca termina por concretarse. Lo peor del caso es que, desde hace 5 años, Deseoso maneja el dinero de algunos inversionistas y todavía no les ha generado ningún ingreso. La gente que confió en él está furiosa. A Deseoso también suele conocérsele como "sabelotodo", pues él cree que siempre tiene todas las respuestas, pero no concreta nada y, si le das un consejo, te responde: "¡Eso ya lo sé!".

Aquellos que invirtieron en negocios con él no tienen ningún control sobre la forma en que Deseoso utiliza el dinero que le dieron. A lo mejor, tú también conoces a más de un emprendedor así. Por esa razón, no es sabio hacer negocios con cualquiera. No seas como Deseoso —que habla mucho y no hace nada—. Sé el arquitecto de tu destino: invierte en tu educación, toma verdadero control de tus negocios y rodéate de gente que sepa más que tú. Antes de invertir con otras personas, asegúrate de saber cómo vas a recuperar tu inversión, cuál es el equipo detrás del negocio y cuáles son los sistemas. Por supuesto que todo eso te supondrá un gran trabajo, pero ese esfuerzo se verá recompensado más adelante, con los magníficos resultados que recibas de tu inversión.

Tu inteligencia financiera te ayudará a tener el control y a saber en todo momento dónde está tu dinero, si necesitas actualizar tus estados financieros, qué nivel de ingresos deberás alcanzar para lograr tu libertad financiera y cuánto tiempo te llevará llegar hasta allí.

¡El control conduce al éxito!

LA EXPERIENCIA NO TIENE SUSTITUTO

El dinero no va a los negocios con mejores productos o servicios, sino que fluye hacia los mejores líderes y al mejor equipo administrativo.

ROBERT T. KIYOSAKI

A lo largo de estas páginas, he estado hablándote de la posibilidad de comenzar con un emprendimiento pequeño al mismo tiempo que mantienes tu trabajo de 9:00 a 5:00 y sigues recibiendo ingresos, mientras vas aprendiendo a emprender. Así que, si ahora mismo te encuentras en esta situación, te recomiendo leer *Antes de renunciar a tu empleo*, de Robert T. Kiyosaki.

Yo comencé con un emprendimiento pequeño, ¿recuerdas? En 1994, cuando aún era oficial de la Marina, decidí emprender mi propio negocio durante mis horas libres. Cometí errores, por supuesto, pero a cambio, adquirí muchas habilidades. Había tomado la decisión de transformar mi vida y estaba aprendiendo a moverme en un medio diferente. ¡Fue duro, pero increíblemente apasionante!

Si analizo mi vida desde 30000 pies de altura, tengo que reconocer que he logrado el éxito, en parte, gracias a haber comenzado con poco, perseverando en mi anhelo de educarme día tras día en el campo financiero y aplicando paulatinamente todos esos conocimientos a mi propia vida. Conozco a muchas personas que se pasan el día entero esperando la hora de salida de un trabajo que aborrecen, pero que les garantiza un cheque fijo a fin de mes, sin atreverse jamás a dar el paso y cambiar sus vidas. Si esto te suena familiar, aún estás a tiempo, ¡fórmate y de 6:00 a 10:00 ve por tus sueños!

Gracias a mi educación financiera y a mi disciplina militar —que me enseñó a ser bastante ordenado y a enfocarme en lograr objetivos—, conseguí convertir cada error del camino en un aprendizaje que aprovechar en mi siguiente negocio. Así, conseguí multiplicar mis ingresos, minimizar riesgos y maximizar las utilidades. Las lecciones que aprendemos de nuestros errores dependen de nuestros conocimientos y experiencias previas, así que, ¡edúcate y actúa en consecuencia!

Podría contarte miles de situaciones en las que he obtenido un gran aprendizaje. Por ejemplo, en mi faceta de organizador de eventos. Este es un negocio que requiere de una gran capacidad para resolver problemas, puesto que, desde allí, manejo áreas muy sensibles. En cada evento surgen imprevistos que resuelvo de la manera más eficiente posible y todos y cada uno de ellos me brindan la oportunidad de crecer y mejorar. Pero, para asegurarme el éxito, parto de la premisa de que hay ciertos elementos básicos en los que no puedo permitirme fallar ni en el más mínimo aspecto: es imperioso definir bien el tema que se va a tratar, quién es el cliente, qué problema se va a solucionar, cuál es el mensaje y qué medios se van a utilizar para hacer el evento visible. También es crucial tener en cuenta que las circunstancias varían con el paso del tiempo. Por ejemplo, la publicidad tradicional ya no funciona. Aunque otorga presencia, no ejerce gran impacto en las ventas; además, en la actualidad, las redes sociales siempre están variando sus algoritmos y es innegable que esto afecta a una parte fundamental del negocio como lo son las ventas. De modo que, aunque ya sepa cómo lograr el éxito, cada seis meses, me veo obligado a revisar por completo todos los procesos, debido a que, aunque los principios siguen siendo los mismos, las partes móviles varían y es fundamental mejorar y adaptarme al máximo.

Un evento de educación financiera presencial, como los que he realizado con Robert T. Kiyosaki para 500 o más personas, está conformado en promedio por unas 2 000 partes móviles, así que sé, por experiencia propia, sé que, para alcanzar el éxito, debo situarme en una posición de control sobre todos esos elementos. No solo tengo que saber reaccionar y responsabilizarme de todo lo que suceda, sino asegurarme de contar con el equipo y los socios adecuados. Por consiguiente, si no les presto la debida atención a estos detalles y, por ejemplo, la logística no funciona a la perfección, la experiencia de los participantes se verá afectada sin lugar a dudas. Por esa razón, siempre me asocio con empresarios locales exitosos a los que conozco bien, que poseen una buena red de contactos y mucha experiencia en redes de mercadeo y promoción de eventos. Por el contrario, si me uno a las personas equivocadas, tendré un evento lleno de imprevistos y dificultades, así que elijo unirme a los mejores y enfocarme en lo que mejor sé hacer: crear un evento inolvidable.

Llevo más de 20 años trabajando con Robert T. Kiyosaki y haciendo eventos por toda Hispanoamérica y España. Toda esta experiencia me ha demostrado que el evento solo será un éxito si conduzco una campaña de marketing de alta calidad —además de asociarme con un *partner* local que conozca el mercado y contar con un conferencista de reconocido prestigio internacional, como lo es Robert T. Kiyosaki—. Es evidente que, si no hay ventas, no hay negocio y no podría cumplir mi misión:

Elevar el bienestar financiero de las personas de habla hispana.

En un evento, 60% del éxito corresponde al marketing, 20% al conferencista y 20% a las operaciones y la web de soporte.

En el evento online de diciembre de 2020, "Como ganar en el 2021", Robert T. Kiyosaki y los *advisors* aportaron un gran valor; pero a nivel empresarial fue un gran éxito gracias a que tuvimos claras las prioridades y nos esforzamos como equipo en crear un plan de marketing exitoso. En esa ocasión, lo primero que hicimos fue reconocer cuál era nuestro nicho de mercado —las personas a las que queríamos dirigirnos, quienes se beneficiarían de participar en el evento—. No sería el público en general, sino todos aquellos emprendedores que necesitasen reinventarse tras la pandemia de 2020: agencias de viaje, restaurantes, profesionales del sector de la mensajería, etc. Así las cosas, resolvimos centrar nuestros esfuerzos en crear un marketing claro, enfocado en ellos y ¡el evento fue todo un éxito! Recuerda:

> *Los números cuentan la historia de tu negocio.*

Pasar de presencial a online no ha sido fácil. Pero hemos alcanzado el éxito para colgar el cartel de "No hay entradas", porque nuestro objetivo como equipo sigue siendo el mismo:

> *Elevar el bienestar financiero de la comunidad de habla hispana.*

¡Por eso ha sido un éxito total! A pesar de la pandemia, el 2020 fue un gran año para Rich Dad Latino.

Muchos emprendedores piensan que, al invertir en un negocio, los clientes aparecerán por arte de magia. Esa falta de claridad se refleja en lo difícil que les resulta definir un mercado objetivo, saber en qué invertir o con quién asociarse. Es bueno ser optimista, pero no un iluso.

Warren Buffett siempre afirma que él no invierte en negocios que no entiende. Por esta razón, prefirió no invertir en tecnología, sino hasta en 2016, cuando resolvió comprar acciones de Apple, perdiendo así la oportunidad de captar grandes ganancias desde el comienzo, pues para él es prioritario mantener su premisa de que el dinero siempre debe estar en un lugar seguro. Buffett también recomienda no poner tu dinero en manos de quien te promete grandes rentabilidades sin ser capaz de explicarte cómo.

Lo que tengo claro gracias a mi experiencia es que no quiero ser el hombre más rico del cementerio, ni tampoco ser esclavo de mis inversiones. Valoro más mi libertad y me encanta disfrutar de las cosas simples que la vida tiene para brindarnos todos los días, sin necesidad de preocupaciones. De modo que, cuando alguien me presenta una oportunidad de negocio que está lejos del campo de acción que yo conozco y, pasados los cinco primeros minutos, no consigo entenderla o no me interesa, simplemente me hago a un lado, ya que, cuando he hecho lo contrario, casi siempre, pierdo dinero. Dado que lo más probable es que la persona que me está ofreciendo esa oportunidad tampoco la entienda o que solo esté buscando su propio beneficio, no me siento culpable al decirle no de forma tajante. No importa cuán atractiva parezca la oferta. Mis errores pasados me recuerdan la importancia de estar enfocado y ser fiel a mi fórmula mágica para el éxito en los negocios. Si con la primera explicación que recibo no soy capaz de entender un negocio y saber cómo ganar dinero, lo más seguro es que o no es un buen negocio o no es el momento para mí.

Algunas personas me han preguntado si me gustaría invertir en criptomonedas, por ejemplo. Sin embargo, yo siento que, para mí, este no es el momento adecuado de hacer ese tipo de inversión, porque no la entiendo. Tal vez pierda una buena oportunidad, pero no tengo la información suficiente, ni la formación adecuada, así que prefiero mantenerme al margen y me apego a mi plan de invertir solo en aquello que conozco. Soy de mente abierta, pero consciente de mis límites. Perder dinero es duro, entonces ¿por qué comprometer mis recursos en algo que no entiendo y me resulta difícil de asimilar? Si me dejo llevar por la ambición y por la promesa de obtener grandes beneficios, caeré en los mismos errores del pasado, con lo cual estaría demostrando que no he aprendido nada y, encima de eso, no podría dormir tranquilo.

Siempre aprendo de mis errores y de la gente con la que me he relacionado. Algunos no eran los más adecuados, pero no les guardo resentimiento, puesto que cada uno de ellos fue un mensajero que se encargó de mostrarme en qué necesitaba mejorar. Además, es incuestionable que darle cabida al resentimiento es como tomar veneno y esperar que la otra persona muera. Cada vez que cometo un error no saco excusas, ni me veo como una víctima. Más bien, me esmero en aprender la lección, *me sacudo como un pato* y sigo mi camino.

Soy experto en logística, inversionista en bienes raíces y mentor en educación financiera. Además, tengo mi negocio de organización de eventos, varios activos digitales, etc. Por esa razón, muchas veces me invitan a invertir en muy diversos negocios y yo, simplemente, analizo los números y me enfoco en la posibilidad de participar a través de los bienes raíces, si es que existen, pero no suelo involucrarme en el negocio en sí mismo.

Te daré un ejemplo. Hace poco, un amigo, experto en restaurantes de comida internacional, me planteó ser su socio en un nuevo restaurante que pensaba abrir. Yo le propuse comprar el local o ser socio de la empresa propietaria del inmueble, pero él ya lo había adquirido y quería que yo fuese su socio en el negocio de restauración. No acepté. Sin lugar a dudas, hacer negocios con otros empresarios me ha permitido crecer y ver que todos queremos triunfar. Pero también he podido comprobar que somos muy pocos quienes en realidad estamos dispuestos a pagar el precio que supone convertir nuestro emprendimiento en un gran negocio exitoso. ¿Lo estás tú? No se trata de ser negativo, sino de ser realista.

Todo tiene un precio a pagar. Alcanzar el éxito es duro: te exige salir de tu círculo familiar, de tu ciudad o país; no tener días libres, ni siquiera en fechas de celebraciones como Navidad o el Día de Acción de Gracias; necesitas tener una dedicación mental absoluta a tu emprendimiento. Si no estás dispuesto a todo esto, tu negocio no triunfará, tus activos acabarán cambiando de manos y terminarás trabajando para alguien más ágil que tú desde el punto de vista financiero.

Este libro te muestra cómo llevar el conocimiento a la práctica en la vida real. También te he mostrado las dificultades con las que me he encontrado. Por eso, antes de invertir, recuerda que siempre surgirán problemas. Que los errores te sirvan para aprender y levantarte lo más rápido posible, para adaptarte al mercado y realizar todas las tareas necesarias para alcanzar tus metas.

Muchas veces, durante los eventos, hablo con profesionales del desarrollo personal y del crecimiento espiritual que ven el dinero como algo "sucio". Como no prestan atención al aspecto económico de sus negocios, pese a poner toda su pasión en ellos, no consiguen prosperar. Su mensaje debería ser escuchado, pero dada su mala relación con el dinero, su voz acaba por apagarse.

También asisten personas que aprovechan al máximo la educación que allí reciben y hay a la vez quienes se van casi vacíos. Cuando en los eventos llega el momento de conversar con la gente en un ambiente más íntimo, les pregunto: "¿Qué te llevas de lo que has aprendido hoy aquí?". Cuando me responden cosas como que, por primera vez se han dado cuenta de la enorme importancia del equipo humano, puedo sentir la humildad y emoción en sus voces. Por el contrario, otros asistentes solo se dedican a hacer publicaciones en sus redes sociales y a presumir de que estaban allí. Estos, prácticamente, no están presentes y solo buscan el éxito rápido. Se puede hasta "oler" su ego cuando no se dan el espacio para experimentar una verdadera transformación. Algunos incluso pagan mucho dinero para asistir a un coctel privado, pero lo único que quieren es una foto para publicarla en redes sociales y hacerle saber al mundo que estuvieron con el maestro Robert T. Kiyosaki. ¿Qué sentido tiene eso? ¿Qué propósito busca esta gente? Difícil de creer y mucho más difícil de entender, pero siempre sucede. Si pudiera darte un consejo, sería este:

> *Sé humilde y tus resultados hablarán más alto.*

Tener un negocio implica responsabilizarte de todo, incluso de los aspectos del negocio que menos te gusten. Por ejemplo, cuando el desempeño de un empleado no sea satisfactorio, por mucho que te duela, tendrás que pasar por la amarga experiencia de prescindir de sus servicios. Si no lo haces, este empleado acabará afectando el ritmo y el nivel de trabajo del resto de tu equipo. Así que te resultará incómodo despedirlo, pero tendrás que hacerlo. Estos aspectos son fundamentales para alcanzar el éxito. Debes tener la sabiduría para analizar *las dos caras de la moneda* de tu negocio y realizar los cambios que sean necesarios con tal de que este funcione. ¿Te acuerdas del empleado que despedí de mi empresa de logística y de los cambios que realicé en los sistemas? ¿Vas a ser capaz de hacer lo que sea necesario? Si te lanzas al emprendimiento, es crucial que sepas que siempre van a surgir problemas. Está en tus manos ser un excelente líder y solucionarlos de la manera correcta.

La matriz de Eisenhower, creada por Dwight D. Eisenhower, trigésimo cuarto presidente de los Estados Unidos, ayuda a evaluar la urgencia y la importancia de los problemas a resolver. Pese a datar de la década de 1950, esta sigue siendo una de las mejores herramientas que un líder puede utilizar para organizar y priorizar sus tareas y así gestionar el tiempo dedicado a ellas. Los ricos y las personas exitosas son capaces de analizar cada problema y colocarlo en cada parte de esta matriz, evitando malgastar su tiempo en tareas que, o bien son repetitivas, o no le generan valor añadido en su negocio. Cada vez que ellos afrontan un problema, en vez de correr a resolverlo, lo encuadran en uno de los apartados de la matriz.

	Urgente	No urgente
Importante	**Tareas A** Realizar de inmediato	**Tareas B** Planificar con exactitud y resolver
No importante	**Tareas C** Delegar	**Tareas D** Desechar o archivar

Si es una tarea *importante y urgente*, el líder se ocupa personal e inmediatamente de su resolución. Si es *importante, pero no urgente*, el líder planificará el momento en que va a ocuparse de resolver la situación. A lo mejor esa misma tarde, al día siguiente o en una semana, pero va a involucrarse personalmente en el asunto hasta que pueda ofrecer una solución. Sin embargo, si se trata de problemas de la categoría *no importante*, el líder no va a dedicarles su tiempo personal. En el caso de que se trate de un problema *no importante, pero urgente*, lo delegará en su equipo para obtener un resultado lo antes posible. Y si se trata de algo que es no importante y no urgente, simplemente, lo archivará. Son tareas que no se van a realizar, porque no le añaden valor al negocio.

> *Con suficiente práctica, te convertirás en un gran líder, dominarás los procesos, crearás sistemas, te rodearás de un gran equipo y multiplicarás tus ingresos al mismo tiempo que te acercarás a la consecución de tu misión.*

Una vez que integres en tu mente los diferentes conceptos de la inteligencia financiera, estarás en el camino hacia la libertad. Además, tu plan de acción te ayudará a mostrarles a los demás que tu talento genera valor, así tus clientes percibirán que el producto o servicio adquirido valdrá más que el dinero que pagarán por ello.

> *El arte de ejecutar te llevará a la cima.*

Me ha tomado algún tiempo llegar a donde estoy, pero ahora veo con claridad diáfana que, si no hubiera estado enfocado en generar valor y me hubiera enfocado en el dinero en sí, nunca hubiera encontrado mi gran talento: la creatividad. Generar valor no es fácil, puesto que necesitas tener en cuenta muchos aspectos de tu negocio que lo más probable es que aún ni conozcas. De ahí, la enorme importancia de adquirir una buena educación financiera y tomar acción aplicándola a tus negocios, porque ver cómo otros logramos el éxito mientras tú permaneces estático no sirve de nada.

Como líder también deberás tener presente la influencia que los demás tienden a ejercer sobre ti más allá de tu área de trabajo. Brindar confianza y bienestar no solo en tu equipo de trabajo, sino en toda la gente con la que interactúas, amigos y familiares incluidos, será de incalculable valor para tu propio equilibrio. El valor de tu palabra, tu reputación, tu integridad y tu inteligencia financiera deben impregnar todos los ámbitos de tu vida. ¿Quién no querría hacer negocios con una persona íntegra? Los valores definen al individuo.

Compartiré contigo lo que me sucedió en una ocasión en la que un empresario muy exitoso en el mundo de los negocios, a quien llamaremos Fortunato, me contactó para organizar cursos de educación financiera de Rich Dad en diferentes centros de capacitación. De aquella experiencia aprendí una gran lección: antes de iniciar un proyecto, lo primero es conocer el modelo de negocio, cómo funcionarán los números y estar atento a las personas con las que debo o no hacer negocios.

Fortunato era millonario, estaba rodeado de activos y tenía un tremendo equipo a su alrededor. Así que empecé ilusionado a dedicarle muchas horas a la estructura de los cursos y a los diferentes módulos que seguirían los estudiantes. Me di a la labor de diseñar un entrenamiento para los instructores, definí cuáles eran los requerimientos para que ellos obtuvieran su certificación, etcétera. Fue un trabajo titánico. Tanto, que pasaron años hasta que el modelo de negocio fue realmente visible. Pero entonces ya era tarde. Me di cuenta de que el gran ganador en aquel negocio era Fortunato y que a mí esos ingresos apenas me alcanzaban para tomarme un cafecito. Fueron años de reuniones, llamadas, presentaciones, viajes, viáticos, videoconferencias, conformación del equipo, marketing y presupuestos que acabaron en una pérdida total de mi tiempo y mi dinero. Ese error me costó 100 000 dólares de mi bolsillo.

Por esta razón, en la actualidad, cuando alguien me presenta una oportunidad, le respondo de inmediato: "Muéstrame el modelo de negocio", y, ¡oh, sorpresa! En 95% de los casos no existe. Lo que muchos buscan es que yo invierta mi tiempo y mi dinero para descubrir si el negocio es rentable o no. En esencia, lo que pretenden es que yo haga el trabajo y asuma los riesgos. En esos casos mi respuesta es muy rápida: "Muchas gracias por pensar en mí, pero definitivamente no". De esta manera no me insisten y sigo enfocado en lo que sé hacer mejor —en lo que es mi propósito de vida y me hace feliz—. De lo contrario estaría repitiendo la célebre frase de muchos: "No me alcanza el tiempo para nada".

De modo que si no tienes claras tus prioridades ni te concentras, ni siquiera un día de 48 horas será suficiente para ti. Crea una buena oportunidad y el dinero y el tiempo llegarán. Todos tenemos 24 horas cada día, la diferencia está en cómo las utilizamos. Y si eres de los que el miedo a equivocarse y la resistencia al cambio te hacen alejarte de tus sueños y piensas: "No soy suficientemente bueno", "Esto no es para mí", "No tengo talento", "Solo quiero sobrevivir", "Les tengo terror a los errores", "Me falta tiempo", etc., *¡PARA!* Todos tenemos esta serie de pensamientos, pero la diferencia entre una persona exitosa y quien se queda en el camino es que el exitoso aprende a no dejarse influenciar por esos pensamientos negativos que la mayoría de las veces jamás se realizan. Entonces ¿por qué dejar que te mantengan alejado de conquistar tus sueños?

Además, si eres una persona íntegra y responsable, todo marchará sobre ruedas. En los eventos que organizo es imperativo cumplir ciertas reglas. Una de ellas es no permitir que haya retrasos al finalizar el intermedio que se hace para tomar un café o después de la hora del almuerzo. Sin embargo, siempre hay quien llega tarde, así que estipulamos una multa por ello. Una minoría la paga sin quejarse, reconocen su tardanza y listo; pero otros no admiten su error, se ponen agresivos y hasta tratan de entrar de nuevo por la fuerza. ¿Harías negocios con una persona así?

A lo largo de los años he conseguido relaciones excepcionales gracias a mis valores y mi talante. En algunas ocasiones incluso he transformado esos contactos en mis propios asesores o en socios de negocios. He conocido a personas fantásticas en muchos países y continúo fomentando y valorando esas relaciones, porque enriquecen mi vida de muchas formas. Más allá de que le agregan valor al trabajo, en lo personal también las disfruto muchísimo. Cuando saboreo un vino en buena compañía, ese trago tiene un sabor muy especial y hasta las bromas son más divertidas. He aprendido que las buenas relaciones le dan significado y propósito a la vida.

PERDER FORMA PARTE DE GANAR

> Los ganadores no tienen miedo de perder. Los perdedores sí.
> El fracaso forma parte del proceso de éxito. La gente que evita
> el fracaso también evita el éxito.
> ROBERT T. KIYOSAKI

Aunque ahora siempre decido tomar acción de inmediato, tengo que reconocer que hubo momentos en los que me encontré estancado, ya que intentaba obviar los problemas que se presentaban. Cuando detectaba un obstáculo en mi camino, en lugar de afrontarlo llamaba a un amigo para tomarme un café, y como era apenas lógico, el problema crecía con la velocidad de una bola de nieve. Sin embargo, con el paso de los años he aprendido a resolver los problemas según se presenten y a disfrutar del proceso. A medida que he ido ganando inteligencia financiera he ido entendiendo cómo aplicar los conocimientos aprendidos para resolver los problemas en mis negocios y obtener grandes resultados.

Como líder, debes prepararte para ganar, pero también para aceptar los errores y aprender de ellos. Incluso en las grandes empresas surgen circunstancias que hacen que las cosas se malogren y haya problemas. Por ejemplo, en el sector de la tecnología bien vale la pena analizar el caso de Facebook. En abril de 2018 Mark Zuckerberg admitió que "cometió errores" al permitir que Cambridge Analytica recopilara información personal de 50 millones de sus usuarios en relación con la campaña electoral de Donald Trump de 2016. Otras empresas parecen escapar de cualquier mala situación.

General Electric, Exxon Mobil, Procter & Gamble y DuPont son algunas de las compañías más antiguas que cotizan en la Bolsa de

Nueva York. Sin embargo, las empresas con mayor capitalización son nuevas: Apple, Alphabet, Microsoft o Amazon. Problemas como los de BlackBerry, Yahoo! o Nokia nos hacen reflexionar y mantener presente la factibilidad de que cualquier empresa puede desaparecer y, de hecho, lo hacen.

Como verás, todos —grandes y pequeños— cometemos errores. Para mí, cada error es un aprendizaje pues, como siempre sostengo, tener abundancia de conocimientos académicos no tiene por qué reflejarse en tu cuenta de resultados. He observado a algunos de mis amigos, que siempre sacaban las mejores calificaciones, no saber cómo recuperarse cuando se equivocaron en el mercado laboral o en sus inversiones. Estaban acostumbrados a ser los mejores en los exámenes y a no incurrir en errores. Solían ser muy buenos en lo teórico, pero no lo son ahora en el mundo real en el que, según el dicho, "las papas queman". Una buena educación es loable, pero el éxito también, y te aseguro que cuando vas al banco a pedir un préstamo para un negocio no te piden tu boleta de calificaciones escolares. A lo largo de los años he evidenciado cómo estas personas tan preparadas a nivel académico se quedaron atrapadas en *la carrera de la rata*. Por lo tanto, prepárate adquiriendo experiencia en la realidad que nos ha tocado vivir y compleméntala con la inteligencia financiera que te permitirá pasar *del miedo a la libertad*.

El sistema educativo castiga cometer errores —lo que ha hecho inevitable que todos desarrollemos miedo a no ser tan eficientes como podríamos ser— en vez de descubrir nuestros talentos y enseñarnos a incrementarlos y expandirlos. ¡Dicho sistema es comparable con una fábrica de producción en masa! Entras en él siendo un joven iluso y con muchos sueños, eres procesado con información teórica y obsoleta y ¡Bam! la máquina te convierte en alguien preparado para trabajar de 9:00 a 5:00 por el resto de tu vida, sin haberte proporcionado las herramientas necesarias para aspirar a más. Entonces te despides de tus sueños y entras a formar parte del sistema convertido en una pieza igual a muchas otras. Por lo tanto, sé consciente de que en tu camino a la libertad será inevitable cometer errores. Aprende de ellos, pero pierde el miedo a fallar.

Debes estar siempre atento a reconocer quién te aporta valor. A veces, te lo digo por experiencia propia, los "amigos" no son los mejores consejeros o compañeros en temas concernientes a los negocios. Así que separa ambos conceptos y evita las malas compañías. Suele ser doloroso, pero sin duda también será positivo, porque sin quererlo esta decisión te ayudará a acercarte a otras personas que aportarán cosas maravillosas a tu vida.

No voy a negar que como organizador de los eventos de Robert T. Kiyosaki en Hispanoamérica y España he cometido cientos de errores, pero de todos ellos he conseguido sacar un aprendizaje. Por ejemplo, en los eventos de Barcelona (España) y Buenos Aires (Argentina) escogí como colaboradores locales a personas que al final demostraron no tener experiencia previa en organizar reuniones de semejante magnitud o que solo buscaban hacerse ricas gracias al evento. En Barcelona tuvimos que cambiar la localización pocas semanas antes, ya que más de 50% del aforo inicial estaba reservado por el organizador local, un gran empresario de una red de multinivel que había realizado su pago meses atrás, pero que se vio obligado a cancelar a última hora. Gracias a experiencias previas, supe reaccionar con sabiduría, y en pocos días logramos realojar el evento con un menor aforo y conseguir que fuera un éxito colosal. En Argentina descubrí que el equipo elegido como organizador no era local y además no estaba centrado en la promoción del evento. ¡¿Cómo podía ser?! Dos semanas antes no había nadie en la ciudad ocupándose del marketing y solo se habían recibido 500 registros. Tuve que afrontar los errores, y gracias a otro equipo eficiente de colaboradores colgamos el cartel de entradas agotadas. Estos errores me dieron un gran aprendizaje. Es muy difícil que tu evento sea exitoso si utilizas 60% de tu tiempo y energía en la parte de organización y administración y solo 20% en el marketing. Es indudable que el producto es una parte importante —tener un gran producto o un gran conferencista—, pero lo es aún más el hecho de dedicar 60% de tu esfuerzo a realizar el marketing correcto.

En ocasiones, por desconocimiento o por ahorrar algo de dinero, se cometen errores. En mi caso, por ejemplo, sucedió cuando contraté una agencia de marketing que no conocía nada del evento: no sabían quién era el ponente, ni el tema, ni nada del público objetivo, ni cómo llegar a él. Estaban aprendiendo de mí en vez de poner a mi disposición toda su experiencia. Llevar a cabo un evento implica desde saber cómo crear una experiencia inolvidable hasta elegir detalles como el audio o la decoración. En el momento de la preparación del presupuesto de marketing fue un gran error no tener en cuenta quién se iba a ocupar de su ejecución. De ahí la gran importancia de contar con el equipo correcto que tenga controlados todos y cada uno de los aspectos que conforman el evento para lograr un éxito arrasador.

El éxito no se trata tanto de la inversión como del inversionista.

Ya te he comentado acerca de empresas como Uber y Airbnb y estamos de acuerdo en que estas son ejemplos de negocios que supieron afrontar los obstáculos legales que surgieron en su camino. Estos servicios se enfrentaban a leyes que tenían muchos años y no se ajustaban a *la Era de la Información*. De no haber contado con el soporte legal apropiado para afrontar esos desafíos, habrían desaparecido mucho antes de convertirse en lo que son al día de hoy. Pero a pesar de salvar algunos retos, ten por seguro que ellos también cometieron errores. Una característica básica para alcanzar el éxito es la capacidad de superación: no abandonar el juego, aprender de los errores y hacerse más fuertes. Recuerda, colaborar es mejor que competir.

Como verás, es indudable que tras cada fracaso aprenderás algo y te sentirás preparado para aplicar ese aprendizaje en el futuro. Entonces las oportunidades de expansión aparecerán en cada esquina. Emocionante, ¿no? Ahora cuando cometo un error me siento hasta agradecido y este no afecta mi estado anímico porque sé que me proporcionará el aprendizaje que hará que las ganancias de mi siguiente negocio aumenten.

Ser un genio requiere mucha práctica.

Es transcendental incrementar la tolerancia a la frustración y llegar al punto crucial de comprender que fallar no es el final.

Uno de los mejores deportistas que he admirado en mi vida —soy un enamorado de los deportes— es Michael Jordan. Una de sus reflexiones más conocidas es: "He fallado más de 9 000 tiros en mi carrera. He perdido casi 300 partidos. En 26 ocasiones han confiado en mí para hacer el tiro que ganaba el partido y lo he fallado. He fracasado una y otra vez en mi vida y es por eso que tengo éxito". Dicho de otro modo: para lograr el éxito tienes que aprender a levantarte después de cada caída. El entrenamiento diario es indispensable para prepararte y superar los fracasos. Equivocarse es parte de ganar; uno solo pierde cuando deja de intentarlo.

En el libro *Fuera de serie,* Malcolm Gladwell expone un concepto que te ayudará a poner algunas cosas en perspectiva: se requieren 10 000 horas de vuelo (o práctica, en nuestro caso) para dominar cualquier arte, profesión u oficio. Las grandes orquestas no contratan a un violinista que tenga menos de 10 000 horas de práctica con su instrumento. Esto equivale a cinco años. ¡Piensa en ello por un momento! Solo las academias emplean a músicos que no son expertos, es decir, que no tienen 10 000 horas de práctica.

Todo lo anterior implica que necesitas invertir la mitad de una década para convertirte en un experto en cualquier materia o campo de acción. Así que es inevitable cometer errores a lo largo del camino. Recuerda, la pregunta que tienes que hacerte no es: "¿Algo va a fallar?". Lo que debes preguntarte cuando surjan los problemas es: "¿Qué aprendí? ¿Cómo podré evitarlo la próxima vez? ¿Qué tan rápido seré capaz de recuperarme?".

Una estrategia que me ha sido de gran ayuda a lo largo de estos años ha sido la de cultivar las cuatro inteligencias que, según Robert T. Kiyosaki, son indispensables para triunfar: la inteligencia mental, la física, la emocional y la espiritual.

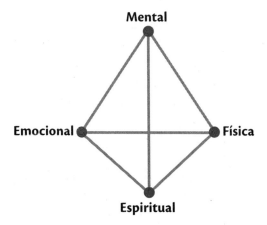

Al contrario de lo que podría parecer, la inteligencia mental es la que menos relevancia tiene para lograr el éxito empresarial, ya que un verdadero líder sabe que necesita rodearse de un equipo compuesto por colaboradores más inteligentes que él. El empresario no debe ser la persona más inteligente de su equipo, ni ser quien tiene más conocimientos de marketing o contabilidad, sino que debe ser un líder enfocado en el desarrollo de sus cuatro inteligencias.

En cuanto a la inteligencia física, esta forma parte de nuestra vida. El proceso de aprendizaje de un niño que está comenzando a dar sus primeros pasos es básicamente físico, pero también se requiere inteligencia física para leer, escribir, hacer operaciones matemáticas, etc. En otras palabras, vivir en un cuerpo físico requiere de inteligencia física para interactuar con el medio y con otras personas.

Por su parte, la inteligencia emocional es la habilidad de controlar nuestras emociones. Los verdaderos líderes tienen una gran inteligencia emocional: prefieren alejarse antes que dar un golpe, escuchar en lugar de discutir, analizar el punto de vista de sus interlocutores en lugar de solo defender el suyo, etc. Ellos hacen un excelente trabajo sin esperar halagos a cambio. Una persona que no maneja su temperamento, que se queja todo el tiempo o está deprimida de manera crónica es un buen ejemplo de todo lo contrario al liderazgo efectivo. Saber retrasar la gratificación es otro magnífico indicador de inteligencia emocional. Recuerda, no esperar una recompensa inmediata es básico para hacer crecer tu negocio.

Por último, las personas que han desarrollado su inteligencia espiritual funcionan con un sentido de propósito y siempre ponen la misión y al equipo por encima de ellas mismas.

En síntesis, si trabajas estas cualidades en ti y te rodeas de un equipo en el que cada uno de sus miembros tenga a su vez estas integridades y las aplique con liderazgo en su propia área de trabajo, el triunfo estará asegurado. Como suelo afirmar:

> *Con disciplina mental, la misión te otorga la fuerza espiritual para vencer los obstáculos.*

La gran mayoría de las personas huye de los problemas sin saber que allí está el éxito —en afrontarlos y encontrar la mejor manera de resolverlos—. Cuando pierdas o cometas un error, simplemente reconócelo, asume tu responsabilidad y sigue adelante. Si no lo asumes de forma positiva acabará afectándote y no solo lo verás reflejado en tus malos resultados, sino también en tu reputación. Además, siempre debes permanecer en la actitud positiva y de constante adquisición de nuevos conocimientos que contribuyan a evitar errores que otros ya han cometido y aprender de alguien que esté haciendo la actividad real. Como ya te comenté en el primer capítulo, es posible evitar errores aprendiendo de *maestros reales*: de alguien que practique lo que predica, que sea exitoso, pero que no tenga miedo de compartir sus fracasos. Es decir, de un maestro con una verdadera historia que contar. Pero incluso aprendiendo junto a la persona indicada los pasos en tu negocio los darás tú y, por lo tanto, eres tú quien tendrá que enfrentarse a sus propios errores y aprender de ellos. Nadie puede recorrer el camino por ti.

Cuando estalló la burbuja de los bienes raíces en 2008 la mayoría de mis *amigos* perdió mucho dinero y quedó atrapado por sus deudas, incluso hubo algunos que cayeron en bancarrota. No tenían la educación adecuada para tomar la decisión correcta y su terquedad, sostenida por su ego a pesar de mis recomendaciones, les costó miles de dólares. Mis *amigos* de esa época —que 80% ya no lo son, porque mi esposa Ana Cecilia y yo decidimos cambiar nuestro entorno— buscaban una manera de hacer dinero a gran velocidad, mediante la especulación y sin contar con un buen nivel de educación financiera. Mientras tanto, nosotros, gracias a nuestra óptima formación y a los invaluables aprendizajes recibidos de la experiencia de nuestro maestro Robert T. Kiyosaki, habíamos gestionado bien nuestros negocios, vendido todas nuestras inversiones inmobiliarias y capitalizado las ganancias.

Todo esto muestra que ser humilde, rodearte de *maestros reales* y estar siempre en "modo aprender" son aspectos fundamentales para triunfar.

TESTIMONIO REAL

Ana Cecilia González, agente de bienes raíces y emprendedora:

Recorrer el interesante camino de la educación financiera me ha permitido ser fuente de inspiración para mi familia y desarrollarme a nivel espiritual, gracias a lo cual ¡me han sucedido cosas maravillosas en la vida!

Soy Ana Cecilia González. Viví y crecí en Lima, Perú, mi ciudad natal, un lugar hermoso, pero con muchas carencias, lo que me hizo ser, desde niña, muy creativa para conseguir mis objetivos. Desde los 11 años mi espíritu nato de emprendedora me llevó a trabajar, dándoles clases privadas a niños más pequeños.

Mis padres siempre nos inculcaron a mis hermanos y a mí —soy la tercera de cuatro— valores que nos han acompañado a lo largo de nuestra vida, como el amor y el respeto hacia el otro. Además, ellos también se preocuparon por darnos una muy buena educación académica. Asistí a una de las mejores escuelas de "gente rica" —aunque yo no era una de ellas—, donde tuve muy buenos amigos, que gozaban de una posición económica cómoda, y eso, pienso, me ayudó a ampliar mi contexto.

Mi padre pudo haber sido millonario, pues administraba muchas propiedades y sabía muy bien el "teje y maneje" del negocio de bienes raíces, pero le faltó educación financiera para saber construir activos. Él estaba sentado en un "banco de oro" para otro, pero no supo invertir para él mismo, tenía miedo de equivocarse y perder dinero. Y ese temor no le permitió crecer. Quizá el problema es que jugaba solo, es decir, no tenía un equipo asesor al cual consultar y mucho menos educación financiera. A pesar de que era un hombre muy culto, graduado de la universidad como administrador de empresas, su mentalidad lo mantenía atrapado, sin saber cómo prosperar.

Cuando conocí a Fernando lo que me enamoró de él fue su gran espíritu emprendedor, visionario y de lucha continua. Éramos jóvenes y estábamos cargados de ilusiones, así que nuestros espíritus se fusionaron rápidamente. Pero debido a los tiempos de deterioro político, social y moral en nuestro país, por causa de gobiernos corruptos, decidimos emigrar a República Dominicana —una isla en el Caribe—, donde nos casamos y donde él inició una empresa de envíos internacionales de paquetería y carga (P. O. Box Internacional). Mientras tanto, yo trabajaba como asistente de la presidencia en una compañía de telefonía internacional (Codetel). Es decir, estaba ubicada en el lado izquierdo del cuadrante del flujo de efectivo como "Empleada".

Con los años, la naturaleza del negocio de Fernando nos impulsó a mudarnos a los Estados Unidos, donde empezamos con mucha ilusión a construir una nueva empresa estadounidense. Éramos dueños de un pequeño negocio, así que seguíamos en el lado izquierdo del cuadrante como "Autoempleados", porque no lográbamos sobresalir a nivel económico. Con mucho esfuerzo y sacrificio compramos nuestra primera casa. En esa ocasión, solo nos basamos en un principio fundamental de los bienes raíces: ¡la localización! Era evidente que todavía no teníamos educación financiera.

Todo cambió el día que le regalé a Fernando el libro *Padre Rico, Padre Pobre*. Fue como si Robert le estuviera hablando directamente, abriendo su mente. Durante varios años él viajó a entrenarse con Robert, mientras yo veía cómo él aplicaba esos principios en su negocio y cada día progresaba más. Entonces también yo empecé a interesarme en el tema.

Como agente de bienes raíces me iba muy bien en mi trabajo, vendía mucho, ganaba muy buen dinero en cuantiosas comisiones y los clientes me sobraban. Trabajaba más de 12 horas al día. El dinero que ganábamos lo invertíamos en propiedades, en su mayoría nuevas y en construcción, las cuales vendíamos una vez terminadas de construir. Apostábamos a la ganancia de capital. Pero de esos cientos de miles de dólares que ganábamos teníamos que pagar un gran porcentaje en impuestos, así que también trabajábamos para el Tío Sam.

Cuando asistí por primera vez a un curso con Robert T. Kiyosaki, en Scottsdale, Arizona, más que nada por curiosidad, él me preguntó en qué trabajaba, así que le conté que yo era agente de bienes raíces y vendía casas. Él, sarcásticamente, comentó: "Cecilia, entonces ¡tú trabajas por propinas!". Por supuesto, el comentario no me agradó en lo más mínimo y le refuté que no era así y que yo ganaba muy bien. Él me explicó: "Cuando voy a un restaurante, yo le pago a la mesera 20% de propina y a ti te pagan 5% cuando vendes una casa". El comentario hirió mi ego, y en ese momento no entendí el contexto en su plenitud.

Semanas después de la lección que Robert me dio sobre las propinas, Fernando vendió una propiedad en la que habíamos invertido. Fui con él al banco y al ver un cheque "tan gordo" no pude más que pensar que para ganarme esa cantidad de dinero a mí me tomaría casi un año de estar vendiendo casas. Estaba repitiendo la fórmula de mi padre, porque les pasaba las oportunidades a otros. Robert tenía razón.

En ese momento comprendí todo y empezó mi transformación. De ser otra agente de bienes raíces más, de los miles que hay en Florida, pasé a ser una inversionista y a invertir de tal modo que el dinero trabajara para mí. Al ampliar mi contexto me enfoqué en encontrar propiedades que me proporcionaran flujo de efectivo positivo en vez de concentrarme solo en ganar una comisión. Ya era capaz de ver las inversiones con el lente de la abundancia.

A partir de entonces todas mis experiencias pasaron a ser un aprendizaje. Recuerdo cuando Fernando estaba en el proceso de búsqueda de un almacén logístico para su negocio de carga internacional y salíamos juntos los fines de semana, desde muy temprano, a buscar propiedades. En un principio él buscaba comprar una bodega un poco más grande de la que tenía. Pero juntos, como equipo, le ayudé a abrir la mente y le hice ver que comprando una bodega cuatro veces más grande de la que él buscaba haría crecer su negocio, atrayendo otro tipo de clientes, y su inversión tendría mayor retorno. Aquel negocio fue espectacular, porque mientras su propia compañía le pagaba la deuda al banco, el inmueble se iba valorizando. ¡Ese fue un gran éxito financiero! Estábamos empezando a ser un gran equipo.

Gracias a nuestra educación financiera crecimos mucho a través de la deuda buena, que hace que el dinero trabaje para ti; aprendimos a utilizar la deuda a nuestro favor y minimizamos el riesgo al máximo. Este fue uno de los mitos que tuve que romper, puesto que crecí con la idea de que la deuda te lleva a la bancarrota. Todo empezaba a tener sentido y ¡agarramos una velocidad financiera asombrosa!

Al acompañar a Fernando a los entrenamientos con Robert y Kim, nuestra relación como pareja también se fortaleció, ya que antes yo escuchaba lo que él me contaba, pero no lo vivía. Fue entonces que, al igual que Fernando, me di cuenta de que esta educación había que transmitírsela a nuestras hijas, porque es para toda la familia. Cuando el hombre se siente apoyado por su esposa se siente motivado —y las mujeres tenemos esa capacidad innata de inspirar a nuestras familias—. Así que todos juntos, con coraje, "cruzamos el río" y vencimos el miedo. Claro está, vencer el temor sin preparación es un plan para perder —y esa falsa motivación es la que suele llevarte a abandonar tus sueños—. Edúcate, juega CashFlow muchas veces y entrena tu mentalidad de inversionista todos los días para saber cómo poner a trabajar el dinero para ti y tu familia, porque el que no sabe compra un pasivo, y el que sabe compra un activo. ¡Compra libertad!

Ana C. González con Kim Kiyosaki, amigas y parte del equipo de Rich Dad Company.

Dos años antes de la caída del sistema financiero en 2008, al ver el mercado de bienes raíces con la mentalidad de mi mentora Kim Kiyosaki —autora de *Mujer millonaria* y de *Es hora de emprender el vuelo*—, detecté que los ricos empezaban a vender sus mansiones, así que analicé esta situación junto con Fernando y decidimos vender las propiedades de nuestro portafolio de inversión que no nos rendían una tasa de retorno tan interesante como otras. Así lo hicimos, vendimos todas esas propiedades y, teniendo el efectivo en mano, invertimos de nuevo, tras la crisis, comprando a muy buen precio. Es fascinante lograr tus metas y reconocer cuándo la oportunidad está tocando tu puerta. Supimos aprovechar la ocasión conectando muy bien la educación financiera con la realidad del mercado y empezamos a jugar CashFlow en la vida real. Aprendimos a complementar nuestras habilidades innatas y, con mi visión y siempre que los números tengan sentido para Fernando, hemos sido capaces de tomar las mejores decisiones. Juntos, hacemos un gran equipo: yo aporto el ojo y el "olfato canino" para tener claro dónde invertir y Fernando analiza los números.

En los bienes raíces el dinero se hace en la compra, así que hay que aprender a comprar bien, aunque siempre hay excepciones a la regla. Un día llevé a Fernando a ver una propiedad multifamiliar. Tan pronto como él la vio por fuera, leí en su cara que me decía: "¡Esta es!". Luego él hizo el análisis financiero y los números resultaban positivos, así que invertimos en ella. Hoy en día esa es una de nuestras mejores propiedades y nos deja un muy buen retorno de la inversión.

También hemos permanecido férreamente juntos, como pareja, en las dificultades. Cuando Fernando fue víctima de una estafa yo sabía a ciencia cierta que nuestros conocimientos eran más grandes que nuestro problema y que nos íbamos a recuperar. En ese momento decisivo, en vez de criticarlo y echarle la culpa del gran hoyo en el que estábamos por haber sido tan ingenuo, lo apoyé para volver a construir. Esa actitud vale oro en una relación. Decidimos aprender la lección que nos dejaba el momento que estaba frente a nosotros y nos apoyamos mutuamente.

Cuando haces negocios y no eres consciente de que el miedo te controla, todo se vuelve oscuro y quedas paralizado, escuchando esa voz que te dice: "Los negocios no son para mí". Todo cambia cuando optas por elevar el momento que está frente a ti por duro que sea. En aquella ocasión, a partir del dolor, nos volvimos más sabios. Aprendimos la lección y a escucharnos para no volver a tomar las decisiones de manera independiente, conduciéndonos a errores.

Con estas líneas quisiera mostrarte nuestra vulnerabilidad y enseñarte que también hemos sufrido para evolucionar en la vida y poder dejarles un legado a nuestras hijas y a nuestras generaciones futuras. De nada sirve contar solo nuestros éxitos y la felicidad que ellos nos generan porque sería una farsa. El mundo real no es así. Cuando aprendes cómo afrontar una crisis es cuando el dolor ha sido tu maestro y cuando no cuentas tu historia, sino tu verdad. Entonces es cuando sucede la metamorfosis y te conviertes de oruga a mariposa. Así es como surgió el subtítulo de este libro, desde las experiencias vividas en un país que no era el nuestro, logrando nuestra libertad financiera y nuestra paz económica: "De 9:00 a 5:00 pagas tus gastos y de 6:00 a 10:00 construyes tu imperio".

Y cuando ya entiendes que la educación espiritual está por encima de la educación financiera, es cuando trasciendes a otro nivel, porque el dinero se crea en el espíritu. ¡Dios es un Dios de abundancia!

¿Prefieres tener siempre la razón y quedarte estancado o escuchar sin prejuicios a quien tiene éxito comprobado?

HACIA UN NUEVO MODELO ECONÓMICO BASADO EN EL CONOCIMIENTO Y LA TECNOLOGÍA

> Utiliza la tecnología. La Era de la Información puede convertirte en millonario fácilmente y en menos tiempo. En todas y cada una de mis conferencias suelo asegurar que internet es el mayor cajero automático del mundo, todo lo que se requiere es inteligencia financiera.
>
> ROBERT T. KIYOSAKI

Internet ha cambiado a gran velocidad la forma en la que podemos emprender. Hoy, gracias a la tecnología, todos los empresarios disfrutamos de la posibilidad de hacer negocios como antes solo lo hacían las grandes corporaciones y, además, con mucha más eficiencia y con una pequeña inversión. Pero no confundas el hecho de contar entre tu equipo con un gran profesional en el campo de la informática con ser un empresario innovador y adaptado al mercado actual. Podrías levantarte todos los días a las 4:00 a. m. y caminar hacia el oeste para ver salir el sol, pero eso nunca va a suceder, porque el sol sale por el este. Debes ir en la dirección correcta.

La principal diferencia entre las personas exitosas y las que se quedan por el camino es que las primeras le dedican mucho tiempo a transformar y actualizar sus negocios, a poner en práctica sus conocimientos, aplicando sus habilidades con una mentalidad flexible y adaptándose fácilmente al mercado. El mundo vive en constante cambio. Nos dirigimos a pasos agigantados hacia un nuevo modelo económico. Así que para triunfar es imprescindible que cuando el mercado cambie sepamos cómo adaptarnos, porque la resistencia solo causa dolor. Uber, por ejemplo, les ha abierto una oportunidad a algunos nuevos emprendedores que, habiendo perdido sus antiguos puestos de trabajo, no lograban reinsertarse en el mercado laboral tradicional y decidieron emprender.

Déjame que te cuente cómo la tecnología me ha ayudado a hacer realidad uno de mis sueños. Hace unos años, mientras continuaba construyendo activos en los Estados Unidos, seguía sintiéndome frustrado, porque, aunque había avanzado hacia mi propia libertad financiera, solía pensar: "En Latinoamérica somos personas muy trabajadoras. Entonces ¿por qué estamos rodeados de tanta pobreza?". También me afectaba en gran manera cuando veía películas producidas en los Estados Unidos que estereotipaban la imagen de los hispanos como gente relacionada con el tráfico de drogas o con tareas del campo o con trabajos que implican mucho desgaste físico. En otras palabras, en esta industria no se reflejaba ningún interés en crear personajes que encarnaran a emprendedores hispanos exitosos, ni a personas honestas que representaran a nuestra comunidad. ¿Qué pensarían mis hijas cuando vieran esas películas? Creerían que esa es la realidad —una en la que los latinos carecen de educación financiera y ambición para triunfar en la vida—.

Aunque los latinos somos muy trabajadores, la mayoría sigue atrapada en el campo financiero cuando llega el momento de pagar sus cuentas. Muchos están esperando que la economía se recupere, sin percatarse de que la realidad les está mostrando que tienen que formarse más para aprender a incrementar sus ingresos. Por esa razón decidí tomar acción, y tras la interesante oportunidad de disfrutar de una década de educación financiera de la mano de Robert T. Kiyosaki, comprendí que mi sueño era llevar esos conocimientos a Latinoamérica para beneficiar a otras personas, sin la necesidad de que ellas viajaran y aprendieran otro idioma. Desde entonces, mi misión es compartir esos conocimientos que cambiaron mi vida. Hoy en día a través de www.richdadlatino.com, gracias también a la tecnología, he podido cumplir con mi sueño de ayudar y seguiré ayudando a muchos latinos a que aprendan a pasar *del miedo a la libertad*.

¡Juntos, los latinos tenemos el potencial necesario para cambiar el mundo! El sistema actual intenta que nos convirtamos en "esclavos" sin capacidad de respuesta, sin cuestionarnos lo que se dice en los medios de comunicación. Quieren mantenernos distraídos con las noticias, los deportes y los programas de entretenimiento. Intentan que no nos demos cuenta de lo que realmente está ocurriendo: la mayor transferencia de fortuna en la historia desde los pobres y la clase media a los burócratas. Pretenden que empleados y dueños de negocios estemos enfrentados, mientras ellos se enriquecen sin trabajar.

Actualmente enfrentamos una lucha entre las oportunidades de progreso personal que ofrece el capitalismo y la idea social-comunista de una renta básica universal que derivaría en una dependencia absoluta de las ayudas económicas del gobierno. Al depender del sistema nos convertimos en sus "esclavos". Un sistema en la sombra que empieza con el condicionamiento en las escuelas, creando piezas que encajen a la perfección con lo que es necesario para el sistema productivo; continúa con el sistema social, creando guetos de pobreza que enfrentan a comunidades, y termina con el de los medios de masas, siguiendo la estrategia que ya se utilizaba en la Antigua Roma, conocida como *panem et circenses*, es decir, pan y circo, alimentar y entretener. Cuestionémonos el sistema político y burocrático que pone en marcha las consignas de la clase dominante en la sombra y apoyémonos entre nosotros, empleadores y empleados que cumplimos cada uno con la función social que elegimos: unos arriesgando capital y tiempo para resolver problemas, y otros, libremente, cambiando tiempo por dinero. Lo fundamental es contar con la información y la educación correcta, de tal modo que cada uno pueda elegir su estilo de vida con total libertad. ¡Colaboremos entre todos!

Yo he decidido aportar mi granito de arena para cambiar el mundo:

> *Elevando el bienestar financiero de las personas de habla hispana.*

El hecho es que estamos en el siglo XXI, no importa si tu negocio es sobre recetas de pastelería o sobre cómo aprender a tocar la guitarra, si tu contenido resuelve los problemas de tus clientes —y más si lo haces vía online—, ¡*voilà*, tu curso será un activo! Porque, recuerda, un activo es todo aquello que pone dinero en tu bolsillo sin tener que dedicarle tiempo una vez que lo has creado. Por consiguiente, ¡aprovecha la tecnología a tu favor!

A este proceso de monetizar un conocimiento alineándolo con la misión se le conoce como:

El arte de construir un activo.

En mi caso, como te he dicho, uno de mis principales activos actuales son los cursos de aprendizaje online para llevar a las personas de habla hispana la educación financiera que requieren a través de internet. Este es el propósito por el cual creé www.richdadlatino.com.

Para diseñar www.richdadlatino.com he tenido muy claro qué problemas voy a solucionar, pero sin olvidarme de los procesos indispensables para tener éxito. Hoy en día, debido a la alta competencia, un punto indispensable es diferenciarse. Por eso, una vez que tuve claro el contenido, y tras comprobar que el negocio fuera viable a nivel económico, utilicé mi momento creativo para empezar a producir el material: textos, videos, audios, etc., para luego alojarlo todo en la web y lanzarlo al mercado. Estoy tan seguro del valor y la calidad de mis productos online que no me sorprenden los números que estamos obteniendo. Además, estos activos digitales que estoy construyendo serán parte fundamental de mi plan de jubilación, ya que me proporcionarán un flujo de efectivo regular que contribuirá a mantener mi estilo de vida y mi libertad cuando me retire.

Me encantaría que a partir de hoy www.richdadlatino.com fuera tu plataforma educativa preferida en español. ¡Te espero dentro! Ahí tendrás acceso a contenidos complementarios a los que te estoy ofreciendo ahora mismo en este libro.

Como emprendedor, tienes que ser realista y darte cuenta de que:

Vivimos en la Era de la Información y el Conocimiento y estamos entrando en la Era Digital.

No tengas miedo de lanzar tu propuesta online, aunque no esté 100% terminada. Así podrás retroalimentarte de las opiniones de tus primeros clientes e ir perfeccionando tu producto. ¡Hazlo ya! Aunque no hayas pulido todos los detalles.

Generar utilidades para el siglo XXI es un arte que requiere de mucha práctica.

Uber avanzó a gran velocidad porque existía la necesidad de cambiar las viejas reglas por un modelo de negocio que funcionara en la economía moderna. Mucha gente con mentalidad tradicional intentó boicotear los servicios de Uber, pero como todos contamos con un *smartphone* y tenemos acceso directo a las redes sociales, sin quererlo nos hemos convertido en transformadores del mercado.

Una situación similar ocurrió con Airbnb. Muchas personas estaban decepcionadas al no poder viajar por los altos costos que les suponía. Airbnb solucionó un problema generando una alternativa para quienes quieren viajar pero no desean quedarse en un hotel, y también para los que quieren obtener un ingreso adicional rentando su vivienda.

Uber no es dueña ni de un solo auto y Airbnb no es dueña ni de una sola habitación, ni de ningún hotel, pero ambas plataformas resuelven un problema por cuya solución reciben una recompensa. Esta *economía colaborativa* supone una estrategia práctica de conectar a la gente con una solución. El mundo está cambiando gracias a este concepto que, aunado al desarrollo tecnológico, está haciendo crecer exponencialmente a miles de negocios en diferentes partes del mundo. Por consiguiente, es indudable que quienes tengan el ingenio necesario para producir estos cambios disruptivos se convertirán en los nuevos millonarios. En el mundo de hoy tu *smartphone* cuenta con más capacidad de procesamiento que toda la tecnología que permitió que el hombre llegara a la Luna en 1969.

Es innegable que siempre es mejor adaptarse a los cambios del mercado que luchar contra ellos. Fue así como Jeff Bezos creó Amazon en 1994, revolucionando la manera en la que realizamos nuestras compras gracias a la tecnología. Amazon empezó como una tienda de libros online, y hoy en día vende cualquier producto en cualquier lugar del mundo. Pero lo que no sabe todo el mundo es que actualmente una de sus principales líneas de negocio es AWS (Amazon Web Services), un servicio de computación en la nube que las mayores empresas del mundo utilizan para alojar sus sitios web. Hablando de alojamiento, uno de sus principales clientes es Airbnb. También utilizan sus servicios de computación en la nube compañías como Netflix, Dropbox, Samsung o la BBC.

Podría continuar por horas enteras dándote muchos ejemplos más de cómo la tecnología es la mejor amiga del emprendedor del siglo XXI.

¡Tú podrías ser el próximo millonario de tu vecindario, sin importar dónde estés! Solo depende de cuán grande es el problema que vas a solucionar. Hay muchos problemas en nuestra sociedad, existen porque nadie los ha resuelto de manera eficiente. ¡Quizá tú puedas ofrecer una solución mejor!

En la actualidad cualquiera puede crear una tienda en línea en Facebook Marketplace y vender sus productos. ¿Por qué no? Tú podrías llegar a millones de personas utilizando la tecnología para lanzar tu negocio online. Lograrlo ahora es más fácil que nunca, solo necesitas una mentalidad abierta, una buena educación financiera y rodearte del equipo adecuado. Mientras unos utilizan el celular como una fuente de distracción, otros se hacen millonarios con él. La pregunta que debes hacerte es: ¿estoy utilizando correctamente la tecnología que tengo a mi alcance?

Cuando yo era autoempleado tenía una mentalidad de escasez, estaba más pendiente del *hacer* que del *ser* y esa manera de ver el mundo no me permitía avanzar. Es un hecho que mi visión cambió cuando me eduqué y pasé de autoempleado a dueño de negocio. Entonces entendí que para que mis emprendimientos fueran un éxito necesitaba no solo una operación eficiente, sino pensar en grande.

Hace unos años que empecé a crear mi plataforma educativa online www.richdadlatino.com y ahora, mientras escribo estas líneas, estoy inmerso en otro proyecto digital paralelo, implementando una plataforma inteligente que permitirá maximizar los resultados que se obtengan en los futuros eventos de educación financiera. Es un plan muy complejo cuyo ingrediente secreto para el éxito está en una buena ejecución: elegir un buen equipo, ver qué tipo de experiencia crear para los participantes, implementar la tecnología adecuada y ver para cuándo estará todo listo.

Lo que espero haberte dejado claro es que ni la educación tradicional ni el trabajo duro serán suficientes si quieres ser libre en el campo de las finanzas, por muy lejos que hayas llegado en tus estudios. Los titulados universitarios recién graduados salen del sistema educativo sin haber pensado por sí mismos durante años. Solo pueden repetir un patrón según la instrucción que han recibido de profesores formados en la antigua escuela. A eso se debe que la gran mayoría de ellos no esté preparada para la nueva economía. Solo piénsalo por un momento: una carrera universitaria dura, mínimo, cuatro años, lo que corresponde a un promedio de ocho ciclos de negocios en los que el mundo real ha continuado cambiando y evolucionando. ¿Te das cuenta de lo obsoletos que pueden quedar los conocimientos de un plan de carrera universitario? ¡No tiene sentido! A los estudiantes se les prepara para una economía inexistente, y muchas veces los empleos que esperaban conseguir y por los que seguro eligieron esa carrera ¡ya ni siquiera existen! Así que edúcate para ser financieramente libre:

> *De 9:00 a 5:00 pagas tus gastos y de 6:00 a 10:00 construyes tu imperio.*

Ha sido un placer compartir contigo todos estos ejemplos reales para mostrarte que sí se puede. Ahora es tu tarea poner tus planes de negocios en acción, también online, alineados con tu misión, aprovechando cada oportunidad que se te presente, tus conocimientos y la gran herramienta que es la tecnología.

Recuerda:

> *El éxito está en remover la complejidad,, en hacer todo lo más simple posible.*

Si quieres saber tu futuro descarga esta hoja de Excel (www.richdadlatino.com/estado-financiero) que contiene el formato de un estado financiero y registra tu información. Esta se convertirá en tu GPS porque te indicará dónde estás, dónde quieres llegar y la distancia que te separa. Los números dicen tu historia, te dará una clara visión de las herramientas que necesitas para llegar donde te has propuesto.

7
La libertad: el resultado de tu transformación

El activo más poderoso que todos tenemos es nuestra mente.
Si la entrenas bien lograrás crear una enorme riqueza en
lo que parece ser un instante.
ROBERT T. KIYOSAKI

Mi trabajo en este libro es simplificar lo complejo y describirte de la forma más exhaustiva posible y con sinceridad cómo pasé *del miedo a la libertad*. He compartido contigo mi camino: cómo me eduqué, empecé pequeño y practiqué para ganar en el juego de los negocios. Lo que no puedo hacer es librarte de hacer el trabajo necesario para que, a partir de ahora, tú llegues hasta donde yo estoy. Sin embargo, espero que toda esta información que te he compartido a lo largo de esta lectura te ahorre tiempo y dinero al facilitarte muchas de las herramientas necesarias para alcanzar tu libertad. Tú, igual que yo, puedes lograrla.

No voy a ocultarte que tardé varios años en generar mi primer millón de dólares, pero lo que sí es evidente es que llegué a donde quería estar y, habiendo alcanzado la *libertad financiera*, mis activos siguen generándome *flujo de efectivo* a medida que continúo acumulando experiencia, creando valor con mis negocios y rodeándome de gente positiva que me complementa.

TRANSFORMARSE PARA SER LIBRE

> La libertad financiera está disponible para aquellos que aprenden
> sobre ello y que trabajan para ello.
>
> ROBERT T. KIYOSAKI

Como te comenté al principio, durante mi carrera como oficial de la Marina aprendí el lenguaje de la guerra: buques, misiles, operativos, entrenamientos, base naval, misión, proyectiles, disciplina, trabajo en equipo, liderazgo, objetivos, etc. Aprenderlo fue el punto de partida para mi transición de civil a militar y las lecciones que allí recibí me marcaron para toda la vida —también en el mundo de los negocios, más que todo, cuando he tenido que afrontar desafíos que han puesto a prueba mi resiliencia—.

Sin lugar a dudas, la carrera militar era muy sacrificada y el salario que recibíamos estaba por debajo del que ganaba un profesional en el mercado laboral. Sin embargo, estábamos unidos gracias a la misión. El dinero estaba en un segundo plano, por decirlo de alguna manera. "Si quieres ganar la guerra debes entrenar arduamente, porque no hay una segunda oportunidad; solo regresa a casa el vencedor". Esa es la mentalidad de quienes hemos tenido el honor de vestir el uniforme de nuestra Marina de Guerra y servirle a nuestro país. La formación que recibimos creó en nosotros una *cultura* particular, reconocible en cuestión de un segundo, sin importar los años que hayan transcurrido desde que nos retiramos. Los símbolos patrios, el respeto al superior y la lealtad con nuestra *alma mater* quedaron impregnados en nuestro espíritu de camaradería para siempre, y este sentir se manifiesta con toda claridad cuando nos reunimos a celebrar una fecha conmemorativa. Dentro de mí, siempre habrá un eterno oficial de la Marina que me ayudará a levantarme sin pensarlo dos veces si sufro un traspié.

Cuando me retiré lo hice con la intención de ser dueño de mi negocio, pero lo que en realidad ocurrió fue que, como autoempleado, era dueño de mi trabajo. Esto fue así hasta que llegó a mis manos la filosofía de *Padre Rico, Padre Pobre*, la educación financiera y el lenguaje del dinero.

El activo está oculto tras la transformación interior que experimentarás para convertirte en el arquitecto de tu propio destino.

En múltiples ocasiones, durante los años de mi transformación, sentí que no podía más, en esos momentos recordaba el carácter que me había forjado en la Marina: *soy un guerrero*. Todos, en algún momento de nuestra vida, nos enfrentamos a situaciones difíciles que nos hacen sobrepasar nuestros límites y sacar a relucir a nuestro *guerrero* interior.

La disciplina y la formación naval me ayudaron mucho a ganarme la confianza de mi mentor Robert T. Kiyosaki.

Con esta mentalidad he caminado desde entonces hacia mi misión:

Elevar el bienestar financiero del mundo de habla hispana.

Pero la verdadera transformación no se produjo en mí, sino hasta que entendí que era imperativo dejar de ser ese *guerrero* y convertirme en un *triunfador*. El *guerrero* saca la espada y lucha, al contrario que el *triunfador*, que consigue resultados con su inteligencia, sabiduría y forma de pensar.

Fue el mundo de los negocios el que me enseñó a triunfar a través de la *cooperación*. El sistema educativo tradicional no permitía que nadie te ayudara a resolver los problemas, pues eso era considerado hacer trampa o copiar, y en la Escuela Naval aprendí a tenerles terror a los errores. Ahora, tras educarme en el área financiera, he logrado mi *libertad* y ya no tengo miedo a colaborar o equivocarme, porque sé que ambas cosas me conducirán al éxito.

> *El lenguaje es una herramienta poderosa para formar la identidad.*

Yo he sido el estudiante "C" que ha sabido rodearse de expertos "A" y que, gracias a mi perseverancia, a mi equipo y a la mejora de mis sistemas, ha descubierto que en la experiencia está la *semilla del éxito* y que los errores nos ayudan a aumentar nuestra inteligencia a medida que aprendemos de ellos. Así, mi sueño de poner mi talento al servicio de los demás se ha hecho *realidad* en www.richdadlatino.com.

Mi camino no ha sido fácil, pero nunca me canso de repetirlo:

> *Ser un genio requiere de mucha práctica.*

Mantén como tu objetivo la *libertad* y tendrás toda la energía necesaria para vencer los obstáculos, por grandes que estos sean.

Soy un latino que he trabajado por más de 21 años con inversionistas y emprendedores internacionales y he dedicado una gran parte de mi vida a educarme en las finanzas. Hoy en día soy la mano derecha de Robert T. Kiyosaki en Hispanoamérica. He practicado todo lo que he aprendido de él y esto, unido a mi vasta experiencia, es el motivo por el cual quise escribir este libro. Un buen día decidí que quería estar en el lado derecho del cuadrante, ser inversionista y dueño de un gran negocio, y con esta visión he conseguido mi *libertad financiera*.

> *Poner dinero en tu bolsillo vía creación de activos es la mejor forma de optimizar tu economía.*

Muchas personas siguen haciéndome preguntas como: "¿Los bienes raíces son una buena inversión? ¿Invierto en Bitcoin? ¿Es mejor invertir en oro o en plata?". Yo siempre respondo lo mismo: depende, no hay una única respuesta. Todo depende de tu situación y de tus conocimientos. Lo que es bueno para una persona puede ser malo para otra. A mí me encanta la inversión inmobiliaria. En otras áreas como la Bolsa de Valores o el Bitcoin no entro. Sí reconozco, por ejemplo, el valor de la tecnología sobre la que se asientan las criptomonedas, la cadena de bloques o *blockchain*, y sé que seguramente cambiará la manera en la que hagamos negocios en el futuro, pero como no he estudiado a fondo ese mercado, prefiero dejar pasar la oportunidad antes que arriesgar mi dinero. Conozco mi perfil inversor y no invierto en lo que no entiendo.

Lo importante es saber que cada inversión conlleva un riesgo diferente y, por lo tanto, genera una rentabilidad distinta. Cuando planifiques tu próxima inversión analiza y procede como lo haría un rico —como si no tuvieras límites—. Tal vez te suene ilógico, pero créeme que funciona, porque esa actitud te lleva a pensar en grande, desde la abundancia. Imagina cómo será tu proyecto —esto es crucial para el éxito— y entonces, solo entonces, construye el equipo que te acompañe y concéntrate en la ejecución. Mantén siempre el entusiasmo y dedícale tiempo al proceso creativo a diario, desde el conocimiento y la experiencia. Hacer eso te llevará *a la cumbre*.

Con toda esta información solo quiero invitarte a tomar las riendas de tu vida. Espero que contarte mi experiencia y la importancia de una buena educación financiera te den la confianza que necesitas para creer en ti mismo.

La libertad financiera está a tu alcance.

No se trata de hacerte millonario de la noche a la mañana. Se trata más bien de tener la predisposición emocional necesaria y de contar con la información correcta. De esta forma conseguirás que el dinero no te preocupe, sino que seas tú quien se ocupe de su gestión.

¡Empieza a formarte hoy mismo! Dentro de un año lo verás todo distinto y ya sabrás cómo no volver a tener problemas en tu área financiera. Si no cuentas con la educación necesaria, lo más probable es que tu curva de aprendizaje postergue tus ganancias y, si no tienes otro respaldo, te verás en la bancarrota. A medida que vayas adquiriendo conocimientos y experiencia, tu velocidad aumentará y disminuirás tus costos. Me rompe el corazón ver a alguien que pierde el dinero que su familia ha ganado con tanto esfuerzo, solo por creer que una "buena idea" lo es todo. Por consiguiente, es imperioso que te eduques antes de invertir, recordando en todo momento que los errores de principiante son normales.

> *Cuando tienes los conocimientos adecuados, estás capacitado para transformar cualquier cosa en un activo.*

Indudablemente, si piensas en pequeño, te quedarás de ese tamaño. Mejor no te autoimpongas limitaciones. Cambia esa mentalidad, pues es algo que diferencia claramente a las personas con educación financiera de otros empresarios. Empieza por un producto o servicio sencillo, mejóralo y, más adelante, véndelo como un gran activo. Con ese dinero ganado empieza a construir aquel otro proyecto que tenías en mente. ¿Te acuerdas del concepto de la *velocidad del dinero*? Cuando comprendes esta filosofía y la aplicas, una ventana de oportunidades se abre ante ti. Si sabes lo que haces y controlas tu miedo, aprenderás a comprar activos a un precio bajo y generar grandes ganancias. Hoy sé que cuento con la habilidad para fraccionar un negocio y tener inversionistas. Debido a mi educación financiera me di cuenta de que para alcanzar mi *libertad* tenía que pensar en grande. Si le propones un negocio pequeño a una persona rica te dirá: "No me hagas perder mi tiempo". Tiene lógica, ya que un proyecto pequeño implica dilapidar dinero, dado que su costo por hora y el de su equipo de asesores es muy elevado. A la gente rica le gusta ayudar —a lo que no está dispuesta es a perder su tiempo—.

Ese es el concepto que en economía se conoce como el *costo de oportunidad*: si le dedicas tu tiempo o tu dinero a un proyecto con una baja rentabilidad, estás dejando de utilizarlo en otros proyectos más lucrativos. Pongamos un ejemplo con dos negocios. El primero genera un beneficio de 500 dólares mensuales, mientras que el segundo genera 900. El *costo de oportunidad* de elegir el primero en vez del segundo es de 400 dólares. Ambos negocios generan beneficios, pero como una persona rica conoce y analiza el *costo de oportunidad*, siempre optará por el más lucrativo. Cada vez que haces una cosa específica estás dejando de hacer otras cosas. Ese es el costo de oportunidad de tu tiempo. Aplícalo a cualquier actividad que realices en tu vida. Hay gente que acepta proyectos terribles por el simple hecho de que son de familiares o amigos. Desarrolla tu carácter y el respeto por ti, tu tiempo y tu dinero. No hagas excepciones. El tiempo dirá si dejaste pasar una oportunidad o no.

En ocasiones la decisión más importante que he tomado ha sido *no hacer* el negocio que me proponían para "ser millonario". Es importante aprender a decir que no sin sentirte culpable. Si duermes tranquilo es que estás haciendo las cosas bien. De nada sirve el esfuerzo y perder horas de sueño si estás construyendo un proyecto que no tiene futuro.

Te invito a que siempre estés evolucionando, transformándote y aportando valor. Así, tus ganancias serán cada vez mayores. Pero si persigues la ganancia antes de crear valor solo conseguirás una bancarrota emocional porque, cuando los problemas ocurran no serás lo suficientemente fuerte para sobreponerte a ellos. Las personas que corren detrás del dinero toda su vida generan escasez, porque, en el fondo, piensan que alguien tiene que perder para que ellos puedan ganar. ¿Ves dónde se encuentra la contradicción?

Recuerda la estadística: de cada 10 nuevos negocios, solo uno prospera.

Los *amateurs* no triunfan debido a que saltan constantemente de un negocio a otro o de una inversión a otra, motivados por el miedo. En cambio, la fortaleza mental de un dueño de un gran negocio le permite aprender de sus errores, convertir las dificultades en oportunidades y estar en continua innovación.

¿Quieres un consejo infalible para cuando te ofrezcan un negocio? Haz preguntas. Mira a los ojos a la persona que te hace la oferta y bombardéala con cada duda que tengas acerca del modelo de negocio que te está presentando. No tengas miedo. Pregunta, pregunta, pregunta y vuelve a preguntar hasta que lo entiendas todo o hasta que la persona que te lo ofrece se ofusque y se harte de ti. Si la paciencia se le agota antes de que tú entiendas el negocio, existe una alta posibilidad de que esa persona tampoco lo haya entendido o incluso de que sea alguien que intenta tenderte una trampa para que tu dinero cambie de manos. Antes, cuando escuchaba la frase "¡Esta es la oportunidad de la década!", se disparaban mis emociones y corría tras ella. Sin embargo, gracias a los aprendizajes que he recibido, ahora reacciono desde mi inteligencia financiera, consulto la oportunidad con mi equipo de asesores y con otros inversionistas profesionales y busco a un experto en el tema que estoy analizando. Cada vez que me afirman que "no hay forma de que el negocio salga mal", desconfío de inmediato.

Quizá estés suponiendo que todo esto no es posible para ti. No supongas. Busca un club de inversionistas en tu ciudad, encuentra al empresario mejor capacitado que puedas hallar, modela su estilo de trabajo, aprende de él y trabaja para alcanzar sus mismos resultados. Recuerda, los gobiernos necesitan socios para que la economía siga creciendo, razón por la cual apoyan a los inversionistas a través de las leyes y de una menor tasa de impuestos.

Hoy en día es fácil tener acceso a una enorme gama de conocimiento de manera gratuita, por ejemplo, a través de www.richdadlatino.com. Aquí, en mi plataforma, siempre intento aportar conocimiento y valor. También tienes la posibilidad de asistir a cursos o a eventos en los que puedes encontrarte con otros emprendedores e intercambiar experiencias. ¡Que el dinero no suponga un límite para tu desarrollo! Gracias a las redes sociales y a YouTube, conseguir educación financiera es más fácil y accesible, hoy más que nunca. La formación es parte fundamental del éxito.

En mis viajes a América Latina he visto jóvenes emprendedores que trabajan duro de 9:00 a 5:00 para generar ingresos, y que cuando salen de su trabajo se dedican a gastar ese dinero. Grábatelo en el corazón:

> De 6:00 a 10:00 es cuando vas a construir tu imperio.

Conoce las reglas y normas que favorecen a tu dinero y multiplica tus activos. Piensa como un rico. Expande tu mentalidad, establece las relaciones adecuadas, tiende puentes y construye tu equipo de expertos. Pero recuerda: por más duro que trabajes, si no tienes la educación adecuada, tu dinero desaparecerá sin que sepas cómo.

En el pasado, antes de tener educación financiera, muchas de mis decisiones me dejaron rodeado de *pasivos* y de *deudas*. Incluso destruyeron algunas de mis relaciones personales. Ahora cada vez que decido hacer algo sé que solo necesito tener *disciplina mental*. Eso es suficiente para llevar mis conocimientos a la práctica y actuar de manera inteligente, porque tengo el proceso claro y no necesito improvisar. Al aplicar esta mentalidad a todos los ámbitos se convierte en un estilo de vida. De ese modo me mantengo saludable en todos los sentidos, dispuesto a aprender de todo y haciendo que mis ingresos se multipliquen a diario.

> *Ya no juego con mi dinero, sino que les agrego valor a mis activos. Por eso tengo varios mentores que están al lado derecho del cuadrante del flujo de dinero.*

Cuando viajo a países de habla hispana para hacer mis eventos de educación financiera de Robert T. Kiyosaki, suelo escuchar que los participantes comentan: "Eso que propones no es viable en este país". ¡De inmediato ponen un obstáculo en su camino! Dado que no cuentan con el apoyo de un equipo de especialistas, responden desde la perspectiva de un conocimiento limitado, no desde la opinión de un experto. Usualmente, alguien se levanta y desmiente este tipo de afirmaciones argumentando: "Sí, sí es viable hacerlo también aquí, a la hora que quieran". Ese es, por lo general, el comentario del experto local en el tema.

En una ocasión un especialista en el código tributario nacional explicó cómo un artista podía deducir legalmente los gastos de su auto de lujo por ser una figura pública. Mientras algunas personas sostienen sin conocimiento de causa que "eso no se puede hacer", alguien con educación financiera consultará con sus expertos y se preguntará: "¿Cómo puedo hacerlo?". Así es como los ricos toman sus decisiones todos los días.

> *Prepárate para ganar.*

En la vida real los ricos juegan Monopolio y les enseñan a sus hijos el lenguaje del dinero, a ser astutos y a llevar el conocimiento a la práctica para multiplicar sus activos. Yo no provengo de una familia con estas características, así que he tenido que formarme por mi cuenta, pero siempre he tenido claro que mi intención, desde que empecé con mi educación financiera, es ser un gran aprendiz y llevar lo aprendido a la práctica. Y así lo he hecho.

¡Tú también puedes lograrlo! Solo necesitas tiempo, formación y disciplina. Para mí hubiera sido más duro vivir con *miedo*, no poder apoyar a mi familia y no haber alcanzado la *libertad*.

Nada de lo que te comparto es académico o ficticio, es mi vida real.

Tus pensamientos te harán cuestionarte todo: "¡Eso no puede ser! ¡Eso no se puede aplicar! ¡Aquello le funcionó a él, pero lo más seguro es que no me funcionará a mí! ¡Lo que me está diciendo debe ser mentira! ¡Esto es muy simple! Seguramente ¡es inútil! ¡Esta lección es muy difícil, no puedo ponerla en práctica! Si es tan sencillo, ¿por qué no lo hace todo el mundo?". Dicho de otro modo: tu principal enemigo suele ser tu propia mente, debido al miedo a lo desconocido y a las creencias que te has autoimpuesto. Eso es lo que debes aprender a superar. Como afirma el dicho: "Hazlo, y si sientes miedo, hazlo con miedo".

Para triunfar, gran parte del trabajo consiste en tener la mentalidad adecuada para el triunfo. Esa es la que te ayudará a colocar cada pieza de tu negocio siempre en su sitio y a ser capaz de levantarte lo más rápido posible cada vez que te caigas. Te lo cuento por experiencia propia. Controlar tus emociones te aportará un gran valor en el camino hacia el éxito en los negocios. Recuerda que en el momento en el que tu descontrol emocional va hacia arriba tu inteligencia va hacia abajo.

La mayoría de la gente quiere alcanzar la libertad, pero no quiere recorrer el camino hasta llegar allí. Quienes sí lo hemos recorrido sabemos que no es un camino recto, sino en espiral, con caídas y problemas, y precisamente en esos momentos tienes que demostrar tu fortaleza mental y tu resiliencia.

He observado que conforme envejezco valoro más hasta donde he llegado. Y ahora disfrutar de lo que hago es mi prioridad.

Yo no trabajo por dinero. En eso consiste la libertad.

De igual manera, mis hijas, en lugar de pensar en lo que recibirán de sus padres, están formándose para crear su propio imperio, esforzándose para ser cada día la mejor versión de sí mismas y de 6:00 a 10:00 desarrollan su espíritu emprendedor. Cuando les es posible me acompañan a los eventos de educación financiera para saciar su hambre de aprender, ya que no quieren depender de un salario el día de mañana. La unión hace la fuerza y mi familia es, para mí, el mejor equipo que me ha acompañado hasta alcanzar el éxito. Además, el hecho de que nuestras hijas estén tan preparadas nos garantiza, a mi esposa y a mí, que el día que decidamos retirarnos a descansar y a disfrutar juntos de lo que nos quede de vida, ellas contarán con las herramientas y el conocimiento necesarios para avanzar hacia su libertad. Su futuro no dependerá de nuestros activos, sino de la aplicación de sus conocimientos en educación financiera para conseguir sus sueños. Compartir valores, principios y estilo de vida con mi familia no tiene precio. Ellas saben que el desarrollo del ser humano debe ser completo y que la educación financiera no debe faltar para equilibrar la inteligencia tanto a nivel físico como mental, emocional y espiritual. Ese es el mejor legado que mi esposa y yo les dejaremos a nuestras tres hijas: ¡la libertad!

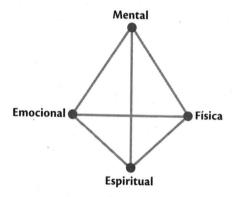

Dedícale sin falta una hora diaria a tu formación integral. Si no lo haces te aseguro que no te habrás dado el espacio ni el tiempo suficiente para que el conocimiento entre en tu mente, y de ese modo, cuando llegue la hora de tomar decisiones, lo harás gobernado por el miedo y no desde la perspectiva de la libertad. No te pongas excusas: si no tienes tiempo levántate más temprano. Si no le das prioridad al éxito, este no tocará tu puerta y tu misión será apenas una ilusión.

Piensa en la manera en la que todos aprendemos a montar bicicleta: la parte más difícil es superar el miedo a caerte, pero una vez que te subes y empiezas a pedalear descubres que la clave es estar en movimiento. Al principio irás lento y hasta es posible que experimentes un par de caídas, pero luego tus piernas comenzarán a sincronizarse y poco a poco tomarás más velocidad y confianza. Luego ese miedo se convertirá en pura adrenalina y no querrás parar, ya que la sensación de libertad y del viento acariciando tu rostro es muy placentera y ya no querrás bajarte de la bicicleta. ¡Te sientes imparable! De ese mismo modo, una vez que tomes la decisión y asimiles la idea de esforzarte al máximo para obtener tu mejor versión, nada te detendrá. Para que esta lectura tenga utilidad en tu vida es imperativo que le *dediques tiempo a tu educación*. ¡Propóntelo! Pero más que proponértelo, ¡hazlo!

¿Te acuerdas de las preguntas que te planteé al principio de este libro? Quizás este sea un buen momento para volver a plantearte estas cuestiones y ver si en realidad se ha producido una transformación debido a esta lectura:

- ¿Crees que la educación formal que has recibido te ayuda en tu emprendimiento?
- ¿Qué habilidades crees que debes adquirir para hacer crecer tu emprendimiento?
- ¿Qué problema vas a solucionar como emprendedor?

Me encantaría saber que esta vez tus respuestas han sido 100% distintas a la primera vez que las respondiste, no tanto en su contenido, sino en su contexto. No dudes en ponerte en contacto conmigo para compartir esta experiencia.

El entorno de uno es más fuerte que su voluntad, por eso siempre cultivo mi mente con educación práctica que proviene de verdaderos maestros. Elige el entrenamiento que más conecte con tu misión y fortalezas, el activo más importante que tenemos es nuestra mente. De ti depende cultivarla.

ALCANZAR LA LIBERTAD FINANCIERA: TRANSFORMAR EL CONOCIMIENTO EN EXPERIENCIA

> Cometerás algunos errores, pero si aprendes de ellos esos errores se convertirán en sabiduría, y la sabiduría es esencial para hacerse rico.
> ROBERT T. KIYOSAKI

Espero haber logrado mi propósito fundamental, que es mostrarte la gran diferencia que existe entre el conocimiento académico y el conocimiento aplicable al mundo real, porque *lo mejor de la educación financiera es saber cómo alcanzar la libertad financiera*. Hoy en día, gracias a mi educación y experiencia, soy *libre*. ¡Tú también puedes conseguirlo! Te reto a manejar tu negocio desde una posición más inteligente. De nada sirve que te llenes solo de información. Yo logré mi *libertad* siguiendo mi plan con disciplina.

> *¡Es hora de pasar a la acción y lograr tu gran transformación!*

La diferencia se reduce a cómo tomarás a partir de hoy tus decisiones. Recuerda:

> *El aprendizaje te llevará al éxito si lo pones en práctica.*

Mi prioridad siempre ha sido clara: aplicar mi educación financiera a mis negocios. Prepararse para ganar es una disciplina que requiere rodearse de personas que compartan tu mentalidad y te motiven. Recuerda esta frase de Jim Rohn: "Eres el promedio de las cinco personas que te rodean". Espero que te haga reflexionar tanto como a mí.

La clave es tu misión, el objetivo que deseas alcanzar más que nada en este mundo. Poner como prioridad el amor al dinero es un débil motivador. Antes pasaba horas y horas pensando en cuánto tenía en mi cuenta bancaria. Estancarse con la idea de: "No cuento con el dinero suficiente" no es una solución. La pregunta correcta es: "¿Cómo consigo los recursos?". Ahora me identifico con mi misión y con el deseo de servir, lo demás es una consecuencia de ello.

Así pasé de ganar 150 dólares mensuales a contar con activos que me generan miles de dólares mes tras mes: almacenes comerciales, viviendas familiares, activos online e incluso este libro —que genera regalías—. Mi propósito de vida es transmitirte este conocimiento para que aprendas a multiplicar tus ingresos. Llevo más de 30 años emprendiendo —lo cual muestra con total claridad la prioridad que le he dado en mi vida al emprendimiento—. Pero ahora mi principal objetivo es aprovechar mis habilidades y mi experiencia para transmitir este conocimiento de tal modo que otras personas puedan aplicarlo y tener éxito en sus negocios.

En el sistema académico fui un alumno promedio. La mayoría de las materias me parecía aburrida y mis maestros no tardaron en identificar que mi camino en la vida no sería a través de los estudios convencionales. Mis compañeros deseaban un trabajo "seguro" para obtener un salario fijo de los que hoy en día ya no existen. Mientras, yo ansiaba la *libertad*. Por eso una de las lecciones más difíciles de mi vida no tuvo nada que ver con aprender algún concepto, sino con la necesidad de *desaprender* lo que había recibido del sistema educativo tradicional. Respeto y entiendo la función básica del sistema educativo y valoro a los maestros que le dedican su vida a la enseñanza. También entiendo a quien decide ser empleado, no hay nada de malo en ello. Sin embargo, pienso que todo el mundo necesita saber manejar sus finanzas personales. ¿Te imaginas lo diferente que sería nuestra vida si en la escuela nos enseñaran asignaturas como Educación Financiera, Formación para Emprendedores o Educación Emocional? Cambiaría el juego para siempre. Es más, me atrevería a decir que las cosas cambiarían mucho: no habría tanta pobreza, los emprendimientos no morirían en los dos primeros años, etc. Espero que llegue el día en el que exista una educación básica que enseñe, desde pequeños, el lenguaje del dinero aplicado a las finanzas personales y a los negocios.

A mí me llevó años adquirir una buena educación financiera. Pero…

> *Gracias a mi perseverancia transformé mi miedo en libertad.*

No ha sido fácil: viajes continuos, inversión de tiempo y dinero, estar alejado de mi familia, etc. Además, la búsqueda de mi libertad ha implicado de mi parte un profundo compromiso con el estudio continuo. Con frecuencia estoy enfocado, leyendo libros sobre economía, el sistema monetario, sobre cómo está cambiando el mundo. Temas que pasan desapercibidos para muchos.

A lo largo de mi carrera he visto a mucha gente rendirse. Formarse bien y posteriormente llevar con éxito lo aprendido a la práctica es un trabajo de tiempo completo. Así que si además de esfuerzo no le pones el corazón, lo más seguro será que terminarás quedándote estancado a la orilla del camino. Enfócate en servirle a la mayor cantidad de personas posible. Entonces entenderás que tu objetivo final es mucho más importante que el dinero y le darás un propósito a tu emprendimiento. Será entonces cuando surgirá la *magia* del conocimiento puesto en práctica y llegarán las recompensas, alcanzarás la felicidad y ganarás mucho más.

Las personas que asisten a mis eventos experimentan un verdadero cambio vital, una *transformación*, porque mi propósito es muy claro: servirles a los demás. Así llegamos a crear momentos verdaderamente *mágicos*. En los eventos por toda Latinoamérica, junto con mi equipo, compartimos esa energía tan especial que nos une y nos convierte a todos en uno. Ver reflejado en el rostro de los participantes cómo al final de un ejercicio obtienen claridad y observar cómo ellos sienten que sí son capaces de alcanzar la libertad financiera no tiene precio. La alegría que ellos irradian muestra que los aprendizajes han sido interiorizados, y para mí ese es un momento que vale mucho más que el dinero, porque se siente el respeto, el agradecimiento y el valor de la integridad de haber entregado lo mejor que uno tiene para servirles a los demás.

En esos momentos, al estar todos *presentes* y desconectados de toda distracción, surge también la sabiduría colectiva que nos guía a todos a convertir en realidad lo que antes parecía inalcanzable. Lo he vivido en carne propia y también he podido apreciarlo en personas con las que me he encontrado después de años y me cuentan cómo su vida cambió en aquel instante. Te aseguro que hay un antes y un después de cada evento. En realidad no sé con exactitud cómo sucede, pero lo cierto es que siempre lo he experimentado. Se crean momentos mágicos e inesperados que surgen cuando me presto como canal para transmitir la máxima prosperidad en beneficio de los participantes.

A lo largo de mi vida he aprendido a pescar sin esperar a que nadie me regale el pescado, y ahora ya estoy en un momento en el que simplemente disfruto enseñándoles a otros a construirse su propia caña de pescar. Es indudable que cuando ya sabes cómo hacer las cosas bien, y has obtenido buenos resultados, ha llegado el momento de compartir tu experiencia y sabiduría con todo el que esté dispuesto a escucharte.

La mejor recompensa es saber que puedes agregar valor a la vida de otras personas.

TESTIMONIO REAL

Familia Pascual Suárez, España.

Nos encanta tener la posibilidad de ofrecer nuestro testimonio sobre cómo se han hecho realidad nuestros sueños, disfrutando de una vida plena y con libertad, gracias a la educación financiera.

Nuestra familia la componen tres miembros: Manuel Pascual, licenciado en Administración y Dirección de Empresas; antiguo empleado de multinacionales del sector hotelero como jefe de administración y hoy intraemprendedor en una compañía de rehabilitación que ayuda a niños con problemas motores, como nuestra hija. Ana Suárez, diplomada en Magisterio, antes empleada en trabajos de base y hoy dedicada de tiempo completo al cuidado de nuestra hija. Y Any Pascual, la responsable de nuestro cambio de mentalidad, vida y sueños. Tiene 17 años y mucho camino por delante para emprender y hacer sus sueños realidad. Le encanta leer y, sobre todo, agradece ser libre para poder dedicar su tiempo a lo que más le gusta, escribir y autoeducarse en los más diversos campos de la vida: libertad financiera, conocimientos varios, control emocional, equilibrio espiritual y cuidado personal.

Nuestra vida cambió en 2017, el día que regresamos del evento que Fernando González organizó en Barcelona, España, con Robert T. Kiyosaki, aunque realmente empezó desde mucho antes. En cierto momento pasamos de tener una vida aparentemente fácil: dos universitarios con buenos trabajos, un Audi A3 y un tríplex con jardín y piscina a las afueras de la ciudad, a complicarse bastante en temas de salud, dinero y estabilidad. Tener una hija con una gran discapacidad no es fácil, ni barato.

En 2012, sin saberlo, estábamos metidos en plena carrera de la rata. Por aquel entonces Manu leía a menudo blogs de economía y comentaba temas de finanzas e inversión con un compañero de trabajo, Joe, un mexicano que era el único al que también le interesaban esos temas. En uno de los blogs recomendaban el libro *Padre Rico, Padre Pobre*, de Robert T. Kiyosaki. Inmediatamente adquirió un ejemplar que leía junto con Any, comentando los conceptos que allí se trataban y analizando cómo podrían llevarlos a la práctica en la vida real. Así fue como empezamos a incorporar a nuestro lenguaje términos de educación financiera: ingresos pasivos, libertad financiera, etcétera.

En 2013 y 2014 España estaba en plena crisis política y económica, tras el estallido de la burbuja inmobiliaria de 2008. Amenazada con ser intervenida por el FMI, con riesgo de ser expulsada de la Unión Europea y de tener que retomar la antigua moneda local, la peseta, con tasas de desempleo muy elevadas, con la Bolsa por los suelos, tras bajar 60% desde los máximos de 2007, etc. Así que ante estas circunstancias decidimos invertir en acciones de empresas españolas que pagaran dividendos. Eran activos, ya que ponían dinero en nuestros bolsillos sin tener que trabajar.

Analizábamos las cuentas de las empresas e invertíamos, aprendiendo de otros inversores por dividendos, no según la recomendación por interés propio del director de la sucursal bancaria de turno. En pocas palabras, nuestra idea era ser dueños de las empresas que utilizábamos: gasolina, electricidad, seguros. Cada vez que veíamos algún coche repostando en "nuestras" gasolineras, o cuando veíamos a los vecinos llamando por teléfono o la tienda de la esquina encendiendo las luces, nos divertía pensar que nos estaban pagando a nosotros, porque éramos dueños de una pequeña parte de las compañías que prestaban esos servicios.

Estábamos iniciando nuestro camino hacia la libertad financiera, pero sabíamos que no debíamos dejar el trabajo que mantenía a la familia, como dice Robert: "Necesitas dinero para invertir y crear activos". Así que Manu compaginaba su trabajo en el hotel con otro trabajo de medio tiempo en la empresa que se encargaba de la rehabilitación de nuestra hija, mientras recibíamos ingresos pasivos procedentes de nuestras inversiones. El hecho es que en el transcurso de unos pocos años Manu logró pasar de ser empleado a intraemprendedor a la vez que inversionista, mientras seguíamos aprendiendo de educación financiera.

Cuando íbamos a la Feria del Libro de Madrid, Any, con solo 10 años, era la única niña que se paraba en los *stands* de libros sobre finanzas. Resultaba curioso verla allí tan pequeña, con su silla de ruedas y haciendo preguntas propias de un adulto. Pero es que con tan solo ocho años Any ya había leído *Padre Rico, Padre Pobre*, de Robert T. Kiyosaki, y muchos otros como *El hombre más rico de Babilonia*, de Samuel Clason, y *Piense y hágase rico*, de Napoleon Hill.

En 2015 Any empezó a invertir en Bolsa por su cuenta. Primero replicando lo que hacía Manu, aunque poco a poco dio un giro hacia el mercado estadounidense y a otro tipo de compañías: Google, Apple,

Disney, AT&T, etc. Any hacía su análisis fundamental e invertía según sus conocimientos. Además, jugábamos CashFlow cada semana y seguíamos educándonos, aunque pensábamos que no estábamos listos aún para entrar en el mercado inmobiliario. Así que, erróneamente, decidimos poner en venta nuestro departamento en Madrid, primero con una inmobiliaria china, y más adelante con otras locales, pero observamos que estas empresas no velaban por nuestros intereses y que lo único que pretendían era cobrar su comisión por realizar la venta lo antes posible. Recibimos alguna oferta, pero no llegaba a alcanzar el precio que buscábamos. Habíamos comprado en 2005, justo en pleno boom inmobiliario español, y en 2015 los precios eran 50% inferiores a lo que habíamos pagado. Prácticamente no nos hubiera dado ni para liquidar el resto del préstamo hipotecario pendiente. Por fortuna no aceptamos ninguna de las ofertas, a pesar de las presiones que recibimos de las inmobiliarias. Estaba claro que ellas no velaban por nuestros intereses sino por los suyos.

Ya a finales de 2016, sin vender nuestra vivienda, decidimos irnos a rentar a la Costa del Sol, en busca de una mejor calidad de vida. Y un buen día supimos que ¡Robert T. Kiyosaki venía a España! Sin dudarlo decidimos asistir a la presentación del primer día, a pesar de que las primeras entradas que salieron a la venta solo podían pagarse en bitcoin y en aquel momento ¡no teníamos ni idea de qué era eso!

En realidad, el evento era el sueño de Any. Hacía años habíamos estado en Disneyland París, pero esto era mucho mejor. Su referente vital venía a España y ella quería empaparse del maestro. Cuando llegamos al evento había una fila enorme de personas de todo tipo esperando: universitarios, gente del mundo de las finanzas, jóvenes emprendedores, empresarias de cierta edad, ¡hasta había un hombre con aspecto de yogui! Parecía que a todo el mundo le interesaba saber más sobre el dinero.

Cuando apareció Robert T. Kiyosaki en el escenario enseguida nos dimos cuenta de que ese sí era un gran líder y un maestro verdadero. Any estaba, literalmente, con la boca abierta. Vibraba con cada una de sus palabras, acababa de memoria sus frases más conocidas y saltaba de alegría con su humor inteligente. Había leído la mayoría de sus libros, en la familia aplicábamos sus enseñanzas, y ahora disfrutábamos de su presencia. El sueño de Any se había hecho realidad.

Al terminar el primer día nos quedamos al final para salir de la sala, ya que el *scooter* de Any no pasaba entre las sillas que se habían ido moviendo durante el evento. Entonces Guga, la persona que nos ayudó con la accesibilidad a la entrada, se acercó de nuevo para interesarse por la experiencia vivida por Any y después nos acompañó hacia la salida, o eso era lo que pensábamos, porque de repente… el mismísimo Robert T. Kiyosaki y todo su equipo de *advisors* aparecieron a nuestro lado. Any acabó abrazada a Robert y allí estuvimos charlando con los *advisors* y con Fernando González, el organizador del evento y el único que hablaba español. Sobraban las palabras. Hubo fotos y firma de libros, pero ahí no acabaron las sorpresas. Nos ofrecieron asistir al evento completo, si Any se encontraba con fuerzas. "¡Sí! Por supuesto, muchísimas gracias".

Al día siguiente, cuando llegamos, nos situaron en una mesa ubicada en un lateral de la sala, cerca del escenario y junto a la mesa de los *advisors*. Ese día asistimos a un repaso y aumento de conocimientos sobre la filosofía Kiyosaki. Gracias a él, en 2017 conocimos qué era el bitcoin, cómo tener metales preciosos y, por supuesto, cómo invertir en bienes raíces. Robert contó su historia, explicó la pérdida de valor del dólar, la Crisis del 29 y toda la base económica que sustenta su manera de ver el dinero. También participamos en un juego de rol con Garret Sutton, el abogado de Robert. Cada mesa resolvía un problema de protección de activos. Unos hacíamos de demandantes y otros de demandados. Cuatro ejemplos fueron llevados al escenario, todo muy gracioso y pedagógico. Así entendimos la importancia de crear una empresa para gestionar los activos y estar protegidos.

Algo curioso era que se "sancionaba" a las personas que no fueran capaces de cumplir con las normas y llegaban tarde tras las pausas e interrumpían a los demás. Era un hecho que la educación que allí se daba trascendía a la educación financiera, pues era integral.

En uno de los descansos Ana Cecilia, la mujer de Fernando González, organizador del evento, salió un momento de la sala y Manu se levantó para consultarle nuestra situación respecto al departamento de Madrid. ¡Increíble! Esa pequeña consulta valió su peso en oro. ¡Esa es la ventaja de estar cerca de maestros reales! Le estaremos eternamente agradecidos.

El segundo día ¡jugamos CashFlow! Nadie más que nosotros en nuestra mesa había jugado antes, así que nos divertimos enseñando al resto.

También estuvieron en el evento los creadores rusos de la red social VK, amigos de Robert y Fernando, para contarnos a todos los asistentes su experiencia empresarial, su visión de futuro y las oportunidades que

veían en España. Les sorprendía que todos no estuviéramos aprovechando los tipos de interés tan bajos que había en ese momento para invertir
en el mercado inmobiliario.

También dio su testimonio Luisa Ochoa, dijo una frase que se nos quedó clavada: "Cinco inmuebles por depreciación, uno gratis". Desde luego se
notaba su dominio, experiencia y profesionalidad, así que, poco después,
se convirtió en parte de nuestro equipo como nuestra asesora fiscal.

Ana Cecilia, como inversionista inmobiliaria en los Estados Unidos,
también explicó cómo ella participaba del desarrollo inmobiliario. Compraba una vivienda con un flujo de efectivo pequeño, la mejoraba y volvía
al banco a pedir un préstamo mayor con el cual recuperar el dinero invertido. Así obtenía retornos infinitos, ya que recuperaba todo el dinero
propio que había invertido. Realmente tuvimos el maravilloso testimonio
de toda la familia González: Fernando, Ana Cecilia y sus tres hijas, Andrea,
Alexandra e Isabella. Aquello nos marcó. Para nosotros la familia es un
pilar fundamental y ellos eran maestros reales. Eran un ejemplo en el cual
vernos reflejados. Un ejemplo de cómo, aplicando la filosofía Kiyosaki,
se puede alcanzar felizmente la libertad financiera en familia.

La mayor sorpresa llegó cuando Fernando nos llamó a nosotros
al escenario, ¡sin que nos lo esperáramos! ¡Pero Any estaba en su salsa!
Allí, con Robert T. Kiyosaki, los *advisors* y Fernando, dio su testimonio
sobre qué hacía una niña de 13 años en un evento como aquel. Agradeci-
mos muchísimo el cariño de todos, Robert, Fernando, los *advisors* y todos
los participantes en el evento ¡gracias! Fueron unos días maravillosos, con
un aprendizaje abrumador en muchos temas de la vida.

Al finalizar el evento, en el coche de vuelta a casa, Manu nos explicó en detalle lo que había hablado con Ana Cecilia. Así que, apoyándonos
en los conocimientos adquiridos, los tres decidimos, allí mismo, que no
venderíamos nuestro departamento de Madrid, sino que lo rentaríamos
y empezaríamos a formarnos para poder invertir tanto en bienes raíces
como en otro tipo de inversiones que se habían comentado en el evento.
El mayor aprendizaje para nosotros fue que había muchas personas que
estaban llevando la teoría a la práctica, aplicando los conocimientos de
Robert T. Kiyosaki a la vida real con muy buenos resultados.

Pronto conseguimos alquilar el departamento de Madrid. Con la renta
mensual pagábamos el préstamo hipotecario de esa vivienda y el alquiler
del departamento en el que estábamos viviendo. Tomamos acción y los

resultados fueron los deseados. Nunca pensamos que fuera tan fácil, eso sí, con la educación adecuada y la ayuda correcta. Ahora nuestras viviendas se pagan "solas", vivimos como queremos, trabajando en lo que nos gusta desde casa y tenemos flujo de efectivo positivo. En 2018 compramos nuestra segunda vivienda, en la que vivimos actualmente. En enero de 2020 compramos nuestra tercera vivienda, esta para ponerla en alquiler. Un 3+1 en zona universitaria que se alquiló muy rápido, a pesar de las circunstancias especiales creadas por la pandemia. Realizamos un estudio del mercado y conseguimos una vivienda con un ROI del 12% anual. Actualmente, estamos observando el mercado para nuestra siguiente inversión inmobiliaria, preparados para aprovechar el momento adecuado.

Seguimos informándonos y formándonos gracias a Robert T. Kiyosaki y Rich Dad Radio Show, a través de las redes sociales de sus *advisors* y, por supuesto, con Rich Dad Latino. Gracias a toda esta información, que hoy en día está al alcance de todos a través de internet, podemos estar actualizados en todos los temas relacionados con el cambio económico que se avecina y formarnos para tomar las mejores decisiones, por ejemplo, deshacer posiciones en la Bolsa de Valores para invertir en alternativas más seguras en este momento.

Además, agradecemos poder estar en permanente contacto con Fernando González y su familia. En 2017 el evento organizado por él nos cambió la vida y hoy seguimos aplicando la filosofía Kiyosaki en todos los aspectos. Fernando nos demostró con su ejemplo que sí se puede, así que nosotros seguimos sus pasos y los resultados han sido muy buenos. ¡Gracias, Fernando! Necesitábamos un ejemplo real como el que tú nos ofreciste y comprobar que es posible aplicar hoy en día la filosofía de Robert y obtener magníficos resultados.

Ahora, con nuestra web, www.anayany.com, también nosotros podemos contarles a otras familias nuestra experiencia en muy diversos temas: finanzas, salud, espiritualidad, etc., ya que Robert T. Kiyosaki nos compartió en el evento que, para ser felices y tener una vida plena, además de tener dinero, hay que desarrollarse en muchos otros ámbitos.

Hoy nosotros podemos decir que somos más libres, felices y conscientes y estamos eternamente agradecidos con todos los que nos han ayudado a llegar hasta aquí, especialmente con Robert T. Kiyosaki y con Fernando González, por el maravilloso evento de Barcelona en 2017.

LA EDUCACIÓN FINANCIERA: LA BASE DE MI TRIUNFO

La educación nos da el poder de convertir la información en significado.
ROBERT T. KIYOSAKI

Mis eventos son lo más parecido a una escuela de finanzas y negocios del siglo XXI en la que los emprendedores o pequeños empresarios aprenden a través de personas de éxito cómo hacerse ricos. Durante años he viajado a diferentes países para que los emprendedores que lo deseen puedan tener acceso a esta información y aprendan a sobrepasar sus límites. Pero aún somos muy pocos los que contamos con el nivel de la educación financiera que he estado compartiendo contigo a lo largo de este libro y los que sabemos diferenciar entre *activos, pasivos, deuda buena, deuda mala* y *flujo de efectivo.*

A través de los múltiples eventos que he organizado por toda Latinoamérica he logrado detectar la gran cantidad de personas con ganas de emprender que están surgiendo y sé que gracias a esos nuevos emprendimientos los países se beneficiarán al contar con una economía cada vez más diversificada. Eso me llena de orgullo. Los conocimientos que he compartido contigo aquí son en gran parte los que he compartido con esos emprendedores de diversas latitudes a través de mis eventos presenciales, donde se entrena a los participantes acerca de la formación de un equipo y se les ejercita, haciendo simulaciones que reflejan la experiencia real a través, por ejemplo, del juego CashFlow. Sé que ganar el juego del emprendimiento no es fácil, pero también sé que está al alcance de cualquiera que cuente con la formación adecuada. Es el propio emprendedor el que debe estar listo para buscar —por medio de la educación y la práctica— la multiplicación de sus ingresos.

Hoy en día sigo siendo un eterno aprendiz. Continuamente estoy haciendo simulaciones, voy sumando horas de práctica y, además, así mantengo mi rapidez mental. Cultivo relaciones que me aportan valor y disfruto incrementando mi inteligencia financiera a diario. ¡Para mí vivir así es divertido! Toda mi vida cambió cuando mi negocio empezó a crecer y aprendí a elegir con cuidado las palabras que utilizaba para responder a las oportunidades que se me presentaban. En lugar de pensar cosas como: "No puedo pagarlo", me preguntaba: "¿Cómo puedo costearlo?". De ese modo, mi mentalidad se expandió cada vez más y más.

Como empresario, emprendedor, promotor de eventos internacionales, mentor y dueño de negocios, sé que todos los días necesito disciplinar mi mente, controlar mi ego, ser humilde y servirle a la mayor cantidad de personas que pueda, porque ese es mi propósito de vida, mi misión, y lo disfruto al máximo. Sin lugar a duda, me siento afortunado de ser un latino que vive en los Estados Unidos que ha logrado hacer sus sueños realidad. Aquí conocí la filosofía de vida de la gente rica y hoy estoy orgulloso de poder compartirla con todo el mundo de habla hispana. De no haber encontrado esta filosofía, hubiera sido difícil lograr la *libertad* de la que hoy gozo.

Con una experiencia de más de 30 años haciendo negocios al servicio de los demás, y después de 21 años al lado del maestro Kiyosaki, ofrezco a través de la comunidad de www.richdadlatino.com diferentes entrenamientos avanzados, orientados al mundo de las finanzas personales, para que todo hispanohablante tenga la oportunidad de salir de *la carrera de la rata* sin necesidad de viajar, ni tener visa, ni gastar en hoteles, ni alquilar un auto, ni gastar su dinero en comidas. En el mundo de hoy lo único que necesitas para *ponerle ruedas* a tu emprendimiento es una conexión de internet. Todos los hispanohablantes, en diferentes partes del mundo, pueden beneficiarse de esta oportunidad que le estoy ofreciendo al mercado internacional.

Como habrás visto, es imprescindible educarse antes de invertir. Por eso mejor consulta con expertos o busca a un maestro real que te mantenga bien encaminado. Así no te paralizarás ni te quedarás estancado sin saber cuál es el siguiente paso que debes dar. Plasmar en este libro mi experiencia tiene por finalidad hacerte ver que sí es posible alcanzar la *libertad financiera* aplicando los conocimientos de Robert T. Kiyosaki. Yo puedo dar testimonio de que esta educación funciona porque gracias a ella pasé:

> *Del miedo a la libertad.*

Finalmente, quiero felicitarte por haber llegado al término de este libro. Esa es una clara prueba de tu perseverancia y de tu deseo de triunfar. Mereces la oportunidad de ser libre. Depende de ti invertir en tu educación y poner en práctica en tus emprendimientos todos y cada uno de estos conocimientos. Es indudable que has dado un paso gigantesco en tu camino hacia la libertad, pero no dejes que esto termine aquí. Aún te queda mucho por hacer y debes continuar aprendiendo, mejorando y haciendo. Mucha suerte, presiento que nos veremos muy pronto EN LA CIMA.

Gracias por leer *Del miedo a la libertad*. Este es el comienzo de una experiencia que te cambiará la vida y te guiará en el camino a lograr tu libertad financiera. Espero, sinceramente, que esta lectura te haya brindado el conocimiento y el valor que necesitas para llevar tu emprendimiento al siguiente nivel.

Y recuerda, la mejor vacuna contra los problemas económicos surgidos debido a la pandemia es una buena educación financiera. Para seguir educándote, visita www.richdadlatino.com.

Lecturas recomendadas

Clason, G. (2019). *El hombre más rico de Babilonia*. Ediciones Obelisco.

Eker, T. H. (2005). *Los secretos de la mente millonaria*. Sirio

Elrod, H. (1999). *Mañanas milagrosas: Los 6 hábitos que cambiarán tu vida antes de las 8:00*. Zenith.

Holiday, R. (2019). *El obstáculo es el camino: El arte de convertir las pruebas en triunfo*. Océano.

Johnson, S. (1999). *¿Quién se ha llevado mi queso?* Empresa Activa.

Kiyosaki, K. (2012). *Es hora de emprender el vuelo*. Aguilar.

Kiyosaki, K. (2016). *Mujer millonaria*. Debolsillo.

Kiyosaki, R. T. (2012). *Antes de renunciar a tu empleo*. Aguilar.

Kiyosaki, R. T. (2016). *El cuadrante del flujo de dinero*. 3ª edición. Aguilar.

Kiyosaki, R. T. (2022). *Padre Rico, Padre Pobre*. Edición 25 aniversario. Aguilar.

Malony, M. (2010). *Guía para invertir en oro y plata*. Aguilar.

McElroy, K. (2010). *El ABC de la administración de propiedades*. Aguilar.

McElroy, K. (2020). *El ABC de la inversión en bienes raíces*. RDA Press.

Robbins A. (2011). *Poder sin límites: La nueva ciencia del logro personal*. Debolsillo Clave.

Singer, B. (2008). *El ABC para crear un equipo de negocios exitoso*. Aguilar.

Singer, B. (2014). *El código de honor de un equipo de negocios exitoso: El secreto de los campeones para tener éxito en los negocios y en la vida*. Aguilar.

Singer, B. (2014). *Vendedores perros.* Aguilar.

Sutton, G. (2015). *Cómo diseñar planes de negocios exitosos.* RDA Press.

Sutton, G. (2020). *Inicia tu propia corporación.* Aguilar.

Sutton, G. (2021). *El ABC para salir de las deudas.* Aguilar.

Agradecimientos

La idea de escribir este libro surgió después de más de 20 años aprendiendo de Robert T. Kiyosaki, Kim Kiyosaki, Tom Wheelwright, Ken McElroy, Josh y Lisa Lannon, Andy Tanner, Garret Sutton, Blair Singer, Mona Gambetta, Christina Ingemansdotter Porter y el equipo de Rich Dad. Sin su apoyo y colaboración no hubiera tenido esta oportunidad de llevar mi experiencia al mundo de habla hispana. Estoy agradecido de tenerlos a todos en mi vida y por el apoyo que le han brindado a mi negocio.

Mi especial agradecimiento es para mi bella esposa Ana Cecilia, mi novia de juventud, quien también abandonó el Perú para embarcarse

De izquierda a derecha: Ana Cecilia, Isabella, Alexandra y Andrea. La familia es el más grande activo.

en este aventurado viaje del emprendimiento. Gracias por creer en mí. A mis hijas, Andrea, Alexandra e Isabella, gracias a su amor y apoyo puedo cumplir la misión de padre rico: "Elevar el bienestar financiero de la humanidad".

Estoy especialmente agradecido con Robert y Kim Kiyosaki por su continuo apoyo al mundo hispanohablante en nuestros viajes a Perú, Ecuador, Argentina, Colombia, Paraguay, España, Panamá, Costa Rica, Bolivia, Chile, México y por los que queden por venir.

Siento una especial gratitud hacia Fernando Belmont, quien me apoyó en un momento decisivo en mi carrera como empresario, un caballero dotado de una mente brillante que ayuda a miles de emprendedores alrededor del mundo.

Gracias a la Marina peruana, donde aprendí a apoyar la misión y desarrollé habilidades que incluyen disciplina, compromiso, trabajo en equipo, liderazgo y dedicación.

A los empresarios latinos, gracias por participar en los eventos en vivo que forman la base de nuestras redes en el mundo de habla hispana.

Gracias también a los empresarios que me ayudaron a llevar a Robert y Kim Kiyosaki y sus asesores a América Latina, en especial a Alejandro Jiménez, Raúl Díez-Canseco, Jorge Salama y Raúl Bao y a todos los que contribuyeron con sus esfuerzos a hacer esta transferencia de conocimiento, como el Club de CashFlow Elige Ser Rico Argentina, dirigido por Julian Sbano. A Mario Soria, líder del equipo CashFlow Perú y entrenador de líderes para los clubes de CashFlow que pronto estarán en Latinoamérica.

Mi especial agradecimiento y gratitud para Magdala Zevallos, Ana Suárez, Any Pascual y Manuel Pascual, por contribuir en la edición de este libro y ser parte de mi equipo para sacarlo adelante y convertirlo en una realidad.

Finalmente, me gustaría agradecerle a mi amigo Federico Ocaña por su permanente apoyo y lealtad.

Acerca del autor

Fernando González-Ganoza es el fundador de la compañía Rich Dad Latino LLC, una empresa dedicada a elevar el bienestar financiero de la humanidad en países de habla hispana. También es el fundador de Platinum Properties Group, y el autor del libro *Del miedo a la libertad*.

Es el más joven de cuatro hijos. Su padre y tres hermanos trabajaron para el gobierno, y la escasez de dinero en la familia lo obligó a mejorar sus competencias para atraer mejores oportunidades a su vida. Perteneció a la Marina peruana durante 14 años, donde adquirió habilidades como liderazgo, disciplina, lealtad y perseverancia. Cuando se retiró de la Marina, emigró a una isla del Caribe, donde estableció un negocio logístico y se casó con Ana Cecilia, quien también abandonó su país para embarcarse en esta aventura de espíritu empresarial. Más tarde vio la necesidad de establecer un negocio de mayor amplitud en Florida como una puerta estratégica a América Latina, motivo por el cual decidió mudarse a Miami.

Al observar que se sentía atrapado en su negocio, su esposa vio un libro púrpura en la casa de un millonario y de inmediato lo compró y le regaló a Fernando el libro cuya lectura cambió su vida: *Padre Rico, Padre Pobre*. Él lo leyó de principio a fin en dos días y en ese mismo momento decidió viajar a Phoenix, Arizona, para ser entrenado por su autor, en 1998. Allí aprendió de educación financiera y cómo crear activos.

Con el paso de los años, inspirado por Robert T. Kiyosaki, quien será para siempre su mentor de la vida real, Fernando logró la libertad financiera. Desde entonces se ha comprometido a llevar a Robert y Kim Kiyosaki, junto con sus asesores, a países de habla hispana para enseñarles a los emprendedores sobre el crucial tema de la educación financiera.

Fernando tiene más de 20 años de experiencia trabajando con Robert T. Kiyosaki y creando clubes de CashFlow en toda Latinoamérica —donde la gente aprende a entender un estado financiero y cómo hacer que su dinero trabaje para ellos—. Como mentor, les enseña a las personas a transformar sus pequeños negocios en empresas de éxito y a crear activos que generen flujo de efectivo para respaldar su estilo de vida.

Fernando considera un reto mejorar la educación en Latinoamérica para ayudar a los emprendedores desde la edad escolar. Su propósito de vida es hacer más accesible la educación financiera para todos aquellos emprendedores que anhelan mejorar la calidad de vida de sus familias, construir su imperio y ganar su LIBERTAD.

@richdadlatino
@richdadlatino
@richdadlatino
@richdadlatino
https://www.linkedin.com/in/fernando-gonzalez-6bb8a95/
https://www.youtube.com/channel/UCoU5U3X1FHijO20lupCe2yQ

Fernando González-Ganoza con Robert Kiyosaki (2020).

Elogios

Es un placer escribir este reconocimiento para mi querido amigo Fernando. Él es una persona increíblemente leal y confiable. La primera prioridad de Fernando es su familia y una segunda muy cercana es su pasión por aprender, mejorar, y su continuo desarrollo personal. A los ojos de muchas personas Fernando ya era financieramente exitoso —luego de convertirse en empresario, hacer crecer una gran empresa y luego venderla—. Sin embargo, Fernando sabía que ganar el juego de emprender va mucho más allá que hacer y tener la fe y la fuerza para perseverar en el mundo de los negocios. Fernando reconoció que el secreto del éxito final está en continuar incrementando su conocimiento, por lo que siempre ha seguido aprendiendo. Mi sugerencia es que leas este libro muchas veces, aprenderás algo de él en cada lectura.

KEN MCELROY

Rara vez tenemos noticias de alguien que sea un ejemplo vivo de los principios que enseña. Fernando González es esa persona. Lo sé, personalmente he visto su transformación de empleado a estudiante y empresario, y ahora a formador de emprendedores. La fuerza y el poder provienen de su disposición a escuchar, aprender y tomar acción. Recomiendo altamente seguir el ejemplo de Fernando.

TOM WHEELWRIGHT

Conozco a Fernando y su familia desde hace casi dos décadas. Su compromiso continuo con el aprendizaje, la enseñanza, el intercambio de educación financiera y el amor por la familia es innegable. Su libro *Del miedo a la libertad* propone un título perfecto, ya que el verdadero conocimiento nos hace libres. Sin embargo, desarrollarte en el juego de emprender, con la gente con quien lo juegas, y en el campo que amas, es un juego que vale la pena jugar. Al igual que en el deporte, entrenar y prepararse para el juego es la clave maestra para ganar. Este libro puede actuar como un manual de entrenamiento, ya que Fernando es un experto en el juego financiero y sabe ganar en la vida.

Josh Lannon

Para aquellos que quieren ser emprendedores, esta es su oportunidad de ver cómo es ese viaje de la mano de alguien que ya lo hizo. El emprendimiento implica educación y también espíritu. Este libro está lleno de ambos.

Andy Tanner

Rich Dad no es una empresa enfocada meramente en el dinero. Claro, el dinero hace parte de lo que se trata Rich Dad, pero la empresa abarca mucho más que esa meta, puesto que se enfoca en una misión específica: "Elevar el bienestar financiero de la humanidad". En otras palabras, Rich Dad no está enfocada en hacer rica a la gente, sino en enaltecer al ser humano como tal. Rich Dad es una empresa enfocada en mejorar la vida de las personas a través de su desarrollo personal. Para cumplir esta meta se requiere, primero, de trabajar en uno mismo y, como resultado, obtener éxito en el desarrollo de las finanzas. Esto es lo que hace que la misión de Rich Dad sea espiritual.

Estoy escribiendo este elogio porque creo que Fernando González encarna el espíritu de la misión de Rich Dad. Conozco a Fernando y trabajo con él desde hace más de 20 años. Cada vez que comenzamos un proyecto, Fernando habla de la cantidad de personas a las que ayudaremos, no de la cantidad de dinero que ganaremos. Fernando comprende que cuantas más personas atendamos, más eficaces seremos. Es decir, servimos primero y la compensación de un trabajo bien hecho suele ser la oportunidad de realizar un trabajo más grande.

Muchas veces la gente ha venido a mí por dinero o para pedirme ayuda en lo referente a servirles a los demás. Sin embargo, cuando observo la vida de muchas de estas personas que acuden a mí no veo el espíritu de servicio que ellas dicen poseer. Más bien creen en el dinero, no en el mensaje de Rich Dad. En cambio, al observar la vida de Fernando veo a un hombre cien por ciento comprometido con el mensaje de Rich Dad. Él ha compartido nuestros conocimientos y nuestros libros con una innumerable cantidad de emprendedores y ha sido anfitrión de numerosos clubes CashFlow, pero lo más revelador de su compromiso empresarial es su enorme deseo por enseñarles todos estos principios a sus propias hijas. Las he visto crecer y pasar de ser unas niñas preciosas a convertirse en unas mujeres adultas increíbles, siempre aprendiendo y poniendo en práctica los juegos de mesa de Rich Dad y hablando sobre el desarrollo de uno mismo. Fernando es un magnífico ejemplo de lo que significa ser un *rich dad*, un padre rico.

Una de las grandes iniciativas de Rich Dad como empresa es llevar su filosofía al mundo de habla hispana. Fernando es un amigo muy querido, que se dedica a cabalidad al cumplimiento de esta meta, trabajando incansablemente con las comunidades latinas del mundo. Son su dedicación y autenticidad las que generan la confianza que tenemos en él. Debido a esto, le hemos pedido que sea él quien asuma el papel de Rich Dad Latino y lleve la educación, la filosofía de la empresa y los clubes CashFlow a todas las comunidades de habla hispana a nivel mundial. De manera que estoy agradecida de conocer a Fernando y de ser testigo de su pasión por cumplir con esta noble labor.

En cuanto a su libro *Del miedo a la libertad*, me complace encontrarme con su sabiduría financiera a lo largo de esta lectura. Sin lugar a duda, Fernando ha sabido encontrar las palabras y la forma precisa de llevar a sus lectores a lo largo de una conversación amena durante la cual él describe cómo fue su paso del miedo a la libertad financiera.

En esta obra Fernando desarrolla temas cruciales en el crecimiento financiero, comenzando desde su contexto social en su querido Perú y en el contexto familiar, hasta tomar la decisión de emigrar en busca de mejores oportunidades y mayor crecimiento en todo sentido. Aquí nos cuenta sobre sus inquietudes y de aquellos sueños que lo llevaron hacia nuevos horizontes y, sobre todo, a prepararse en este campo hasta lograr el éxito no solo en el área de las finanzas, sino a nivel familiar, personal, local e internacional.

Por lo tanto, es un placer recomendarte *Del miedo a la libertad*. Esta obra te encantará, te guiará y, si aplicas su contenido, tú también pasarás ¡del miedo a la libertad!

KIM KIYOSAKI

Del miedo a la libertad de Fernando González-Ganoza
se terminó de imprimir en el mes de mayo de 2023
en los talleres de Diversidad Gráfica S.A. de C.V.
Privada de Av. 11 #1 Col. El Vergel, Iztapalapa,
C.P. 09880, Ciudad de México.